Regina Groot Bramel
Predigten PLUS

Regina Groot Bramel

Predigten PLUS

Mit Gestaltungstipps für die Gottesdienste.
Lesejahr B

FREIBURG · BASEL · WIEN

Zur Autorin:
Regina Groot Bramel, geb. 1960, erlebte in ihrer Jugend den frischen Wind des Zweiten Vatikanischen Konzils, der ihre haupt- und ehrenamtliche Gemeindearbeit im Bistum Limburg prägte. Als Mutter vieler Kinder und Pflegekinder und im Beruf als Pädagogin und Therapeutin ist ihr großes Anliegen, christliche Freiheit und Freude zu vermitteln und vorzuleben – im Alltag wie im Gottesdienst. Im Jahr 2017 erhielt sie den Predigtpreis des Ökumenischen Frauenbundes.

© Verlag Herder GmbH, Freiburg im Breisgau 2020
Alle Rechte vorbehalten
www.herder.de

Umschlaggestaltung: wunderlichundweigand, Stefan Weigand
Umschlagfoto: © tOm15 / Fotolia
Satz: Barbara Herrmann, Freiburg

Herstellung: CPI books GmbH, Leck

Printed in Germany

ISBN 978-3-451-39171-2

Inhalt

Vorwort 7
I. Advent und Weihnachtszeit 11
II. Fastenzeit 55
III. Osterzeit 81
IV. Zeit im Jahreskreis 143
V. Herrenfeste und Feste im Kirchenjahr 267

Stichwortverzeichnis 303
Verzeichnis der Bibelstellen 306
Übersicht der Sonn- und Feiertage 308

Vorwort

Der katholische Pfarrer des Städtchens und sein evangelischer Kollege unterhalten sich über die Instandhaltungskosten und Schwierigkeiten bei der Gebäudereinigung ihrer Kirchen. Der Pastor der evangelischen Kirche beklagt vor allem die Fledermausplage im Kirchturm, die einfach nicht in den Griff zu bekommen ist. »Das hatten wir auch! Damit bin ich gut fertiggeworden«, lacht der katholische Pfarrer. »Ich habe sie alle getauft und gefirmt – seither hat sich keine einzige mehr blicken lassen!«

Ein Sprichwort sagt: »Wer zuletzt lacht, lacht am besten«. Wann haben Sie zuletzt gelacht? Müssen Sie erst überlegen, ob es in letzter Zeit etwas zu lachen gab? Ist Ihnen, wie so vielen, der Humor angesichts der Tagesthemen in Kirche und Welt verloren gegangen? Schwund des Ansehens und Vertrauens quer durch die politische und katholische Landschaft.

Negative Schlagzeilen, die Wut und Erschrecken auslösen. Leere Kirchenbänke in unüberschaubar großen »Pfarreien neuen Typs«, wie man den Mangel umschreibt. Sinkende Bereitschaft zur Übernahme verbindlicher Ehrenämter. Wenig Interesse am Empfang der Sakramente. Verwaltet die Kirche Heilszeichen, die keiner mehr will?

Menschen haben sich zu allen Zeiten nach Heil gesehnt, und das hat sich nicht geändert. Sie wünschen sich Heilung ihrer oft von außen nicht erkennbaren Leiden und einen Weg aus der Tristesse analoger Einsamkeit abseits aller digitalen Ablenkung. Sie suchen nach Halt und Stehvermögen in all dem atemberaubenden Wandel ringsum. Sie wünschen sich Entscheidungen, die nicht nur vorübergehend gelten, sondern das Leben tragen.

Unser christlicher Glaube hat alles das zu bieten, aber wie kann die Botschaft vom Heil der Welt zu denen kommen, die sie brauchen?

»Gott ist nicht tot, er ist nur bei der Predigt eingeschlafen« – vielleicht ist das einer der Gründe, warum Verkündigung die Menschen nicht erreicht? Wenn langweilig, wortreich aber inhaltsarm, unglaubwürdig, in unverständlicher Sprache und überholten Bildern von ihm geredet wird, kann nicht einmal der unendlich Geduldige länger aufmerksam zuhören …

Verkündigung gelingt, wenn sie die Adressaten bewegt, aktuell und überraschend ist. Es reicht nicht aus, unermüdlich »Jesus liebt dich« zu wiederholen. Es geht darum, die Spuren Gottes in unserem Leben aufzudecken, auf dem Planeten, der uns anvertraut ist, in unserem Jahrtausend, in unserem Land, in der Stadt, der Straße, in der wir wohnen.

Unser Glaube ist eine Form von Lebensleichtigkeit, keine zelebrierte Lebensschwere, keine moralindurchtränkte Schwarzmalerei. Wir sind dafür verantwortlich, dass die Freude, die Hoffnung und der Trost, den Gott in Jesus zur Welt gebracht hat, ankommt. Wir bürgen mit unserer Authentizität dafür. Wenn unser Leben von der Frohen Botschaft erzählt, wird es dem Entkirchlichungsprozess, der Individualisierung und Differenzierung unserer Tage standhalten und Menschen erreichen.

Unsere Sprache, dieser Schlüssel zur Welt, verändert sich beständig. Schlüsselbegriffe, Schlussfolgerungen, Rückschlüsse, Codewörter von vorgestern erschließen heute nichts mehr. Bildworte und Beispiele aus biblischen Zeiten brauchen neue Farbe, damit sie zum Betrachtenden sprechen. Jahrhundertealte Formeln bringen in jungen Menschen nichts zum Klingen.

Der Jesus, den die Evangelien schildern, hatte nicht die Gewohnheit, an jedem Sabbat viele Worte zu machen. Seine kurzen Sätze sind einprägsam: »Was willst du, dass ich dir tue?« »Dein Glaube hat dir geholfen!« »Ich sage dir, steh auf!« »Was ihr von anderen erwartet, das tut auch für sie!« »Gebt ihr ihnen zu essen!«

Jesus hat sich nicht auf eine gute Performance vorbereitet. Er hat sich zurückgezogen und gebetet, bevor er zu den Menschen gesprochen hat. Er setzte nicht auf Publicity und mietete keine Veranstaltungsräume, um die Menge zu erreichen. Er ging zu Leuten wie du und ich und zeigte ihnen face to face, wo das Himmelreich beginnt. Wenn sie ihn verfolgten, war ihm das eher unangenehm. Als sie ihm zujubelten, ging es nicht gut für ihn aus.

Als Influencer hätte er sich nicht wohlgefühlt und es ging ihm nicht darum, möglichst viele Follower zu gewinnen, die seinen Kanal abonnieren und mit Likes kommentieren.

Niemand kommt zur Kirche oder bleibt ihr treu, weil er die Institution oder die Struktur der Organisation liebt. Menschen gehören zur

Kirche, weil sie dort bedeutsame Begegnungen hatten, die ihnen wichtig waren und sind. Zur Kirche kommen heute Leute, die Fragen haben und das Gespräch suchen. Sie wollen weder ermahnt noch belehrt werden, sondern einen Sinn für ihr Leben entdecken, gemeinsam mit Mitmenschen, die sich als Weggefährten und Spurensucher verstehen, nicht als Besserwisser.

»Was willst du, dass ich dir tue?« Das ist mehr als eine Frage, es kann eine Haltung sein, die das Gegenüber ernst nimmt und nicht vorschnell drauflos missioniert. Wir tun gut daran, unseren Glaubensschatz als Angebot zu verstehen, das für alle gilt, die danach fragen. Das Wort Gottes ist kein Sonderangebot im Schlussverkauf christlicher Werte! Es wird nicht überzeugender, wenn wir es verschleudern.

»Gebt ihr ihnen zu essen!« Wir sind die Service-Kräfte, im Gottes-Dienst und im Dienst am Nächsten. Wer Hunger hat nach einem Sinnangebot, dem gilt die uneingeschränkte Einladung. Gott selber ist der Gastgeber. Jesus tischt auf – keine abgedroschenen Hülsen, sondern lebendiges Brot. Er selbst sorgt für neuen Wein in den Krügen, die zu unserer Freude bereitstehen.

Das ist das PLUS aller unserer Bemühungen und Bestrebungen um wirksame Verkündigung. Wir sind nicht die Macherinnen und Macher, wir sind die Handlanger. Wir sind das Fußvolk. Das ist nicht wenig! Mit unserer Hilfe bekommt die Sache Jesu Hand und Fuß.

Ich wünsche uns dazu Inspiration, Freude, Geduld und Hoffnung!

Regina Groot Bramel

I.
Advent und Weihnachtszeit

1. Adventssonntag

Stichworte: Wachsamkeit, Achtsamkeit
Schriftwort: Mk 13, 24–37

Liebe Gemeinde,
was uns allen vom eben gehörten Evangelium im Ohr klingt, ist vermutlich die Aufforderung, die wie ein Startschuss jede Adventszeit eröffnet:
Seid wachsam!
Welche Situationen im Leben verlangen es uns ab, wachsam zu sein? Denken wir an die Trickdiebe auf dem Weihnachtsmarkt, die uns im Gedränge scheinbar versehentlich anrempeln, sich entschuldigen und dann mit unserer Geldbörse in ihrer Jackentasche in der Menge abtauchen? Oder fallen uns Berichte aus der Tageszeitung ein, die vor Betrügern warnen? Da erscheinen vermeintliche Handwerker in voller Montur mit gefälschten Papieren und räumen die Wohnung aus, ehe man es sich versieht!
Heute ist vom Türhüter die Rede, der die Aufgabe hat, hellwach zu sein, wenn der Hausherr erscheint, der sich auf unbestimmte Zeit verabschiedet hatte. Sicher geht es nicht nur darum, dass dieser Türhüter das restliche Personal weckt, wenn der Chef zurückkommt, damit diesem ein würdiger Empfang bereitet wird. Noch wichtiger ist es, dass der Türhüter während der gesamten Zeit der Abwesenheit aufpasst und keine unerwünschten Gäste einlässt!
Erinnern Sie sich an das Märchen vom Wolf und den sieben Geißlein? Kaum ist die Mutter weg, schon schleicht sich der Bösewicht an. Und seine Versuche, sich Einlass zu verschaffen, werden immer raffinierter. Je länger die zurückgelassenen Kinder auf ihre Mutter warten, desto mehr lässt ihre anfängliche Wachsamkeit nach. Schließlich sind sie geneigt, auf die verstellte Stimme zu hören, die geschminkte Tatze mit einer freundlichen elterlichen Hand zu verwechseln und endlich den Riegel zurückzuschieben und dem Unheil Tür und Tor zu öffnen. So ergeht es nicht nur kleinen Geißlein, so etwas passiert nicht nur im Märchen. Wer ist schon einmal auf einen bösen Wolf hereingefallen? Sicher kämen einige Geschichten zusammen, wenn wir hier eine Umfrage machen würden!

Wir sollen wachsam sein, so lautet die Aufforderung am ersten Adventssonntag, in dieser Zeit der Vorbereitung auf die Ankunft des Herrn, des Hausherrn in unserem Lebenshaus als Christinnen und Christen. Was ist das alles, was sich da angesammelt hat und uns bedrängt, schon den Fuß in der Tür zu unserem Inneren hat und uns in Beschlag nimmt? Welche Gedanken nehmen da Gestalt an und machen sich breit, welche Wichtigkeiten spielen sich auf und geben den Ton an, so dass uns das Hören und Sehen auf andere, leisere Impulse vergeht? Ist es wie bei einer Party, die durch das Kommen ungebetener Gäste aus dem Ruder läuft, zu einem Besäufnis ausartet und in allen unseren Räumen Verwüstung und Chaos zurücklässt?

Oder ist es gerade umgekehrt – sind alle Zimmer makellos in Ordnung, dezent dekoriert, aber leer? Waren wir womöglich so sehr darauf bedacht, alles sauber zu halten, dass wir das Entscheidende verpasst haben? Gibt es ein paar verirrte Schäfchen, die vor der Tür standen und die wir abgewiesen haben mit dem Verdacht, sie könnten alles auf den Kopf stellen, uns mit ihrem Geblöke auf die Nerven fallen oder gar Wölfe im Schafspelz sein?

Der Advent kann eine Zeit der erhöhten Aufmerksamkeit als Türhüter der eigenen Persönlichkeit sein. Früher nannte man diese besondere Achtsamkeit »Gewissenserforschung« – ein altes Wort mit einer immer aktuellen Bedeutung! Sie gehörte zum Abschluss eines jeden Tages und umfasste im Wesentlichen den Inhalt der Zehn Gebote in Kurzform:

Wie stand es heute mit meiner Beziehung zu Gott? Wie bin ich mit den Menschen umgegangen, die mir begegnet sind? Wann waren Selbstbeherrschung und Aufrichtigkeit gefragt? Bin ich den Anforderungen dieses Tages im christlichen Sinne gerecht geworden? Was hat gefehlt? Was war zu viel? Was will ich mir konkret für morgen vornehmen, um daran zu wachsen? Für manchen mag der Begriff einen unangenehmen Beigeschmack von Moralin haben – ein moderneres Wort ist heute in aller Munde: Selbstreflexion. Wer die Tür seines innersten Wesens hütet, wird regelmäßig nachdenken und aus dem Erlebten Schlüsse ziehen und Konsequenzen einleiten, um sich zu schützen und weiterzuentwickeln. Wer dabei zur Gemeinschaft der Christen gehört, kann auf Hilfe hoffen und sie erbitten.

Die erste Lesung aus dem Buch Jesaja übermittelt uns plastische Bilder von Persönlichkeiten, denen in entscheidenden Momenten der

Türhüter fehlte.« »...Unsere ganze Gerechtigkeit ist wie ein schmutziges Kleid. Wie Laub sind wir alle verwelkt. Unsere Schuld trägt uns fort wie der Wind ...« (Jes 63,5)

Der Grundtenor dieser Gewissenserforschung ist das Eingeständnis von Schuld und die Bereitschaft, Verantwortung für das angerichtete Unrecht zu übernehmen. Die flehentliche Bitte an Gott lautet: »Reiß doch den Himmel auf und komm herab!«

Ein adventliches Geschehen! Der Herr hört uns. Er kommt zu einer Stunde, die wir nicht kennen, und lässt seine Grüße durch Boten bestellen, die man glatt übersehen könnte, wenn man nicht achtsam, wachsam, wäre. Wir wollen wach bleiben, damit wir ihn treffen und von ihm getroffen werden. Amen.

Impuls für achtsame Schritte im Advent

Achtsam
Ich will auf mich achten –
nicht auf jede Laus, die mir über die Leber läuft
nicht auf jeden Pups, der mir quer sitzt
nicht auf jede kleine Ungerechtigkeit, die mir widerfährt
nicht auf jede Falte in Gesicht und Seele –
sondern auf meine Launen und Verstimmungen,
mein manchmal mürrisches Wesen und das Jammern auf hohem Niveau.

Ich will auf meine Umgebung achten –
nicht auf die Messlatte von »Schöner wohnen«,
nicht auf das makellose Vorgartenbeet der Nachbarn,
nicht neidisch auf die vermeintlich Erfolgreichen und Gutaussehenden,
nicht auf die Absonderlichkeiten der Andersartigen,
sondern auf das wechselnde Wetter,
die verfügbare Zeit,
meine eigenen vier Wände und die Stimmung, die dort herrscht.

Gedanken zum Tagesgebet

»Bis er wiederkommt in Herrlichkeit ...«

Wann kommst du denn wieder?,
fragen kleine Kinder beunruhigt, wenn die Eltern abends etwas vorhaben,
keine Zeit haben zum Ins-Bett-Bringen oder schon schick in Schale sind,
weil sie gleich losmüssen.

Wir kommen ja wieder, das wird herrlich!
So tröstet man sich beim Abschied vom geliebten Ferienort,
am Bahnhof vor der langen Reise zu einem weit entfernten Ziel,
am Flughafen, wenn die Freunde mit den Tränen kämpfen und winken.

Wann kommt er endlich wieder?
So fragten die ersten Christen, so fragen Christen aller Zeiten
nach der Ankunft des Erlösers und nach seiner Rückkehr,
denn die Welt bedarf immer der Erlösung von Elend, Gemeinheit und Hass.

Müssen wir mit langen Wartezeiten rechnen,
sitzen wir fest im trüben Wartesaal der Zeit, auf dem zugigen Bahnsteig –
im Nieselregen unseres Alltags, stehen uns die Beine in den Bauch
in der Schlange am Fahrkartenschalter nach Himmelreich?

Dauert es denn ewig, bis er wiederkommt in Herrlichkeit?
Oder passiert es vielleicht viel öfter als wir glauben,
glauben wir nur, es würde noch dauern, weil wir nicht sehen,
nicht richtig hinsehen, wie er uns zuwinkt, einen Zettel hinlegt, eine Spur hinterlässt?

Die Herrlichkeit lässt sich sehen, kann sich sehen lassen,
denn sie hat schon vor aller Zeit begonnen, ist aufgeleuchtet im Wort,
zur Welt gekommen und immer dorthin unterwegs,
wir finden sie entlang der Böschungen auf dem Weg der Gerechtigkeit.

2. Adventssonntag

Stichworte: Wege ebnen, Entgegenkommen
Schriftwort: Mk 1, 1–8, Jes 40, 1–5.9–11

Liebe Gemeinde,
  die Aufforderung, die uns an diesem zweiten Advent mit Nachdruck in den Schrifttexten vermittelt wird, ist einprägsam: Bereitet dem Herrn den Weg! Ebnet ihm die Straßen!
  Was meint der Prophet damit, worauf will der Evangelist hinaus?
  Eine Straße ebnen; das kennen wir: Planierarbeiten sind gewöhnlich mit Sperrungen, Staus und Umleitungen verbunden. Schweres Gerät wird aufgefahren, Bagger und Planierraupen, Teerfahrzeuge und Walzen rollen an. Wo vorher Schotterpisten und Schlaglöcher ein Vorwärtskommen gehemmt haben, geht es danach wie geschmiert ans Ziel. Eine Straße ebnen, heißt das also, eine Start- und Landebahn bauen für den Höchsten, damit er bei uns landen kann?
  Oder soll der rote Teppich ausgerollt werden, die Blumenrabatte neu bepflanzt, die Glastüren stäubchenfrei geputzt, damit der Höchste beim Staatsempfang alles makellos vorfindet?
  Wohl kaum. Mitunter artet zwar die weihnachtliche Feiertagsvorbereitung in etwas Vergleichbarem aus, alles soll perfekt sein, eine Inszenierung familiärer Verbundenheit. Aber das strengt alle Beteiligten an, geht oft nach hinten los und ist nur Theater. Jesus legt keinen Wert darauf.
  Jesus will bei uns ankommen, und das nicht nur im Festgottesdienst, nicht nur zur Weihnachtszeit oder am Weißen Sonntag.
  Wieso bemerken wir es so selten, warum spüren wir so wenig davon? Liegt es daran, dass wir das »Religiöse« als Sonderthema behandeln: erst die Arbeit, dann das Vergnügen, dann noch ein bisschen Frömmigkeit?
  Jesus wartet Gott sei Dank nicht erst ab, bis unsere Bemühungen zu einem akzeptablen Ergebnis geführt haben und ein gangbarer Weg für ihn geschaffen ist. Er kommt auf uns zu! Und er benötigt gar keinen eigenen Zugang, er kommt gerne auf allen Wegen bei uns an, die unseren Tag bestimmen. Was können wir dazu beitragen?

Es kann eine gute Übung für die nächste Woche sein, sich jeden Tag daran zu erinnern, dass Gott, dass der Gottessohn, im Kommen ist und wir ihm an vielen Kreuzungen des Tages entgegengehen können. Es beginnt vielleicht mit dem Vorsatz, im einfachen Wortsinn »entgegenkommend« zu sein – am Familientisch, auf der Arbeit, in der Warteschlange, wenn eine Bitte an uns herangetragen wird, wenn Helferinnen und Freiwillige fehlen, wenn Not am Mann ist und starke Frauen gesucht werden. Wer entgegenkommend ist, lässt sich nicht lange bitten, sieht selbst, worauf es ankommt, bringt sich ein, packt mit an, hat ein offenes Ohr und ein gutes Wort übrig.

Vielleicht schaffen wir auch Wege zur Begegnung, indem wir Haltestellen in unserem Tagesablauf einrichten, Parkbuchten im Getriebe, so dass ein gutes Wort, ein besinnlicher Gedanke Raum hat, wo sonst nur Platz für das Dringliche ist.

An jedem Tag der kommenden Adventswoche können wir einen Segenswunsch, einen Guten-Morgen-Gruß dem genervten Stöhnen angesichts des Arbeitspensums und des Schmuddelwetters entgegensetzen.

Wir können auf das belanglose Gedudel der Medien stellenweise verzichten und stattdessen freundliche Gedanken kultivieren, an jemanden wohlwollend denken und es ihn auch wissen lassen.

Wir können während der lästigen Wartezeiten, die uns zugemutet werden, ein Lächeln investieren. Es wird uns vielleicht später am Tag zurückgeschenkt.

Bei einem, der auf Großherzigkeit angewiesen ist, können wir alle Fünfe gerade sein lassen und den Zehnten für einen Bedürftigen springen lassen, ihm einen ausgeben und nicht mit ihm abrechnen, selbst wenn er es verdient hätte.

Wir können uns immer wieder vor dem Spiegel in die Augen sehen und uns vor Augen führen, dass wir nicht Bedauernswerte sind, sondern Beschenkte, ganz egal, was uns auch gerade quergeht. Alle Geschenke, die wir uns gegenseitig in diesen Tagen besorgen und verpacken, erinnern daran: Der uns beschenken will, gibt mit vollem, gehäuftem, überfließenden Maß. Und es wird nicht nur eine schöne Bescherung, er überschüttet uns nicht nur, um sich dann wieder zu verdrücken.

Er bleibt an unserer Seite, wenn wir ein wenig zur Seite rücken, uns selbst nicht mehr im Mittelpunkt breit machen und zum Maß aller Dinge erklären. Dann wird der Übergang zwischen Himmel und Erde frei. Wir können die Seite wechseln. Amen.

Gedanken zum Tagesgebet

Allmächtiger und barmherziger Gott,
deine Weisheit allein zeigt uns den rechten Weg.
Lass nicht zu,
dass irdische Aufgaben und Sorgen uns hindern,
deinem Sohn entgegenzugehen.
Führe uns durch dein Wort und deine Gnade
zur Gemeinschaft mit ihm,
der in der Einheit des Heiligen Geistes
mit dir lebt und herrscht in alle Ewigkeit.

Hindernisse

Typisch fromme Worte, schießt es mir durch den Kopf,
ohne Bodenhaftung im echten Leben –
die »irdischen Aufgaben und Sorgen« sind doch mein Alltag,
die kann ich doch nicht einfach dem lieben Gott überlassen,
stattdessen die Hände in den Schoß legen und beten!

Bei näherem Hinsehen merke ich: Das soll ich auch gar nicht!
Ich muss zwar restlos alles selber tun, was das Leben fordert, aber
der Morast des Liegengebliebenen muss mich nicht runterziehen,
der Berg des zu Erledigenden soll mich nicht hindern,
den Weg, diesen adventlichen Weg weiterzugehen.

Jesus entgegengehen, ihn treffen, von ihm getroffen werden …
Noch ein frommer Spruch – oder wieder meine lange Leitung?
Wie geht das mit dem ganzen Rucksack irdischer Sorgen,
trotz all der Steine auf dem Weg, über die ich stolpere,
trotz all der Schlaglöcher, in denen sich Pfützenwasser sammelt?

Genau diesen Weg soll ich in Ordnung bringen, lautet der Auftrag,
schon durch Jesaja erteilt im Alten Testament:
Bereitet dem Herrn den Weg! Ebnet ihm die Straßen!
Mein Alltag als Baustelle für einen Weg der Begegnung,
eine Straße mit einer Haltestelle, einem Parkplatz für Gott?

Wenn ich die Dinge um mich herum mit einer anderen Brille sehe,
den Schwerpunkt anders setze, die Bewertungsskala neu definiere,
die Leistungs-Latte tiefer lege und mich fragen lasse, was zählt –
dann kann sich was ändern an meinem Gang durch den Tag,
und mein Tunnelblick weitet sich, nimmt das Oberlicht wahr.

Fragen für die Woche

Welche Aufgaben machen mir Druck?
Welche Sorgen rauben mir den Schlaf, den letzten Nerv, die Freude am Leben, die Hoffnung im Glauben?
Was passiert, wenn ich in dieser Woche Halte-Stellen entlang der Piste meiner Pflichten einrichte?

3. Adventssonntag

Stichworte: Lebensweg, Lebensziel, Nächstenliebe
Schriftwort: Joh 1,6–8.19–28

Liebe Gemeinde,
 schon am vergangenen Adventssonntag war ein Hauptwort der biblischen Texte: »Bereitet dem Herrn den Weg«.

Wir haben darüber nachgedacht, wie dieses Bereitmachen eines Weges, auf dem Gott zu uns kommt, im Alltag aussehen kann.

Heute wollen wir dem Sinn-Bild vom Weg noch umfassender nachgehen. Der Weg ist eines der gebräuchlichsten Bilder für den Lebensverlauf. Wege haben einen Anfang und ein Ende, im günstigen Fall auch ein Ziel, dessen Erreichen spätestens mit dem Ende zusammenfällt. Auf Wegen ereignet sich allerlei Unterschiedliches. Wer je einen weiten Weg unter die Füße genommen hat, erinnert sich an schöne und sonnige Abschnitte, wo es lief wie von selbst; an steile Etappen, die schweißtreibend und kräftezehrend waren; an atemberaubende Ausblicke und schattige Rastplätze, aber auch an Durststrecken und Blasen an den Füßen. Vielleicht gab es an Gabelungen falsche Entscheidungen, die auf Irrwege, Abwege, Holzwege führten und eine Umkehr erforderlich machten. Zwischendurch bei einsetzendem Platzregen oder glühender Sonnenstrahlung fragte man sich vielleicht, wer auf die verrückte Idee kam, so ein Vorhaben in die Tat umzusetzen, und zweifelte am Sinn der ganzen Unternehmung. Zuletzt aber, angekommen am Ziel, wurden die Beschwerden zur Nebensache. Glück und Zufriedenheit breiteten sich aus und das stolze Gefühl, über sich selbst hinausgewachsen zu sein.

Unser Leben – ein Weg durch unterschiedliche Landschaften, Jahreszeiten und Witterungen. Als Christinnen und Christen sind wir im Glauben an ein Ziel und einen Sinn ein Leben lang hinter Jesus her und Gott auf der Spur.

Eine der schönsten Gleichnisse für den Lebensweg eines Gott-Suchers ist die russische Legende vom vierten König. Ohne es zu ahnen, bereitet er der Liebe Gottes den Weg und ebnet die Bahn für das verheißene Heil. Seine Geschichte passt in die Adventszeit ebenso wie in die Karwoche und in alle Tage dazwischen. Ich möchte sie Ihnen heute nacherzählen.

Wir alle wissen, dass zur Geburt des Jesuskindes ein neuer Stern am Himmel erschien und den Hirten den Weg zum Stall wies. Wir kennen die Geschichte von den drei weisen Sterndeutern, die sich aufmachten, um den neugeborenen König zu besuchen und ihm Geschenke zu machen: Gold, Weihrauch und Myrrhe.

Aber nur wenige Menschen wissen, dass es einen vierten König gab, der ebenfalls die Gestirne lesen konnte und bemerkte, dass der Weltenkönig geboren war. Auch er machte sich auf, um ihn zu suchen und ihm zu huldigen. Als Willkommensgeschenk nahm er aus der Schatzkammer seines Reiches drei wunderschöne Edelsteine von unschätzbarem Wert mit.

Zuerst kam er gut voran, folgte dem Stern und freute sich auf die Begegnung mit dem Königskind. Aber dann geschah es immer wieder, dass er aufgehalten und in Ereignisse am Rande seines Weges verwickelt wurde, die er hätte ignorieren können, weil sie ihn nicht direkt betrafen. Aber er ließ sich berühren vom Schicksal der Menschen, die ihm begegneten und an denen er nicht gleichgültig vorübergehen konnte.

Die erste Begebenheit dieser Art ereignete sich jenseits der bewohnten Gegenden. Er hörte ein kleines Kind anhaltend weinen und ging dem jammervollen Geräusch nach. Und er fand ein ausgesetztes Neugeborenes, das wohl noch in der gleichen Nacht den wilden Tieren zum Opfer gefallen wäre, wenn er es nicht an sich genommen und in die Obhut einer zuverlässigen Familie gegeben hätte. Er hinterließ den Leuten – zögernd zwar – den blauen Saphir, der eigentlich für den neugeborenen König gedacht war, damit sie ohne Not für das Findelkind sorgen konnten.

Später löste er mit dem grünen Smaragd ein Dorf aus, das davon bedroht war, von Rebellen niedergebrannt zu werden und schließlich trennte er sich schweren Herzens auch von dem roten Rubin, um einer Familie den Vater zu erhalten, den man unverschuldet ins Gefängnis werfen wollte.

Von da an war der vierte König kein König mehr. Er glich nur noch einem Bettler und Vagabunden, schlug sich durch und hatte kaum noch Hoffnung, sein Ziel, zu dem er einmal so freudig aufgebrochen war, irgendwann zu erreichen. Da war kein Stern mehr, der ihm leuchtete, nur nächtliche Nebel und Düsternis, außen und innerlich. Ziellos irrte er umher und geriet in eine Hafenstadt. Dort musste er mit anschauen, wie ein junger Mann, fast noch ein Kind, als Galeerensklave auf ein Schiff geschleppt wurde. Seine Mutter, eine Witwe, war in Armut geraten und hatte ihre Schulden nicht mehr bezahlen können. Da ging der König, der keiner mehr war, hin und bot sich an, den Platz des Jungen auf der Ruderbank einzunehmen. Achselzuckend und gleichgültig nahmen die Sklaventreiber das Angebot an.

Es heißt, dass er dreißig Jahre in Ketten lag und ruderte, bis ihm die Augen trübe und die Arme lahm geworden waren. Schließlich warf man ihn wie ein Stück Abfall in einem Hafen an Land und ließ ihn liegen.

Dort, als er schon dachte, seine letzte Stunde hätte geschlagen, sah er auf einmal wieder den Stern von damals, hinter dem er in seiner Jugend erwartungsvoll hergezogen war. Und er rappelte sich ein letztes Mal auf, um ihm zu folgen. Er wunderte sich darüber, dass außer ihm noch so viele andere Menschen unterwegs waren, offenbar alle mit dem gleichen Ziel, die große Stadt zu erreichen, die glanzvoll vor ihnen lag. Aber kurz vor den Stadttoren lenkte der Stern die Schritte des alten Mannes einen abgelegenen Hügel hinauf, auf dessen Kuppe etwas Grausames stattgefunden haben musste. Dort waren drei Kreuze aufgerichtet worden und über dem mittleren blieb der Stern stehen. Zu Tode erschöpft und bis ins Herz getroffen sank der vierte König vor dem gekreuzigten All-Herrscher auf die Knie. »Ich komme zu spät und ich habe nichts mehr, was ich dir schenken kann«, sagte er verzweifelt. Da richtete der Gekreuzigte sich auf und sah ihn an. Und in diesem Augen-Blick erkannte er, dass er doch noch rechtzeitig angekommen war und seine Geschenke an den genau richtigen Stellen des langen Weges abgegeben hatte.

Man sagt, dass an diesem Tag außer den drei Gekreuzigten noch ein weiterer Toter auf Golgota aufgefunden wurde. Man bestattete ihn in aller Stille zu Füßen des Mannes, unter dessen Kreuz er gelegen hatte.

Und so wurde er auch der erste Zeuge der Auferstehung Jesu am dritten Tag.

Diese ergreifende Weggeschichte ist ein Sinnbild für unsere christliche Nachfolge, die in jedem Nächsten den Herrn erkennt und Geschenke bereithält für diejenigen, die sie am dringendsten brauchen. Erinnern wir uns daran, wenn wir in diesen Tagen Päckchen packen und Überraschungen in Hochglanzpapier wickeln. Das größte Geschenk zum Fest ist in Windeln gewickelt und findet sich nicht unterm Tannenbaum, sondern in jedem Menschen, der uns braucht. Amen.

Aus dem Tagesgebet

…
Mache unser Herz bereit
für das Geschenk der Erlösung
…

Geschenk der Erlösung

Jetzt ist die Zeit des Päckchenpackens in Schachteln und Tüten, buntes Papier und Goldfolie, mit Glitzerbändern und Schleifen. Noch wichtiger als die Verpackung ist der Inhalt, die Bescherung – was ist noch drin, was kommt dabei heraus?

Wenn ich könnte, würde ich anstelle vieler Dinge,
die jeder hat und keiner braucht, die herumstehen und verstauben,
etwas Unsichtbares schenken, das die Welt verändert –
Erlösung von Hunger, Krieg, Ungerechtigkeit, Krankheit, Not und Tod!

Das wäre ein Fest, an dem der Welt endlich der Friede geschenkt wird, an dem die Verteilung der Ressourcen rings um den Globus gelingt, kein Kind mehr weint, vernachlässigt ist oder ausgebeutet, kein Sterbender alleingelassen wird – ein Geschenk der Erlösung!

Weil ich weiß, dass ich all das nicht vermag, könnte ich nun resignieren,
im Internet ein paar Gutscheine ausdrucken oder Socken stricken.
Aber vielleicht bin ich zu weit mehr in der Lage als ich selber glauben will,
wenn ich einfach starte und wie bei jedem Anfang klein beginne?

Ich höre meiner alten Nachbarin zu, die von früheren Zeiten plaudert, und erlöse sie für einen Nachmittag von ihrer Einsamkeit,

und dann nehme ich sie mit in den Park und wir lösen die Mütter ab,
die dort genervt auf dem Spielplatz hocken und ihre Kleinen hüten.

Die jungen Frauen ziehen los und gründen eine Initiative im Stadtteil,
organisieren Helferdienste, wo eine Hand die andere wäscht,
wer mitmacht, bringt sich ein und hat auch was davon,
knüpft Kontakte, ist endlich aus der beklemmenden Isolation erlöst.

Und diese besondere Art des Schenkens greift um sich, macht Schule,
sogar der Pfarrer lässt sich anstecken, predigt nicht nur Erlösung,
hilft ihr tatkräftig von der Kanzel in die Realität, macht mit, packt an
und im Abendgebet dankt er dafür, dass Gott die Welt erlöst –
und wir ihm dabei helfen dürfen!

Fragen für die Woche

Was hält und hemmt mich, wovon will ich erlöst werden?
»Die Christen müssten mir erlöster aussehen«, sagt der große Kirchenkritiker Friedrich Nietzsche. Was sagt mein Spiegel dazu?
Was würde er sagen, wenn er mir ins Herz sehen könnte?

Fürbitten zum 3. Advent

Wir antworten auf die Fürbitten mit dem Psalmvers:

Öffne uns die Augen für das Wunderbare an deiner Weisung.

Gott sagt JA zu seiner Schöpfung und zu uns Menschen, er hat uns nach seinem Bild geschaffen, ihm ähnlich – obwohl wir diese Ähnlichkeit leider nicht immer auf Anhieb (im anderen?) erkennen. Ihn bitten wir:

Mach uns sensibel für die Anfänge in unserem Leben, denn jedem Anfang wohnt ein Zauber inne.

Alle: **Öffne uns die Augen für das Wunderbare an deiner Weisung.**

Hilf uns zu bemerken, wenn ein fauler Zauber uns in seinen Bann zieht, und lass uns rechtzeitig die Notbremse ziehen und aussteigen, wenn wir in der falschen Richtung unterwegs sind.

Alle: **Öffne uns die Augen für das Wunderbare an deiner Weisung.**

Das Böse fängt klein an und sieht harmlos aus, bevor es zu wuchern beginnt wie ein bösartiges Geschwür. Schärfe unseren Verstand, damit wir ehrlich zu uns selber sind und ungute Entwicklungen bemerken und benennen, statt Ausreden für sie zu erfinden.

Alle: **Öffne uns die Augen für das Wunderbare an deiner Weisung.**

Gib uns das rechte Maß an Unzufriedenheit mit den Mangel-Zuständen in Kirche und Gesellschaft, damit wir nicht selbstzufrieden werden und die Hände in den Schoß legen.

Alle: **Öffne uns die Augen für das Wunderbare an deiner Weisung.**

Wenn wir unserer Christenpflicht nachgekommen sind, dann wartet noch die Kür – das fantasievolle Schöpfen aus der Fülle, um andere Menschen zu erfreuen und aufzuheitern, sie zu begleiten und ihnen auf die Beine zu helfen. Schenke uns gute Einfälle und ein großes Herz.

Alle: **Öffne uns die Augen für das Wunderbare an deiner Weisung.**

Weit über dem Gesetz und seiner Erfüllung steht die Liebe als die Zusammenfassung aller Gebote. Schenke uns eine liebevolle Haltung gegenüber allem, was lebt.

Alle: **Öffne uns die Augen für das Wunderbare an deiner Weisung.**

Wenn du an unserer Seite bist, werden wir mit zwei Augen und klarem Blick hinschauen und mit beiden Händen zupacken. Segne uns dazu. Amen.

4. Adventssonntag

Stichworte: Verkündigung, Engelsworte
Schriftwort: Lk 1, 26–38

Liebe Gemeinde!

Biblische Wahrheit orientiert sich grundsätzlich nicht an wissenschaftlicher Wahrscheinlichkeit, an geschichtlichen oder biologischen Abläufen. Biblische Geschichten sind Verdichtung der Geschichte Gottes mit den Menschen. Deshalb kann jeder Satz etwas enthalten, was nicht nur einmal war, sondern für jeden von uns und jederzeit gilt.

Von Maria, der Mutter Jesu, ist uns das Gespräch mit dem Engel, die Verkündigung, als einzige längere zusammenhängende Rede überliefert. Im weiteren Verlauf hören wir immer wieder, dass Maria Geschehnisse und Worte im Herzen bewahrte und über sie nachdachte. Was sie im Einzelnen gedacht und empfunden haben mag, berichten die Evangelien kaum. Ihre Art zu denken und dem Leben zu begegnen, zeigt sich aber bereits in dem, was wir eben gehört haben. Im Dialog von Maria mit Gabriel offenbart sich uns ein Basisprogramm des Glaubens.

Ich lade Sie deshalb heute Morgen und am bevorstehenden Fest der Heiligen Familie und zum Hochfest der Gottesmutter Maria dazu ein, jeweils einzelne Sätze des Gesprächs zwischen dem Gottesboten und der Gottesmutter nochmals anzuhören und sich selbst zu fragen: Was hat das mit mir zu tun?

1. Im sechsten Monat wurde der Engel Gabriel von Gott in eine Stadt in Galiläa namens Nazaret zu einer Jungfrau gesandt.

Engel kommen nicht so, wie wir sie zu kennen meinen. In Kinderbibeln erscheinen sie mit Flügeln und weißem Gewand, ein helles Licht verbreitend, unmittelbar aus dem Himmel abgeflogen zu uns. Wenn wir größer werden, wächst der Verstand für die messbaren Dinge der Welt. Wir üben uns in wissenschaftlichem Denken und lernen fremde Sprachen. Nur die Sprache des Glaubens bleibt bei vielen in den Kinderschuhen stecken. Dann wird sie eines Tages in die Kiste mit schönen Erinnerungen gepackt. Nostalgie, mehr nicht – Symbol für Zeiten, als die Welt noch in Ordnung war, als wir noch an einen lieben Gott geglaubt haben, bevor die Wirklichkeit uns einholte.

Glaubenssprache will gelernt sein und geübt werden, dann kann sie uns etwas bedeuten. Der Glaube drückt sich in Bildern aus, in Beispielen und Gleichnissen, denn er redet vom Unsagbaren und rückt das Unsichtbare ins rechte Licht. Immer kommt es darauf an, beteiligt zu sein, nicht nur Zuschauer zu bleiben. Gott spricht auf eine Weise, die uns zu denken gibt – in Verheißungen und Offenbarungen. Was er sagt, hat etwas mit unserem eigenen Leben zu tun, will in unserem Leben wirksam werden. Gottes Wort muss übersetzt werden: aus der Symbolsprache in die Muttersprache; in die persönliche Lebenssituation und in die der Welt; für das Umfeld der Hörenden. Da gibt es manches Missverständnis, vieles bleibt rätselhaft oder unverständlich.

Gott spricht nicht nur durch Worte, auch durch die Dinge und Gegebenheiten des Alltags. Er zeigt sich gern im Kleinen und Unscheinbaren, kann übersehen werden. Schult unseren Blick, hinter die Kulisse zu sehen, die Fassade zu durchschauen. Er spricht vor allem durch die Begegnung mit anderen Menschen zu jedem von uns. Vieles von dem, was sie erlebt haben, wurde in der Bibel aufgeschrieben. Allerdings nicht wie eine Betriebsanleitung, ein Bericht oder ein Heils-Rezept. Das wäre viel zu einfach, würde nicht mitwachsen, keine Entwicklung zulassen.

Mit Gott wird es nie langweilig, er hält immer eine Möglichkeit offen.

Er schickt seine Engel, um sie uns zu unterbreiten. Bleiben wir im Gespräch!

2. Der Engel trat bei ihr ein und sagte: Sei gegrüßt, du Begnadete, der Herr ist mit dir.

Als Mose am Berg vor dem sonderbaren Dornbusch kniet und eine geheimnisvolle Unterredung mit Gott hat, da traut er sich zu fragen:

Wie ist dein Name? Die Israeliten werden mich fragen, wer mich schickt!

Und Gott antwortet und sagt seinen Namen: JAHWE – Ich bin der Ich-bin-da!

Was das bedeutet, muss ich im eigenen Leben herausfinden.

Es bleibt eine lebenslängliche Aufgabe, dieser Zusage auf die Spur zu kommen.

Häufig wird sie umgangen, indem wir sie infrage stellen, das geht viel leichter:

Wo warst du denn, Gott, falls es dich geben sollte, als der Unfall passierte, als mir ein liebster Mensch von der Seite weggerissen wurde, wo bist du bei Schicksalsschlägen, Naturkatastrophen, Kriegen, auf dem Schlachtfeld – im Konzentrationslager, in der menschenunwürdig geführten Anstalt, bei den Kindern, deren Eltern sie nicht versorgt, die sie geschlagen, missbraucht haben? Es ist einfach, im vorwurfsvollen Fragen stecken zu bleiben, aber es ändert nichts.

Es ändert sich etwas, wenn wir Gottes Namen annehmen, ernst machen mit ihm. Ich bin da – das heißt, mit ihm da zu sein, wo es nötig ist, wo er gebraucht wird. Dann ändert sich was – an den Umständen und in mir. Der Herr ist mit mir.

3. Da sagte der Engel zu ihr: Fürchte dich nicht, Maria.

Wenn ein Wunder geschieht, ist es kein Wunder, dass wir erschrecken!

Deshalb heißt es an vielen Stellen im Leben mit Gott: Fürchte dich nicht!

Fürchte dich nicht, ich habe dich beim Namen gerufen, du bist mein!

Gott meint jeden von uns persönlich; wenn er spricht, ist Zuhören angesagt.

Aber wir brauchen nicht im Schrecken zu verharren, wie Schüler, die nicht wissen, auf welcher Seite im Buch gerade gearbeitet wird, die keine Hausaufgaben gemacht haben. Der Engel, der zu Maria kommt, bringt einen Entwurf mit, eine himmlische Idee. Er malt ein Zukunftsbild, ein Lebenskonzept, eine Vision. Maria fragt sich, wie das werden soll, sie fragt ihn, fragt nach, fragt an. Berechtigte Fragen, damals wie heute –

einen neuen Menschen annehmen, offen sein, empfänglich, einladend, fruchtbar? Von wem, wozu, mit wessen Hilfe, wohin soll das alles führen?

Der Engel öffnet den Geist und das Herz. Er steht Rede und Antwort.

Maria räumt der Botschaft, der Zumutung, der göttlichen Idee eine Chance ein. Wir sind eingeladen, ihrem Beispiel zu folgen. Amen.

Tagesgebet

Allmächtiger Gott,
gieße deine Gnade in unsere Herzen ein.
Durch die Botschaft des Engels
haben wir die Menschwerdung Christi,
deines Sohnes, erkannt.
Führe uns durch sein Leiden und Kreuz
zur Herrlichkeit der Auferstehung.
Darum bitten wir durch ihn, Jesus Christus.

Mensch werden

Wenn ein kleiner neuer Mensch zur Welt kommt,
haben die glücklichen Eltern seinen Empfang vorbereitet,
die Wände gestrichen, die Wiege aufgestellt,
über dem Schlafplatz den Himmel aufgespannt –
dieses zartbunte Gewebe, das rechts und links in Falten fällt.

Den Himmel aufspannen – das ist die Aufgabe der kommenden Zeit,
die Bedürfnisse und Beschwerden verstehen lernen, sie beantworten
durch Nahrung, Nähe, Nachtschichten, einfühlsam und liebevoll.
Aber auch am Himmelbett im Kinderzimmer lehnt ein Kreuz, denn
Leben heißt Lieben und Leiden, es gibt das eine nicht ohne das andere.

Wenn wir wüssten, wie sehr wir uns ausliefern, wie weh es tun wird,
wie schwer wir tragen werden, würden wir JA sagen wie Maria?
Würde die Freude, das Glück, uns entschädigen, stärken für die Not,
in der kein Stern mehr leuchtet – alles verloren, vergeblich scheint?
Herrlichkeit und Leid, Leben und Tod sind Paare in dieser Welt.

Man könnte verzweifeln, wäre da nicht der Eine,
der uns gezeigt hat, dass es mehr gibt als das Ende,
dass es hinter dem Horizont, bis zu dem wir schauen können, weitergeht,
dass dort, wo die Linie verläuft, an dem unser Weit-Blick endet,
wo scheinbar das Ende ist, Gott erst anfängt!

Zum Glück ist das Leben kein Jammertal, nicht hier, bei uns,
sondern eine wunderbare Chance, ein Geschenk, eine Gabe.
Viele himmlische Augenblicke werden uns gewährt,
Momente, in denen wir ganz in Übereinstimmung sind
mit Gott und der Schöpfung, selig, übersprudelnd und froh.

Das Kreuz, an der Krippe schon zu ahnen im Halbdunkel draußen,
kann ein Wegweiser werden, der nach oben zeigt, zum Himmel
und nach rechts und links, wo Menschen stehen, uns beistehen.
Das Kreuz kann die Mitte markieren, das Ziel, das den Einsatz lohnt,
es ist ein Pluszeichen vor der Klammer, in der TOD geschrieben steht.

Weil alles zusammengehört, die kahlen Zweige und die neue Blüte,
die Starre des Winters und das Frühlingserwachen, Stille und Sturm,
Säen, Pflanzen und Ernten, Hungern und Schwelgen in der Überfülle,
die nur Gott geben kann – deshalb erbitten wir die Gnade des Sehens
über den Tellerrand und über das offene Grab hinaus, bis in die
Ewigkeit.

Fragen für die Woche

Was will ich heute in die Welt bringen – kann ich den Himmel in
manchen Momenten, für manche Menschen, aufspannen?
Gehe ich auch mit ihnen, wenn sie ein Kreuz tragen? Werde ich Zeuge
der Auferstehung im Alltag, noch lange vor dem Jüngsten Tag?
Mir geschehe nach Gottes Wort.

Kurzprogramm aus dem Schlusssegen:

Standhaft im Glauben
Froh in der Hoffnung
Eifrig in Werken der Liebe –
sportliche Herausforderungen im Endspurt
des vorweihnachtlichen Marathonlaufs!
Am Ziel wartet keine jubelnde Menge,
sondern Gott selbst in der Stille der Nacht.
Hier können wir wieder zu Atem kommen.

Weihnachten: In der Heiligen Nacht

Stichworte: Windeln, Verbandsmaterial, Fürsorge
Schriftwort: Lk 2, 1–14

Liebe Gemeinde,
 wir feiern die Heilige Nacht. Alles hier in der Kirche ist sorgfältig vorbereitet und schön geschmückt. Auch zu Hause haben Menschen in den letzten Tagen alles für das große Fest gerichtet. Schon seit Wochen kündigt die Beleuchtung der Vorgärten und Kaufhäuser, die Werbung für Geschenke und Angebote ein besonderes Geschehen an, das bevorsteht.
 Der biblische Bericht über die Vorkommnisse, um die es eigentlich geht, ist wortkarg und knapp. In zwei Versen fasst die Bibel zusammen, was der Auslöser und Auftakt zu all den Bewegungen im letzten Monat des Jahres ist:
 »Als sie dort waren, kam für Maria die Zeit ihrer Niederkunft, und sie gebar ihren Sohn, den Erstgeborenen. Sie wickelte ihn in Windeln und legte ihn in eine Krippe, weil in der Herberge kein Platz für sie war.« (Lk 2,7).
 Eine Geburt ist ein Ereignis, das einer eigenen Dynamik folgt, wenn es nicht durch Medikamente gesteuert wird. Es erfordert Zulassen und Einlassen mehr als ein aktives Tun. Maria übersteht also in diesem wenig komfortablen Ambiente die Geburt. Dann beschreibt der Evangelist die erste Handlung der jungen Mutter: »Sie wickelte ihn in Windeln und legte ihn in eine Krippe.«

Das klingt pragmatisch und bodenständig. Das Kind wird gewickelt und so sicher untergebracht, wie die Situation es zulässt. Aus einer Krippe kann ein Neugeborenes nicht herausfallen, sie hat ähnliche Eigenschaften wie ein Gitterbettchen, ist weich gepolstert, lässt Luft und Licht herein und Blickkontakt zu. Hat es eine Bedeutung, dass uns gerade diese Handlung überliefert ist? Wir hören nichts von romantischen oder anderen Gefühlen, kein Stimmungsbild wird uns geliefert im Krippenstroh, keine Dialoge zwischen Maria und Josef.
 Die Windeln sind es, die der Evangelist erwähnt. Stellen wir sie uns vor – diese Windeln, die noch nicht zum einmaligen Gebrauch mit

Sickerzone und Auslaufschutz konzipiert waren, sondern schlichte Lappen aus Leinenstoff.

Solche echten Windeln eignen sich zum Auffangen aller möglicher Ausscheidungen. Sie nehmen auf, was daneben geht, und flattern später frisch gewaschen wie weiße Friedensfahnen auf der Leine.

Sie eignen sich zum Trocknen von Tränen ebenso wie zum Schonen der Kleidung beim Essen. Eine Windel kann ein Schlabberlatz sein oder ein Schmusetuch, das beim Einschlafen hilft und gut nach Geborgenheit riecht.

Aus Stoffwindeln lassen sich einfache Verbände für aufgeschürfte Knie und blutige Nasen herstellen. Die gerade den Windeln entwachsenen Welteroberer auf dem Spielplatz brauchen des Öfteren Erste Hilfe.

Windeln sind zum Batiken geeignet und sehen als bunte Halstücher dekorativ aus. Beim Wandern kann man einen Sonnenschutz improvisieren und sich den Schweiß damit abwischen. Schön gestaltet kann man sie verschenken oder als mehrfach verwendbare Geschenkverpackung benutzen.

Das Jesuskind, das Geschenk Gottes für alle Menschen, ist also in ökologisch unbedenkliches Geschenkpapier eingepackt. Er ist in vielseitig nutzbare Windeln gewickelt. Wenn der erwachsene Jesus seine Aufgabe in der Welt umsetzt, wird er sich der Menschen annehmen, die schief gewickelt sind, wie wir so sagen. Schief gewickelt, das bedeutet, dass etwas danebengegangen ist, dass einer dasteht, als hätte er in die Hosen gemacht, dass jemand komplett schräg drauf ist. Jesus, das ehemalige Krippenkind, das in mütterlicher und göttlicher Fürsorge aufgewachsen ist, geht genau zu diesen Leuten. Die schief Gewickelten brauchen ihn, nicht die perfekt Gepamperten.

Jesus beschäftigt sich noch weiterhin mit Leinenbinden. Er heilt Blinde, nimmt ihnen die Binde und manchen anderen Vorhang vom Gesicht. Er weckt seinen toten Freund auf, sorgt dafür, dass ihm das windelgroße Schweißtuch vom Gesicht und die Totenbinden abgenommen werden.

Die Volksfrömmigkeit überliefert uns eine wunderbare Windellegende. Der leidende Jesus, blutend und schweißüberströmt auf dem Kreuzweg, begegnet einer unerschrockenen Frau, die sich durchdrängelt und ihm als Liebeszeichen eine kleine Erleichterung verschafft, indem sie ihm ein Leinentuch reicht. Ihr Name ist Programm: Veronika. Wenn man die Silben umstellt, bilden sie das Wort »vera Ikon«: wahres Bild. Als Jesus ihr das Tuch zurückgibt, trägt es einen Abdruck seines Gesichts. Veronika wird es auch im Herzen bewahren.

Es sieht aus, als sei es das Ende, als der tote Jesus vom Kreuz abgenommen und in ein Leinentuch gehüllt wird. Dieses Leben beginnt in Windeln gewickelt und in einem fremden Stall – und es endet in ein Leinentuch gehüllt in einem fremden Grab. (Lk 23,53). Wie gut, dass wir auch das allerletzte Kapitel der Lebensgeschichte schon kennen. Da läuft Simon Petrus am Ostermorgen in heller Aufregung zum Grab und findet ... leere Leinenbinden (LK 24,12, Joh 20,7).

Sie liegen nicht da wie die achtlos zerknüllten Papiere nach dem großen Auspacken am Heiligabend. Das leere Stück Tuch ist die Spur einer Verheißung und enthält einen Auftrag. »Geht los«, scheint es zu bedeuten, »ihr wisst ja, was jetzt und allezeit zu tun ist, bis die Welt an ihr Ziel kommt! Haltet ein Tuch zum Trösten und Auffangen bereit, ein Tuch, das nach Heimat duftet, eine Windel für die Wechselfälle des Lebens.«

Eine Windel mit Aufforderungscharakter. Lassen wir uns nicht lange bitten! Amen.

Gestaltungsidee:

Nach der Christmette wird jedem Mitfeiernden eine Stoffwindel überreicht. Sie kann mit ein wenig Stroh und einem Goldfaden dekoriert sein oder einen Erinnerungszettel enthalten.

Zum Tagesgebet an Weihnachten:
Allmächtiger Gott,
dein ewiges Wort ist Fleisch geworden,
um uns mit dem Glanz deines Lichtes zu erfüllen.
Gib, dass in unseren Werken widerstrahlt,
was durch den Glauben in unserem Herzen leuchtet.
Darum bitten wir durch ihn, Jesus Christus.

Widerstrahlen

Die Weihnachtsfreude reflektieren,
dazu muss ich mir ein bisschen mehr Zeit nehmen,

das ist nicht so einfach wie es klingt,
was bleibt davon übrig, wenn die Festtage vorbei sind?

Als Kind freute ich mich auf Weihnachten
wegen der Geschenke, der Geheimnisse und Gerüche,
es gab Erwartung, Überraschung und Erfüllung.
Später hat sich das allmählich immer mehr verändert:

Aus Erwartung sind Erwartungen geworden, die ich habe,
die andere an mich haben und mich damit unter Druck setzen.
Aus Überraschung sind mitunter böse Überraschungen geworden,
die das Leben bereithält: »Morgen Kinder wird's sonstwas geben …«

Erfüllt wäre ich gerne wie damals, als ich noch klein war,
angefüllt mit argloser Freude, die mit aller Ausschließlichkeit
dem Moment gilt, nicht fragt, plant, sorgt, festhalten will,
sondern strahlt, leuchtet, Luftsprünge macht, in die Hände klatscht.

Inzwischen »steht es mir bis hier: Oberkante Unterkiefer«, habe ich
»den Hals gestrichen voll«, hat sich manches in mir angestaut – es fehlt
nicht viel, was das Fass zum Überlaufen bringen könnte.
Gerade in der Zeit vor Weihnachten besonders verrückt –
all diese Feiern, Fressen und Saufen, Hetzen und Kaufen …

Allmächtiger – bist du, Gott, deshalb als Kind in die Welt gekommen,
weil sie den Kindern oft noch ein anderes Gesicht zeigt,
jedenfalls denen, die eine liebevolle Mutter, einen tüchtigen Vater
und ein – wenn auch zugiges – Quartier haben?

In unseren Werken soll widerstrahlen, in unserem Tun soll leuchten,
was Weihnachten für uns ist und sein kann, wenn wir aufräumen,
Schluss machen mit dem ganzen Theater und Drumherum,
uns besinnen und an deine Menschlichkeit glauben, o Gott!

Frage für die Weihnachtstage

Wie kann ich dazu beitragen, dass die Welt menschlicher wird?

Fest der Heiligen Familie

Stichworte: Glauben, Vertrauen, Gottesgabe
Schriftwort: Lk 1, 35–38

Liebe Gemeinde!

Am vergangenen Sonntag haben wir die Szene der Verkündigung Mariens gehört und einige der wichtigsten Sätze des Dialogs zwischen Maria und dem Gottesboten näher betrachtet. Wir haben uns gefragt, was die Begegnung mit einem Engel in der Bild-Sprache des Glaubens bedeutet und was sein Gruß nicht nur Maria, sondern auch uns sagen will.

Heute, am Fest der Heiligen Familie, möchte ich Sie einladen, gemeinsam die nächsten Worte dieser familienbildenden himmlischen Maßnahme zum Klingen zu bringen. Wir dürfen annehmen, dass das ganze Programm göttlicher Zusagen und Zumutungen schon in den wenigen Sätzen enthalten ist, die in Lk 1 überliefert sind.

Da sagt der Engel zu Maria:

Der Heilige Geist wird über dich kommen, und die Kraft des Höchsten wird dich überschatten.

Das klingt ganz anders, als wir Familiengründung nach ungeplanter Schwangerschaft kennen! Wir sind gewohnt, alles selber zu machen, was damit zu tun hat, und auf die eigenen Kräfte zu vertrauen.

Wir machen Karriere, wir erledigen dies, wir erledigen das, wir machen uns zurecht, machen es uns schön. Wer etwas macht, hat die Macht, ist mächtig tüchtig, erfolgreich, macht was her.

Wer viel an messbarem Erfolg vorzuweisen hat, ist ein gemachter Mann, eine taffe Frau.

Und der Machbarkeitswahn macht auch bei der Familienplanung nicht halt:

Sie machen ein Kind, heißt es im Straßenjargon. Hässlicher noch: Er hat ihr ein Kind gemacht. Am übelsten: Lass es doch einfach wegmachen, es passt gerade nicht.

Der Kummer von Paaren mit unerfülltem Kinderwunsch spricht eine andere Sprache. Sie wissen um die engen Grenzen des Machbaren, des Menschenmöglichen. Sie kennen die Rückseite der Macht, die Ohnmacht, die sich wie Versagen anfühlt. Wir können nur die Zutaten mischen, ob daraus neues Leben wird, liegt nicht in unserer Macht. Das haben wir nicht in der Hand. Da ist eine andere Macht am Werk, die Kraft des Höchsten.

Ein wunderbarer Ausdruck für die Energie, die uns zuwächst, wenn wir aufhören, uns nur auf uns selber zu verlassen und uns stattdessen Gott anvertrauen!

Ganz am Anfang haucht er dem Stoff, aus dem Adam geformt ist, seinen Geist ein. Ein Sinnbild der göttlichen Lebenskraft ist der Leben spendende Atem. Gottes Geist – Lebensatem – Bild für seine schöpferische Liebe in uns.

Deshalb ist jedes Kind heilig, jedes ein Gotteskind.

Nicht nur Jesus, sondern wir alle sind Gottes Kinder, vom ersten Moment an.

Wir müssen uns diese Würde nicht verdienen, sie ist uns geschenkt.

Das gilt sogar für die sogenannten »self-made-men«, denen es schwerfällt, sich mit dem Menschsein zufriedenzugeben, die gern selbst wie Gott wären. Gott hat Geduld mit uns. Er weist uns in unsere Grenzen. Er bejaht uns trotzdem.

Deshalb wird auch das Kind heilig ... genannt werden.

Das Jesuskind, der »holde Knabe im lockigen Haar« ist heilig, na klar, das gehört auch zu unserem Wissen aus der Kinderzeit. Man erkennt es am Heiligenschein, der im Krippenstroh leuchtet.
Aber Gott hat uns mit diesem Kind noch viel mehr zu verstehen gegeben: Jedes Kind ist ihm heilig, einzigartig, wichtig und unersetzlich.
Keines ist ihm zu klein, zu behindert, zu dumm, zu hässlich oder zu unbequem.
Wir wissen es, weil Jesus selbst es uns anschaulich einprägt.
Als er herangewachsen ist und zu den Menschen vom Himmelreich spricht, da stellt er ein Kind in die Mitte und sagt einen Satz, der bis heute gilt:
»Wenn ihr nicht umkehrt und wie die Kinder werdet, könnt ihr nicht in das Himmelreich kommen!«
Das Himmelreich ist kein Schlaraffenland, kein Funpark, kein All-inclusive-Hotel. Es ist im Werden, entsteht immer da, wo Menschen sich einander annehmen, einfach so, in guter Absicht, ohne Hintergedanken und Vorbehalt. Eine heile Familie, in der Eltern zusammen-

halten und ihre Liebe die Basis für das Miteinander ist, holt ein Stück vom Himmelreich auf die Erde, ist nicht mit Gold aufzuwiegen, ist ein lebenslängliches Geschenk für die dort aufwachsenden Kinder. Heilige Familie – das heißt nicht, dass da nur Friede – Freude – Eierkuchen ist. Es darf ganz alltäglich zugehen und ist dennoch heilig, wenn die Menschen ernst machen mit der Liebe und jeden Tag von Neuem damit beginnen. Unserer Erfahrung nach ist das schwer, viele scheitern an diesem Lebenskonzept. Doch der Engel setzt gleich hinzu:

Denn für Gott ist nichts unmöglich.

Maria kann noch nicht wissen, wie es sein wird –
das ernste Gespräch mit Josef, ihrem Verlobten, der nicht der Vater ist, hochschwanger auf dem Esel nach Betlehem, zur Niederkunft im Stall. Auf der Flucht vor Herodes durch die Dunkelheit ins Ungewisse, unterwegs auf der Suche nach dem verschollenen Zwölfjährigen im Tempel.
Die Blicke der Nachbarn aushalten, als er anfängt zu predigen.
Standhalten und treu bleiben, als die Sache sich zuspitzt –
als hässliche und gefährliche Worte fallen, wutentbrannte Gesetzeslehrer kopfstehen, ihrem Sohn der Prozess, der Garaus gemacht werden soll.
Seinen Kreuzweg mitgehen, ihn leiden sehen und sich nicht entziehen, dabeibleiben, in der Nähe, am Ball, an der Seite, unterm Kreuz.
Die tiefste Tiefe der Trauer durchleben mit dem toten Sohn im Schoß.
Aber die Zusage gilt – für Gott ist nichts unmöglich. Er kann das Blatt noch wenden, sein letztes Wort sprechen, wenn wir am Ende sind.
Am Ende unserer Kraft, unserer Fähigkeiten, unserer Hoffnung.
Wir sind an der wunderbaren Kraft Gottes beteiligt, wenn wir JA sagen, und dieses Ja dann buchstabieren, jeden Tag neu, so gut es geht. Aus unserer Zusage wächst etwas Wunderbares – mit der Zeit, mit seiner Hilfe.

Dann verließ sie der Engel.

Auch wenn der Engel sich zurückzieht, seid ihr, Maria und Josef, und sind auch wir nicht von allen guten Geistern verlassen. Der Herr ist mit dir, mit euch, mit uns, nach wie vor, unverbrüchlich an unserer Seite.
Diese Sicherheit, nicht mutterseelenallein zu sein als Mutter, als Vater, als Familie, tut gut. Gerade was unsere Beziehungen betrifft, haben wir

es nicht leicht. Da verlässt man sich aufeinander und macht allzu oft die Erfahrung, verlassen zu sein, allein auf weiter Flur, jede Menge Probleme im Gepäck.
Die Kinder, wenn welche da sind, trifft es am härtesten. Hin- und hergerissen, immer fehlt ein Stück am Glück ganzer Geborgenheit.
Und viel zu viele haben schlechte Karten von Anfang an, sind nicht bejaht.
Aber, Maria, du hast uns vorgemacht, wie das geht – unserer Berufung, der Aufgabe treu zu bleiben. Und würden wir hier auch noch den Traum des Josef näher betrachten, dann wäre klar, dass er genauso zuverlässig »seiner Sache« treu blieb, weil er über das Vordergründige hinaus sehen, hören und träumen konnte. Wir sind geneigt, Sachverhalte infrage zu stellen, wenn sie sich nicht erfolgversprechend für uns entwickeln. Wir sollten uns ein Beispiel nehmen an dir. Wir nennen dich Mutter der Glaubenden, Muttergottes, Mutter der Menschen. Vielleicht weil unser Gott-Vater uns noch immer streng und unnahbar erscheint?
Künstler haben zu allen Zeiten Bilder von dir gemalt, Figuren geschnitzt und aus dem Stein gehauen. Wenn wir dich auf einen Sockel stellen und dich verehren, dein leuchtendes Vorbild ins rechte Licht rücken, vielleicht eine Kerze anzünden und um deinen Beistand bitten, übersehen wir leicht, dass deine eigentliche und größte Stärke darin bestand, den Alltag anzunehmen, ihn geschehen zu lassen und nach Kräften zu meistern.
Darin sollten wir dir folgen. Wir dürfen glauben, dass Gottes Pläne und Ziele mitunter größer sind, als unser kleiner Horizont uns an Übersicht ermöglicht. Wir dürfen vertrauen wie du, Maria, wie Josef. Wir sind nicht allein.
Amen.

Fest der Heiligen Familie

Zum Schlussgebet

Gott, unser Vater,
du hast uns mit dem Brot des Himmels gestärkt
und bist bei uns, wenn wir am Brot des Alltags
schwer zu kauen haben.
Bleibe bei uns mit deiner Gnade,
damit wir das Vorbild der Heiligen Familie nachahmen,
auf die Stimme des Engels und auf unsere Träume hören
und unkonventionelle Wege gehen wie Maria und Josef,
und nach der Mühsal dieses Lebens
und auch jetzt schon, bitte schon heute,
mitten in aller Mühsal und erst recht beim Feiern,
in ihrer Gemeinschaft das Erbe erlangen,
das du deinen Kindern bereitet hast.
Wir müssen nicht warten bis zur Testamentsvollstreckung,
haben das Erbe bereits angetreten, dürfen uns daran freuen
wollen es ver-jubeln, weil es sich durch Freude vermehrt!
Darum bitten wir durch Christus, unseren Herrn.
Amen.

Hochfest der Gottesmutter

Stichworte: Gnade, Empfänglichkeit, Bereitschaft
Schriftwort: Lk 1, 26–31, 38

Liebe Gemeinde,
für gewöhnlich ist der 1. Januar ein Tag, an dem die Menschen, die nachts tüchtig gefeiert haben, ihren Rausch ausschlafen, später die aufgeweichten leeren Hülsen des Feuerwerks wegfegen und die Überreste der Silvesterparty aufräumen. Nachdenkliche Zeitgenossen nutzen den freien ersten Tag des neuen Jahres, um Vorsätze für die kommenden 365 Tage zu fassen. In der katholischen Kirche wird dieser Tag, der Oktavtag von Weihnachten, als besonderer Feiertag für Maria, die Gottesmutter, begangen.

Das klingt für Fernstehende vielleicht sonderbar, ein wenig verschroben und weltfremd. Aber bei genauer Betrachtung passt es eigentlich gut zusammen!

Die Weihnachts-Romantik im Krippenstroh liegt schon ein paar Tage zurück. Mit dem Beginn des neuen Jahres überschreiten wir die Schwelle zum Alltag, das Außergewöhnliche wird normal. Maria ist die Meisterin der Treue im Kleinen. Sie ist kein Knaller, zündet keine Rakete, geht nicht ab wie die Feuerwehr – sie bewahrt, bedenkt, beschützt, betreut und begleitet die leibhaftig gewordene Verheißung, das Kind. Sie muss sich keine weiteren Gedanken um Vorsätze machen, sie macht sich daran, ihre Berufung zu leben. Vielleicht kann das auch eine Anregung und Herausforderung für uns sein – unsere Berufung erkennen und sie in 365 Portionen zu leben?

Es geht um Gnade, um Empfänglichkeit und um die Bereitschaft, zu einer Aufgabe Ja zu sagen.

Passt das in unseren Lebensentwurf?

Du hast bei Gott Gnade gefunden.

Gnade – was ist das eigentlich, was bedeutet es?

Ein begnadeter Künstler hat eine Begabung, die nicht von dieser Welt ist.

Er ist ausgestattet mit einem Talent, das ihn zu etwas ganz Besonderem macht. Nur durch eigenes Wollen und Üben könnte er nicht hervorbringen, was in ihm steckt. Es steckt etwas in ihm, es ist etwas in ihm versteckt, was gefördert werden muss, zutage gefördert, ans Licht gebracht, geboren und der Menschheit geschenkt. Gnade ist also Gabe, Geschenk und Auftrag.

Was ist gemeint, wenn es heißt – »Maria, du hast Gnade gefunden beim Herrn«? Sie ist die Auserwählte, die Gott in die Welt bringen soll.

Von Gott auserwählt zu sein, das ist kein Spaßprogramm!

Da kann einem schon mal das Hören und Sehen vergehen!

Aber Maria hört aufmerksam zu und sieht die offenen Fragen.

Sie scheut sich nicht, mit dem göttlichen Boten in einen Dialog zu treten.

Sie will's wissen, wie ihre Rolle der Begnadeten im Heilsgeschehen aussehen kann. Vielleicht kann »Gnade« einfach bedeuten, der Liebe mutig Raum zu geben, in der Gewissheit zu leben, dass das Nötige immer von Gott dazugegeben wird, damit man das Versprechen halten kann, die Zusage nicht zurücknehmen muss.

Vielleicht ist die Fähigkeit, liebevoll das Leben anzunehmen, wo immer es uns begegnet, unter allen Begabungen und Gnadengaben die allergrößte?

Denn so kommt Gott zur Welt, durch Maria und durch uns alle.

Du wirst ein Kind empfangen, einen Sohn wirst du gebären: dem sollst du den Namen Jesus geben.

Jede Form von Leben beginnt klein, am Anfang steht das Empfangen.

Das Samenkorn beginnt zu keimen und zieht Wurzeln, nistet sich ein, treibt aus. Wir alle sind Empfangene, auch wenn wir es im Laufe des Lebens fast vergessen haben.

Maria soll Gott empfangen. Sie ist empfänglich, aufgeschlossen, auf Empfang geschaltet, sie hat Antennen – für die Worte von der anderen Seite der Welt, der Innenseite, aus der Tiefe, von oben. Nur weil sie empfänglich ist, kann sie empfangen.

Sie hätte den Anruf leicht überhören können, wir kennen das:

»Drei entgangene Anrufe« während wir mit anderem, mit Lautem, beschäftigt waren.

Der Anruf Gottes, seine Botschaft ist leise. Trotzdem trifft sie ins

Herz, bewirkt etwas, verändert alles. Wir werden empfangen, wenn wir uns bereithalten.

Da sagte Maria: Ich bin die Magd des Herrn; mir geschehe, wie du es gesagt hast.

Wer würde das heute gern von sich sagen: Ich bin die Magd, der Knecht des Herrn …? Mägde und Knechte gehören in eine andere Zeit, in einen anderen Teil der Welt. Ist es nicht Gottes Wille, dass wir freie Menschen sind?

Ist das nicht eine der spektakulärsten Geschichten Gottes mit den Menschen:

die Befreiung der Israeliten aus der Sklaverei in Ägypten!

Wenn Gott sich also so viel Mühe gibt mit unserer Freiheit, wie kommt Maria Jahrhunderte später nach einer selbstbewussten Diskussion mit dem himmlischen Boten dann zu dem Ergebnis, die Magd des Herrn zu sein? Eine Magd, ein Knecht steht im Dienst des Herrn, ein Leibeigener arbeitet als Unfreier für den Leibherrn, gehört ihm als Leibeigener mit Haut und Haar und hat nur in seiner Leibeigenschaft eine Daseinsberechtigung, eine Lebensstellung.

Zu Gott zu gehören hingegen ist kein Ausgeliefertsein, eher eine besondere Art von »Bundes-Freiwilligen-Dienst«.

Gott bietet uns an, einen Bund mit ihm zu schließen, auf freiwilliger Basis.

Wer dazu Ja sagt, hat dann alle Hände voll zu tun und arbeitet gemeinnützig.

Maria geht ein Dienstverhältnis mit dem Höchsten ein, sie stellt sich Gott zur Verfügung, entscheidet sich, in seiner Mannschaft zu spielen. Es steht viel auf dem Spiel!

Danach verließ sie der Engel.

Was wäre, wenn du Nein gesagt hättest, Maria? Die Überlieferung zeigt, dass du die Wahl hattest. Jeder von uns hat die Wahl, Gott zu dienen oder ohne ihn auszukommen. Du entscheidest dich für ein Tun, das mit Lassen beginnt, mit dem Geschehen-lassen. Du lässt den Dingen ihren Lauf, weil du darauf vertraust, dass es eine gute Verlaufsplanung gibt von höchster Stelle.

Dieses Vertrauen ist keine Naivität, du hast ja deine wichtigen Fragen gestellt. Aber dir ist wohl schon klar, dass dir als Mutter manche Unwägbarkeiten blühen. Mütter müssen viel ertragen, aushalten, geschehen lassen. Sie können nicht alles machen, nicht alles fernhalten. Sie schaden unter Umständen sogar mit allzu viel Tun. Sie müssen Lernwege begleiten und Umwege ihrer Kinder aushalten. Maria, du hast dich entschieden. Nicht auszudenken, wenn du Nein gesagt hättest! Mit deinem Ja zum Leben beginnt das Neue Testament, eine neue Heilsgeschichte.

Auch mit unserem Ja zum Leben kann eine heilende Geschichte beginnen. Sagen wir Ja zu den Herausforderungen, die uns aus unseren Gnadengaben und Talenten erwachsen. Ein schöner Vorsatz für ein neues Jahr – ein neues und kräftiges Ja! Und – Amen.

Gestaltungshinweis:

Am Ausgang der Kirche nach dem Gottesdienst Blumenzwiebeln (Hyazinthen, Tulpen, Osterglocken ...) verschenken. Sie können in einer Papiertüte (Frühstücksbeutel) überreicht werden. Die Tüten vorher beschriften oder bekleben mit einer Widmung:

»Für einen mütterlichen Menschen« oder »Etwas Neues beginnt im Kleinen«.

Auch männliche Menschen werden beschenkt – auch sie können mütterlich sein!

2. Sonntag nach Weihnachten

Stichworte: Anfänge, göttliche Worte
Schriftwort: Joh 1,1–5.9–14

Liebe Gemeinde,
»im Anfang war das Wort und das Wort war bei Gott und das Wort war Gott«.

Ein feierlich klingender Vers, über den wir heute nachzudenken haben.

Im Anfang steht immer ein Wort oder ein Satz, der einen Gedanken zum Ausdruck bringt, eine Erkenntnis mitteilt oder ein Vorhaben ankündigt.

Wir benötigen Worte, um uns auszudrücken. Worte ermöglichen es den Menschen, aus sich heraus und auf den anderen zuzugehen. Wenn ein Gedanke zu Ende gedacht ist, kann er in Worte gefasst werden, um ihn mitzuteilen. Um Gefühle zu übermitteln, benutzen wir bildhafte Worte. Ein Plan wird in sachlichen Worten dargestellt. Worte sind Wege von Mensch zu Mensch. Sie ermöglichen, über Vergangenes zu sprechen, Erlebnisse mit anderen zu teilen, die daran nicht physisch teilhatten. Worte werden benötigt, um die Zukunft zu planen. Worte geben unseren Empfindungen Gestalt.

Im Anfang schuf Gott die Welt mit seinem allmächtigen Wort. Wenn wir uns in der Geschichte Gottes mit uns Menschen weiterbewegen, finden wir zahlreiche Anfänge, die durch ein Gotteswort markiert werden. Gottes Wort macht den Anfang unserer Glaubenswege und begleitet sie.

L1: Nach den anfänglichen Ordnungsworten der Schöpfung folgen Weisungen, die dazu dienen, die Welt im Gleichgewicht zu halten. Sie verhallen so lange ungehört, dass eine Sintflut über die Gottes-taube Menschheit hereinbricht. Die wenigen, die seine Mahnungen befolgt haben, überstehen die Katastrophe. Für sie gibt es einen neuen Anfang. Sie erleben die Hoffnungsworte Gottes, der einen neuen Bund mit ihnen im Zeichen des Regenbogens schließt.

L2: Am Anfang von Abrahams Wanderschaft aus den altvertrauten Strukturen in ein neues Leben steht Gottes aufforderndes Wort. Er vertraut auf die Zumutung, die zugleich eine Zusage ist, weil Gott ihm Mut macht.

L1: Der Anfang eines großen Volkes, so zahlreich wie die Sterne am Himmel, wird durch ein göttliches Verheißungswort bei den Eichen von Mamre markiert. Abrahams Frau Sara kann zunächst nur verbittert darüber lachen. Sie glaubt zu wissen, dass es keine Nachkommen für ihren Mann und sie geben kann. Sie darf die Erfahrung machen, dass für Gott kein Ding unmöglich ist. Was er anfängt, das ist wohlgetan, heißt es in der Bachkantate.

L2: Der Anfang vom Ende der israelitischen Versklavung in Ägypten wird durch ein Wort Gottes aus dem brennenden Dornbusch markiert. Mose hört Worte von Gott, Aufträge, die er zunächst nicht annehmen will. Doch schließlich kann er sich der Mission nicht länger entziehen.

L1: Am Anfang seines langen Weges ins Gelobte Land fragt Mose Gott nach dessen Namen. Die Antwort, das Namen-Wort, passt zum Vorhaben: »Ich bin da«. Gott sichert Mose seine Begleitung zu.

L2: Im weiteren Verlauf der Geschichte Gottes mit seinen Menschen lässt er durch die Propheten Drohworte ausrichten, Aufrufe, Warnungen und Ermahnungen. Wenn es scheint, als wäre das Ende erreicht und es gäbe keinen weiteren Abstieg mehr, sendet Gott Trostworte und Ermutigungen.

GL: Das Volk Gottes durchlebt eine wechselvolle Geschichte im Laufe der Jahrhunderte. Gottes Wort trifft auf taube Ohren. Es verläuft im Sand. Es wird übertönt. Es fällt nicht mehr auf. Es kommt entschärft und lauwarm an. Es wirkt wie ein beliebiges Angebot unter anderen. Da entscheidet sich Gott, ein endgültiges, unüberbietbares Wort zu entsenden, ein Wort aus Fleisch und Blut. Er wird Mensch.

Vielleicht in der Hoffnung, dass die Menschen ihn dadurch endlich verstehen werden und einen neuen Anfang finden.

Die wirksamen Worte Jesu, seine Taten und Wunder gelten über die Grenzen des menschlichen Horizontes hinaus. Sie fordern uns immer wieder zum Neustart heraus. Unser Gott ist ein Gott der Anfänge.

Bis heute werden seiner Geschichte mit uns Menschen weitere Kapitel hinzugefügt. Er will sie mit uns schreiben, mit Ihnen allen, mit mir. Wir haben die Chance, mit ihm Geschichte zu schreiben. Das ist eine frohe Botschaft am Beginn eines neuen Jahres! Starten wir mit Gottes Hilfe und seinem Segen! Amen.

Weiterführende Idee:

Nach dem Gottesdienst ist die Gemeinde zu Kaffee, Kuchen und einer kurzen Buchvorstellung eingeladen. Unterschiedliche Jahresbegleiter werden gezeigt und liegen zur Ansicht aus. Wenn möglich, berichten einige Gemeindemitglieder darüber, in welcher Weise sie ein Wort Gottes an den Anfang ihres Tages stellen. Jugendliche können zeigen, welche Zugänge zu einem täglichen geistlichen Impuls das Internet bietet.

Erscheinung des Herrn

Stichworte: Weltkirche, Inklusion, Einheit in Vielfalt
Schriftwort: Mt 2, 1–12

Liebe Gemeinde,
in den heutigen Texten klingen viele wundersame Begebenheiten und Orte an, die an eine Geschichte aus 1001 Nacht erinnern: Völker und Könige machen sich mit Kind und Kegel, Schätzen und Geschenken auf den Weg; Dromedare aus Midian, Efa und Saba, beladen mit Gold und Weihrauch werden angekündigt; Könige aus Tarschisch und von den Inseln wollen kostbare Gaben bringen und die Sterndeuter aus dem Osten schließlich fragen konkret nach dem Weg zum Ziel. Das Ziel hat einen Namen – Jesus.

Wie verträgt sich diese märchenhafte Darstellung einer weltumspannenden Bewegung mit dem schlichten Bild vom Kind in der Krippe? Wie passt sie zum eingespielten Ritual in unseren Gemeinden vor Ort?

Es ist eine Vision, die uns da farbenprächtig ausgemalt wird und uns ahnen lässt, welch ein Schatz unser Glaube an den Gottessohn im Stall ist. Stellvertretend für die internationale Völkerwanderung zum neuen Stern am Himmel der Glaubenshoffnung sind die »Heiligen Drei Könige«, wie sie in der Volksfrömmigkeit heißen, in unseren Krippendarstellungen zu sehen. Sie stehen dort als Abgeordnete der künftigen »katholischen«, also der allgemeinen, für alle Menschen offenen Weltkirche. So die Vision. Oder ist es eine Illusion?

Wir alle wissen: Illusionen sind nur Seifenblasen, Visionen sind Hoffnungsbilder. Damit sie Wirklichkeit werden, müssen kleinschrittige, überprüfbare Ziele wie Stufen auf einem steilen Weg gefunden und angelegt werden. Die schöne Vorstellung gewinnt erst Gestalt, wenn wir mit dem Bild im Herzen aktiv werden.

Es geht um »Inklusion«. Das ist ein schillernder Begriff in der Flüchtlings- und Bildungspolitik und ein wichtiges Thema moderner Pädagogik. Inklusion ist ein bedeutsames Ziel für die gesamte Gesellschaft. Es meint die Teilhabe, das Mitspracherecht und die Wertschätzung *aller* Menschen in ihrer Verschiedenheit. Damit wird dem Grundgesetz von der Gleichheit und Gleichberechtigung Geltung verschafft, und am besten fängt man schon im Kindergarten damit an!

Noch vor wenigen Jahren praktizierte man »Integration« und damit war gemeint, dass wenige Besondere, die von der Norm abweichen, aus Menschenfreundlichkeit in die Gruppe der »Gleichen«, der »Richtigen«, aufgenommen und dort mit ihrem Sonderstatus geduldet wurden.

Es bestand Einigkeit darüber, was denn als »normal« anzusehen sei. Für die Abweichenden gab es eigene Angebote und Alternativen.

Denken wir an die Schulausflüge bis weit in die Neunzigerjahre des letzten Jahrhunderts. Da wurde ein Ziel vorgegeben und ein Weg eingeschlagen. Bei der Rast gab es für alle Kinder einen Imbiss – beispielsweise einen Wecken und eine Wurst. Den wenigen, seltsam anmutenden »Vegetariern« oder den muslimischen Kindern stand es frei, die Wurst einfach wegzulassen und nur vom Wecken satt zu werden.

Ein Fortschritt war es bereits, für die wachsende Zahl der »Ausnahmen« ein Stück Käse oder Rindswurst zu besorgen, um sie gleichgestellt zu integrieren.

Das Bestreben nach Inklusion geht weit über diesen gutgemeinten Käse hinaus. Es geht nicht mehr darum zu definieren, was gebräuchlich und was ungewöhnlich ist. Es gibt nicht mehr die Normalen und die Abweichenden, sondern alle sind selbstverständlich verschieden auf der Basis ihrer Gleichheit. Das klingt kompliziert. Es wird verständlich, wenn wir wieder an das Bild vom Schulpicknick denken – dieses Mal auf dem Wanderweg zur Inklusion. Da gibt es kein Standard-Lunchpaket mehr. Stattdessen packt jeder und jede aus, was schmeckt und mit Sorgfalt zubereitet ist, und alle gemeinsam tragen so zu einem stattlichen Büffet bei. Dort gibt es Bekanntes neben Neuem, Duft von Vertrautem und den Geschmack von Freiheit und Abenteuer. Man ist eingeladen, zu kosten und auszuprobieren, was die anderen mitgebracht haben. Alle werden satt und die Reste reichen noch zur Füllung mehrerer Körbe, die gerecht verteilt werden.

Inklusion – das ist auch ein wichtiges Ziel, eine Haltung, eine Vision in der christlichen, der katholischen Kirche. Und das nicht erst seit der letzten Reform des Bildungs- und Erziehungsplanes, nicht erst seit dem Zweiten Vatikanischen Konzil, der letzten Bischofskonferenz, sondern schon ganz am Anfang! Heute hören wir davon! Wir erfahren in den Tageslesungen, wer sich da alles auf den Weg macht, um dem Herrn der Welt zu huldigen. Von allen Ecken und Enden sind Mensch und Tier unterwegs. Sie alle bilden die Gemeinschaft im Glauben, tragen ihre Traditionen und Sichtweisen als Geschenke und Schätze zum Ganzen bei, mischen sich und profitieren voneinander. Einheit in Vielfalt ist das Motto an der Krippe am Tag der Erscheinung des Herrn und ab da an jedem Tag!

Damit Inklusion keine Illusion wird, damit unser Denken nicht exklusiv bleibt, feiern wir heute Gottesdienst und senden die Sternsinger in den nächsten Tagen durch die Straßen und in die Häuser. Wir wollen miteinander beten und feiern, füreinander sammeln und verteilen. Wir wollen ein Büffet anrichten, auf dem nicht nur konsekrierte Gaben Platz haben und nicht nur eine besondere Gruppe speisen darf! Das sind konkrete Zielschritte zur Weltkirche, die in Betlehem ihren Anfang nahm. Auch hier und heute beginnt sie. Unser Glaube hat viele Farben. Amen.

Fürbitten

Der dreifaltige Gott ist selbst die Einheit in der Vielfalt. An ihn wenden wir uns in aller Einfalt:

Zeige den christlichen Gemeinschaften den Weg zu einer Einheit in allen Farben des Regenbogens.
Wir bitten dich …
Lehre uns das inklusive Denken und Handeln, das niemanden ausgrenzt und abstempelt.
Erinnere uns an die Bedeutung der Sterndeuter, die den Weg zur Krippe fanden.
Schenke uns Visionen und hilf uns bei der Zielfindung, damit sie Wirklichkeit werden.
Lass uns über die Steine, die auf dem beschwerlichen Weg zur inklusiven Kirche liegen, nicht stolpern und fallen.
Segne die Bestrebungen aller Frauen und Männer, die über den eigenen Kirchturm hinaus Verbindungen herstellen.
Du hast die Schöpfung so angelegt, dass sie in zahllosen Variationen deine Herrlichkeit abbildet. Wir sind Teile dieser Vielfalt. Dafür danken wir dir. Dessen wollen wir uns würdig erweisen. Amen.

Taufe des Herrn

Stichworte: heilige Zeichen, Sakrament
Schriftwort: Mk 1, 7–11

Vorbereitung: geeignete (Schmuck-)Karten mit der Aufschrift:
»*Du bist mein geliebter Sohn, meine geliebte Tochter, an dir habe ich Gefallen!*«
Taufkerze, Taufkleid, heilige Öle bereithalten

Liebe Gemeinde,
 der heutige Tag der Taufe des Herrn bietet sich als Tag des eigenen Taufgedächtnisses an und wird in vielen Gottesdiensten so gefeiert. Auch wir wollen das tun und beginnen mit einer kleinen Umfrage!
 Zunächst bitte ich alle Mitfeiernden aufzustehen, die sich noch an ihre eigene Taufe erinnern! *(Vermutlich werden das nur wenige sein.)*
 Hier zeigt sich unsere Praxis der Kindertaufe, viele von uns können sich an die eigene Taufe nur anhand von Fotos und Erzählungen erinnern.
 Nächste Frage: Wem wurde oder wird von seiner Taufe erzählt?
 Haben Sie noch Ihre Taufkerze, Ihr Taufkleid oder ein Geschenk zur Taufe – vielleicht ein Kettchen oder ein Kreuz? *(Zeit geben zum Aufstehen)*
 Die Taufkerze wird an der Osterkerze entzündet *(anwesende Kinder dabei beteiligen und die Kerzen sichtbar auf den Altar stellen)*. Sie wird den Eltern oder Paten überreicht mit dem Satz, der Aufforderung, dieses Licht zu bewahren, und das weiße Kleid, das dem Baby übergelegt wird, hat ebenfalls eine tiefe symbolische Bedeutung:
 Der Taufspender begleitet die Geste mit den Worten: »Dieses weiße Kleid soll dir ein Zeichen dafür sein, dass du in der Taufe neu geschaffen worden bist und – wie die Schrift sagt – Christus als Gewand angezogen hast. Bewahre diese Würde für das ewige Leben.«
 Jetzt bitte ich alle Anwesenden aufzustehen, die Erinnerungen an die Taufe ihrer Kinder oder naher Verwandter haben oder *(falls Kinder anwesend sind)* die sich an die Taufe ihrer jüngeren Geschwister erinnern.

(Wenn ein tragbares Mikrofon vorhanden ist, einige Menschen kurz zu Wort kommen lassen – wer wurde getauft, was war besonders schön oder bemerkenswert ...)

Der entscheidende Moment der Taufhandlung ist das Übergießen des Täuflings mit Weihwasser und den Worten: »Christina oder Christian, ich taufe dich im Namen des Vaters, des Sohnes und des Heiligen Geistes.«

Aber es gibt noch weitere bedeutsame Rituale, die zur Taufe gehören. Das ist die Salbung mit Chrisam und der Effata-Ritus. Ich habe hier die geweihten Öle mitgebracht *(ggf. herumreichen oder den Kindern zeigen)*, mit denen der Täufling gesalbt wird. Die Salbung war das Einsetzungszeichen für Könige und Priester. Und genau diese königliche, priesterliche und prophetische Würde erhält jeder Täufling, unabhängig von seinem Geschlecht, seiner Hautfarbe und Herkunft bei der Taufe! Im kirchlichen Leben geht diese besondere Auszeichnung und Berufung leider oft unter – aber es ist ja immer möglich und nie zu spät, sich darauf zu besinnen und diese Gaben entschlossen einzusetzen!

Eben haben wir die Geschichte der Taufe Jesu gehört. Ursprünglich wurden nur Erwachsene getauft, die damit ein Zeichen der Umkehr und des Neuanfangs setzten. Das Untertauchen im Fluss brachte deutlicher als unser vorsichtiges Benetzen des Kinderköpfchens zum Ausdruck, worum es ging: eine Tiefenreinigung und ein Auftauchen »wie neugeboren« mit kräftigem Luftschnappen, gehalten von starken Händen und einem Blick in fröhliche Gesichter ringsum.

Sakramente sind Zeichen-Handlungen, die eine unsichtbare Wahrheit ausdrücken und bereits bewirken. Die rote Rose, die der Verehrer seiner Angebeteten überreicht, sagt mehr aus, als er in Worte fassen kann, und bewirkt ihre emotionale Antwort. Es ist etwas ganz anderes als eine rote Rose, die sie sich selber besorgt hätte.

Wir können es uns nicht selbst besorgen – das Heilende, Heiligende, das Gott uns schenken will. Um es spürbar zu machen, erlebbar, gibt es die Zeichenhandlungen unserer Sakramente, allen voran und interkonfessionell die Taufe. Wer als kleines Kind getauft wurde, kann sich nicht bewusst erinnern, aber die Eltern, Verwandten und Freunde können in einer Atmosphäre der Freude und Annahme des neuen Menschen und Gemeindemitglieds erleben, was es heißt: aufgehoben und geborgen zu sein in einer Familie, die größer ist als die eigene, an die Hand genommen zu werden von einem, der immer da ist, auf den Verlass ist, der den Lebensweg durch dick und dünn begleiten wird. Sie feiern, dass ihr Kind ein Gotteskind ist.

Die Zusage, die Gott seinem Sohn Jesus am Jordan gegeben hat – wir haben sie eben im Evangelium gehört – sie gilt auch jedem von uns, jedem Getauften! »Du bist mein geliebter Sohn, meine geliebte Tochter, an dir habe ich Gefallen!«

Wir wollen uns jetzt diese wunderbare Zusage Gottes vergegenwärtigen und gegenseitig zusprechen, denn sie ist wie so vieles im Alltag vom Vergessen bedroht.

Wenden Sie sich Ihrem Nachbarn, Ihrer Nachbarin zu. Fragen Sie nach dem Vornamen. Und dann können Sie ihm und ihr die Hand reichen oder auf die Schulter legen, Sie können ein Kreuzzeichen auf die Stirn machen und sagen:

»Du bist Gottes geliebte Tochter! Er hat Gefallen an dir!«

(Die Geste bei einer geeigneten Person zeigen, Zeit geben, diese Zusage gegenseitig zu machen; eventuell an Stellen, an denen Einzelne sitzen, für eine Begegnung sorgen)

Diese Frohe Botschaft, dass wir geliebt und angenommen sind so wie wir hier stehen, wollen wir in unseren Alltag mitnehmen und uns erinnern, wenn die Welt etwas anderes vermittelt! Am Ausgang finden Sie vorbereitete Karten mit diesem Satz, damit er Ihnen präsent bleibt. Am Spiegel oder auf dem Nachttisch ist ein guter Platz dafür. Der beste Platz für diesen Satz ist im eigenen Herzen. Dort wollen wir ihn bewahren. Amen.

Gebet – nicht nur für Neugetaufte

Guter Gott,
offenbare uns die Wege deiner Weisheit,
manchmal sind es nur kleine Pfade, die man leicht übersieht.
Stärke unseren Glauben durch dein Wort,
das manchmal im Getöse der Welt untergeht.
Hilf uns, nach deinen Geboten zu leben,
und lass uns ihre Ermutigung zum Guten erkennen.
Mach uns beharrlich in der Liebe, ausdauernd,
immer wieder aufs Neue, trainierend an jedem Tag!
So bleibst du bei uns und wir bei dir.
So wünschen wir es uns für ... und für uns alle. Amen.

II.
Fastenzeit

Aschermittwoch

Stichworte: Abwesenheit Gottes, Tun-Ergehens-Zusammenhang
Schriftwort: Joel 2,12–18

Liebe Gemeinde,
in der heutigen ersten Lesung aus dem Buch Joel klingt eine Glaubens-Frage an, die bis heute nach einer Antwort verlangt: »Wo ist denn ihr Gott?«

Das Volk der Israeliten muss sich diese Frage von den heidnischen und andersgläubigen Nachbarn anhören, als es durch sündhafte Lebensführung und seichtes Lippenbekenntnis vom echten und ernst gemeinten Glaubensweg abgekommen ist.

»Wo ist denn unser Gott?« Diese Frage stellt sich auch heute, wenn wir in persönliche Notlagen geraten, wenn der Glaube nicht mehr trägt, wenn Elend und Kriege auf der ganzen Welt unlösbare Probleme aufwerfen.

Das Volk Israel des Alten Bundes glaubte noch an den Zusammenhang von Tun und Ergehen und sah deshalb im Leid, in Krankheiten und Notsituationen ein Strafgericht Gottes. Obgleich man auch zu dieser Zeit schon bemerkte, dass die Rechnung so nicht aufgeht, dass es Böse gibt, denen es ein Leben lang wohl ist, und Gerechte, die einen Schicksalsschlag nach dem anderen hinnehmen müssen – man hielt an dem Glauben fest, dass am Ende jeder bekommt, was er verdient hat.

Und bis heute, obwohl wir aufgeklärt sind und wissenschaftlich orientiert zu denken gelernt haben, liegt uns noch immer die gleiche Frage auf den Lippen, wenn wir einen schlimmen Verlust erleiden oder vom Leben schwer getroffen werden:

»Warum ich? Wieso jetzt? Womit habe ich das verdient? Was hast du dir dabei gedacht, Gott? Wo bist du?« Es gibt keine vorschnelle Antwort auf diese Fragen.

»Wo ist denn sein Gott?« So haben die Juden hämisch gefragt, als Jesus hingerichtet wurde und den Tod eines Verbrechers starb, obwohl er unschuldig war. Der Gott, den Jesus als Vater verkündet hat, wohnt nicht mehr unendlich weit von seinen Menschen entfernt, regiert und befiehlt nicht mehr den Naturgewalten zu vernichten und zu verderben, was sich seinem Willen nicht beugt. Der Gottvater Jesu hat seinen ersten Wohnsitz auf die Erde verlegt. Er wettet nicht mit dem Teufel um die Seele des Hiob, er schickt der Generation des Noah keine vernichtende Flut. Es scheint, er hat in Jesus seine Allmacht buchstäblich an den Nagel gehängt, an drei Nägel am Kreuz – und gegen die Ohnmacht der Liebe getauscht. Er rechnet nicht mit den Bösen ab, aber die Guten können mit seiner Begleitung rechnen. Er greift nicht zu wie das Sonderkommando der Polizei, er begleitet, bleibt an der Seite, geht mit und steht dafür ein, dass am letzten Ende doch jeder Gerechte reicher beschenkt wird als er verdient hat und selbst Sünderinnen und Sünder auf unverdiente Gnade hoffen dürfen.

Wir sind zur Umkehr aufgerufen, auch heute, der besondere Tag erinnert uns mit dem Aschenkreuz daran. Nicht, um den Himmel gnädig zu stimmen und das Strafgericht abzuwenden. Wir müssen auch unsere Fragen umkehren, unsere kindlichen Erwartungen und unreifen Beschwörungs- und Bestechungsversuche.

»Oh Gott – warum ich?«, wird in der Umkehr zu der vorwärts gerichteten Anfrage an mich selbst: »Wozu das alles? Was kann aus den krummen Zeilen meines Lebens werden, wenn Gott gerade darauf schreiben wird?«

»Wieso jetzt, womit habe ich das verdient?«, wird in der Umkehrung zu der Erkenntnis: »Kein Mensch verdient, dass ihm Böses widerfährt. Gott will das Gute. Er wird mir hindurchhelfen!«

Wie gelingt es, so zu glauben, vorwärtsgewandt, reif, im tiefen Vertrauen darauf, dass Gott den Lebensweg seiner Menschen mitgeht, durch alle Höhen und Tiefen ihrer Anfechtungen, Fehlentscheidungen und Irrwege hindurch?

Jesus spricht im heutigen Evangelium drei Empfehlungen aus, die dem Glauben auf die Sprünge helfen. Fasten – Beten – Almosen geben und das alles mit Freude und ohne frommes Theater! Das Fasten reinigt uns von körperlichem und seelischem Ballast und macht uns leicht. Das Beten stellt die unterbrochene Verbindung wieder her, gibt Orientierung und Richtung. Die guten Werke, die Almosen sind keine Pluspunkte für einen guten Platz in der ewigen Seligkeit, sondern schlicht unsere tätige Antwort auf die Erkenntnis, dass wir geliebt und gewollt sind.

Das klingt einfach und einleuchtend. Es ist aber ein Weg, der beständige Übung verlangt. Kein trauriges Gesicht machen, keinen Wirbel um die eigene Person, kein frommes Getue, kein Egotrip. Stattdessen mit den Worten von Don Bosco: »Fröhlich sein, Gutes tun und die Spatzen pfeifen lassen.«

Wenn die Fastenzeit fruchtet, dann werden die Menschen in unserer Umgebung nicht mehr fragen: »Wo ist denn ihr Gott?« Sie werden ihn an unserer Seite und in unseren Gedanken, Worten und Werken erkennen.

Amen.

Impuls (nicht nur) für Jugendliche

(Eine Wendejacke kann gezeigt und beim Vortragen gewendet werden.)

Wendejacke, zur Umkehr geeignet

Außen fester Stoff in gedeckter Farbe, wasserabweisend,
innen weiches Teddyfutter, kuschelig und warm,
sie hat einen Zweiwege-Reißverschluss
und geräumige Taschen auf jeder Seite,
du kannst abweisend sein oder sie wenden und einladend werden,
zum Anfassen und zur Tuchfühlung verlocken.

Denk dran – auch andere haben solche Jacken an,
man sieht es nur nicht immer auf den ersten Blick,
du kannst es entdecken, wenn du zweimal hinschaust,
sie vorsichtig anfasst, mit Samthandschuhen sozusagen,
ihre raue, abweisende Seite mit dem Strich bürstest
und sie ermutigst, das Innere nach außen zu kehren.

Wir werden empfindlicher dadurch,
Regen und Tränen dringen durch bis auf die Haut,
aber empfindlich heißt auch empfänglich,
auf Sendung, aufmerksam, ansprechbar, offen.
Wir brauchen beide Seiten unserer Jacke, dieser zweiten Haut.
Es kommt darauf an, die passende zu zeigen und beim andern zu sehen.

Im Jugendkreis oder bei einer Veranstaltung zur Fastenzeit kann der Text als Einstieg genutzt werden. Die TN werden anschließend aufgefordert, sich eine Person aus ihrem Bekanntenkreis oder der Familie vorzustellen, die ihre Jacke zumeist mit der abweisenden Seite nach außen trägt.

Folgende Fragen beantworten die TN für sich selbst in Stille:
(dazu geeignete Meditationsmusik wählen und mit Pausen vortragen)
Warum ist der/die so oft kratzbürstig und negativ?
Was weiß ich über die Person, die sich so verschließt?
Wozu nutzt er/sie das vermutlich – um sich zu schützen, sich dominant zu präsentieren, um anzugeben, den Starken zu markieren?
Was sagt das Verhalten über die Person aus?
Warum kränkt mich dieses Verhalten?
Wünsche ich mir einen besseren Umgangston oder sogar einen Zugang, der eine Freundschaft ermöglichen würde?

Was wäre, wenn die Imprägnierung nicht mehr wirken würde?
Was wäre, wenn eine kuschelige, weiche Seite zum Vorschein käme?
Erwarte ich, dass es eine solche Seite gibt – oder sich entwickeln könnte?
Wie kann ich dazu beitragen?
Was kann schlimmstenfalls passieren, wenn ich einfach damit anfange, meine eigene »Jacke« zu wenden, mich verletzlich und zart zu zeigen?
Kann ich Spott aushalten und trotzdem meine Haltung beibehalten?
Was verändert sich dadurch vielleicht?

Und wie ist es mit mir selbst im Umgang mit anderen?
Habe ich immer sicherheitshalber die raue Seite nach außen gekehrt, weil es möglicherweise kühl werden oder regnen könnte?
Oder biete ich jedem, den ich treffe, gleich die Innenseite an, damit ich gemocht werde und viele sogenannte »Freunde« habe?
Nach welchen Kriterien entscheide ich, ob ich die Wendejacke wirklich wende?
Was ist in den Taschen auf der Außenseite – Taschenmesser, Smartphone, Zigaretten, Kaugummi, Kopfhörer oder …?
Und was ist in den Innentaschen – Schokolade, ein Liebesbrief, ein Taschenbuch, Taschentücher, eine Figur aus einem Überraschungsei oder …?

Bereitliegende Stifte und (bereits frankierte) Postkarten (z. B. mit ansprechenden Naturaufnahmen) werden verteilt. Die TN haben nun Gelegenheit, dem Menschen, an den sie gedacht haben, oder einer Person, die sie überraschen wollen, eine Karte zu schreiben, die direkt nach dem Treffen eingeworfen wird. Wer sich dazu nicht in der Lage sieht, kann auch an sich selber schreiben.

Abschließendes Gebet

Gott,
in mancher harten Schale verbirgt sich ein weicher Kern.
Wie unser Gehirn, der Schaltstelle aller Lebensäußerungen, ist das Wichtige und Weiche gut geschützt, von festen Knochenplatten umgeben, durch eine wasserdichte Hülle gepanzert.
Wenn ich das nächste Mal so einen Menschen in seiner Rüstung treffe, dann lass mich daran denken, dass es Gründe in jedem Leben gibt, sich zu schützen. Gib mir dann die richtigen Worte als Einladung zur Entwaffnung und Umkehr. Lass mein Gegenüber und mich eine neue Entdeckung machen.
Amen.

1. Fastensonntag

Stichworte: Versuchung, Gier, Gottesbild
Schriftwort: Mk 1, 12–15

Liebe Gemeinde,
wenn jemand Sie auffordern würde, in wenigen Worten zu erklären, was eine »Versuchung« ist, was würden Sie antworten? *(In kleinen Gemeinschaften und wo es die Menschen nicht überfordert, können Äußerungen eingeholt oder Zeit für einen kurzen Austausch mit den Banknachbarn gegeben werden.)*

In unserem Alltag und unserer Lebenswelt wird der Begriff inflationär benutzt, für die leckere Schokolade mit der lila Kuh und andere kalorienintensive Genüsse, die dem Diätplan entgegenstehen. Bei Kindern wird häufig die Neugier als Versuchung bezeichnet – die Verlockung, das Papier des Geschenkes schon vor dem Geburtstag ein bisschen aufzureißen; sich in die Zimmer der größeren Geschwister zu schleichen und deren Intimsphäre auszuspionieren, ihre besonderen Düfte und Körperpflegemittel zu versprühen oder einen herumliegenden Geldschein heimlich einzustecken.

Versuchungen, ob harmlos oder schwerwiegend, haben mit Gier zu tun. Es ist die Neugier, Machtgier, Geldgier, Lustgier, Geltungsgier, die rücksichtslos macht, schließlich skrupellos werden lässt und womöglich über Leichen geht. Die Gier verursacht Mord und Totschlag, löst Tragödien aus und gefährdet den Frieden.

»Der Mensch ist dem Menschen ein Wolf«, sagt der Philosoph Thomas Hobbes und das Gleiche erzählt die Legende vom Wolf von Gubbio, den Franziskus, dieser Heilige der Armut, der in seinem ganzen Dasein der Gier abgeschworen hatte, zähmen konnte.

Im heutigen Markusevangelium hören wir nur, dass Jesus vor seinem öffentlichen Wirken in der Wüste vom Satan in Versuchung geführt wird und von wilden Tieren umgeben ist. Die ausführlichere Darstellung im Matthäusevangelium (Mt 4,1–12) beschreibt die teuflischen Versuchungen Jesu als die uralten Begierden der Menschheit nach Reichtum und Macht, Ansehen und Besitz. Schon im ersten Buch der Bibel geht es um Versuchung; seit Adam und Eva streben Menschen nach dem Verbotenen, scheint das Übermaß attraktiver als die Mäßigung, ist der Fehltritt offenbar interessanter als der Gehorsam.

Jesus widersagt diesen Versuchungen, er will nicht herrschen, sondern dienen, nicht Vorräte anhäufen, sondern auf die göttliche Fülle vertrauen. Mit ihm beginnt ein ganz neues Kapitel der Glaubensgeschichte.

Im Alten Testament begegnet uns Gott immer wieder wie ein allmächtiger Herrscher und strenger Pädagoge, der die Menschen prüft, auf die Probe stellt, in Versuchung führt oder führen lässt und sie belohnt oder bestraft. Heute hörten wir den guten Schluss der schrecklichen Sintflutgeschichte.

An den kommenden Fastensonntagen folgt als Lehr-Erzählung die unbegreifliche Forderung Gottes an Abraham, seinen Sohn Isaak als Brandopfer darzubringen und die Beschreibung der Bestrafung und Versklavung des ganzen Volkes Israel aufgrund der Gottlosigkeit seiner Priester und Führer.

Jesus zeichnet ein ganz anderes Bild von Gott, dem guten Vater aller Menschen. Er macht ihn in seinem Leben und Wirken sichtbar. Er zeigt die Barmherzigkeit Gottes für die Geldgierigen und Ehebrecherinnen, die sich ändern können, weil sie durch die Liebe berührt werden.

Liebe ist das Gegenteil von Gier. Sie beachtet die Grenzen des Gegenübers, sie will nicht immer mehr haben, sondern freut sich am Geben. In Jesus begegnet uns die Liebe Gottes.

Im Vaterunser beten wir jeden Sonntag: » …und führe uns nicht in Versuchung, sondern erlöse uns von dem Bösen …« Vielleicht ist das noch eine Sichtweise Gottes, die dem Alten Testament entspricht? Führt Gott uns in Versuchung oder ist die Versuchung ein Bestandteil der menschlichen Natur? Hat er uns mit dem Streben nach Fortschritt und Entwicklung geschaffen, so dass wir einen Beitrag zum Schöpfungswerk leisten können und uns nicht mit dem Vorfindlichen zufriedengeben? Resultiert die Versuchung aus dem Verstand? Wir können nachdenken, vorausplanen und vergleichen. Wenn diese Fähigkeiten entarten, erzeugen sie Neid und Gier.

Dann brauchen wir Gott, der uns hilft, zu unterscheiden zwischen dem, was wir können und dem, was uns dienlich ist. Vieles von dem, wozu Menschen imstande sind, schadet ihnen letztlich, wir alle wissen das und können doch nicht widerstehen. Wir brauchen die lebendige Verbindung zu Gott, zu seiner Liebe, die frei von Eigeninteresse und Selbstzweck ist, um unterscheiden zu können. Die Versuchung tritt harmlos auf, sie ist nicht leicht zu erkennen. Sie versteckt sich in jedem sogenannten Fortschritt, in jeder menschlichen Entwicklung. Nur ganz kleine Kinder sind noch frei von versteckten Absichten und berechnenden Handlungen, deshalb sind wir vielleicht so angerührt von ihnen und nennen sie »unschuldig«.

Wir alle werden jeden Tag schuldig, erliegen kleinen und größeren Versuchungen und sind auf Gottes Führung durch diesen Dschungel dunkler Schatten angewiesen. Vertrauen wir mit Jesus darauf, dass er uns wie ein liebender Vater begleitet und uns aus dem Sumpf zieht, aus dem wir uns am eigenen Schopf nicht befreien können.

Amen.

Aktualisiertes Tagesgebet am 1. Fastensonntag

Allmächtiger Gott,
überall bist du bei uns, beim Feiern und im Alltag.
du schenkst uns die heiligen vierzig Tage
als eine Zeit der Umkehr und der Buße.
Wir können neu beginnen und heil werden.
Gib uns durch ihre Feier die Gnade,
dass wir in der Erkenntnis Jesu Christi voranschreiten
dass Jesus unser Freund wird, mit dem wir im Gespräch sind
und die Kraft seiner Erlösungstat
durch ein Leben aus dem Glauben sichtbar machen.
Denn auch wir können zuhören, begegnen, Zeit verschenken,
Lasten mittragen und Licht in die Welt bringen wie er es uns lehrt.
Darum bitten wir durch ihn,
der in der Einheit des Heiligen Geistes
mit dir lebt und herrscht in alle Ewigkeit.
Zeitlos, unabhängig von Moden und Meinungen.
Amen.

2. Fastensonntag

Stichworte: Gehorsam und Widerstand, Gott und das Leid
Schriftwort: Gen 22, 1–2.9a.10–13.15–18,

Liebe Gemeinde,

in der heutigen ersten Lesung hörten wir die Erzählung, die überschrieben ist: »Das Opfer unseres Vaters Abraham«. Biblische Texte sprechen zu uns, wenn wir sie mit unserem eigenen Leben in Beziehung setzen. Nun – was würden wir tun, wenn wir aus heiterem Himmel aufgefordert würden, einen unserer liebsten und wichtigsten Menschen dem Tod auszuliefern, ja sogar selbst Hand anzulegen?

Eine derart grausame Forderung erinnert an die Methoden, mit denen man unter unmenschlichen Umständen wehrlose Kinder zu Soldaten »um-erzieht«. Sie werden zunächst gezwungen, ihre eigene Familie umzubringen, was sie so traumatisiert, dass die anschließende Gehirnwäsche sie zu gefühllosen Tötungsmaschinen macht.

Es fragt sich, warum diese Geschichte in der Bibel steht und was sie uns sagen will. Der Gehorsam Abrahams wird besonders hervorgehoben, obwohl es uns nicht göttlich, sondern teuflisch vorkommt, einen derartigen Kadavergehorsam zu fordern. Es tröstet uns auch nicht, dass im letzten Moment der Engel sich einschaltet und das Schlimmste verhindert. Abraham hat bereits das Messer gezückt, das Kind gefesselt und den Scheiterhaufen errichtet. Sollen wir wirklich annehmen, Gott habe ihn dafür auch noch belobigt?

Es wäre ein schreckliches Missverständnis, würden wir die alttestamentliche Erzählung so glauben und verstehen wie einen Zeitungsbericht! Wir dürfen sie eigentlich gar nicht zu Gehör bringen, wenn wir nicht dazusagen, dass es sich um eine komponierte Lehr-Erzählung handelt, die vor tausenden von Jahren genau das Gegenteil von dem vermitteln wollte, was man herauszuhören meint!

Die Abrahamsgeschichte führt uns in eine Zeit, in der es in den benachbarten Volksstämmen üblich war, die Erstgeburt von Mensch und Tier als Opfer zu töten, um die Götter gnädig zu stimmen. Dagegen stellt sich der dramaturgisch begabte Erzähler der verhinderten Opferung Isaaks mit einer klaren Aussage:

Jahwe, der Gott Abrahams, Isaaks und Jakobs, will keine Menschenopfer! Man muss ihn nicht gnädig stimmen, er liebt die Menschen auch so!

Und dieser Satz gilt genauso für den Gott, den Jesus Abba nennt. Auch Jesus musste nicht sterben, um Gott gnädig zu stimmen. Die Gnade Gottes ruhte zu jeder Zeit auf ihm und im heutigen Evangelium wird es ganz deutlich:

»Dies ist mein geliebter Sohn, auf ihn sollt ihr hören!«

Jesus musste nicht wegen Gott sterben, sondern wegen der Menschen, die nicht auf das Wort Gottes, nicht auf die Worte Jesu hörten, die Mensch gewordene Gnade und Güte nicht sehen und hören wollten oder konnten.

In den vor uns liegenden Tagen und Wochen meditieren wir das unbegreifliche, sperrige Kreuz, das Leiden und Sterben Jesu, bei dem kein Engel den Schergen Einhalt gebot. Immer wieder wird in den Messtexten und Gebeten vom »Opfer« die Rede sein. Gott hat seinen Sohn geopfert, Jesus hat durch sein blutiges Kreuzesopfer die Welt und Gott versöhnt. Alte Bilder aus einer anderen Zeit, die uns zu denken geben.

Durch die Widersprüchlichkeiten, die unauflöslich scheinen, sind wir aufgefordert, unser Gottesbild zu überprüfen. Wir müssen uns selber fragen und von unseren Kindern fragen lassen:

Schickt Gott das Leid? Denkt er sich Qualen aus, um uns zu prüfen? Fordert er unser Liebstes, um uns gefügig zu machen? Reißt er sich gar selbst den geliebten Sohn vom Herzen, weil er ein Opferlamm braucht?

Oder gibt er sich alle Mühe, uns erkennen zu lassen, welches helle Licht durch sein Wort in die Welt kommen kann, wenn wir nur richtig hinhören?

»Strahlend weiß, wie es auf Erden kein Bleicher machen kann!«, so wird das Mensch gewordene Wort Gottes vom Evangelisten beschrieben.

Fürchten wir Gott, oder geht uns ein Licht auf und macht uns seine Nähe so selig, dass wir am liebsten Hütten bauen und uns ganz bei ihm ansiedeln würden – auf dem Berg der Verklärung, der auch gleichzeitig ein Ort der Erklärung ist? Gott erklärt sich, er ruft uns zu: Dies ist mein geliebter Sohn und auch ihr seid meine geliebten Töchter und Söhne, wenn ihr auf ihn hört und endlich eure Verwandtschaft, eure Abstammung erkennt!

Diese Zusage Gottes, sein letztes Wort, ist bei aller Bosheit, zu der Menschen fähig sind, nicht totzukriegen und nicht aus der Welt zu schaffen. Es lebt weiter. Wenn es in die Erde fällt und stirbt, verwandelt es sich und bringt Frucht. Es vermehrt sich, wächst aus der Dunkelheit ans Licht und nährt uns!

Trotz allen ethischen Fortschritts leben auch wir in einer Zeit, in der Menschen geopfert werden. Sie fallen der Profitgier zum Opfer, werden Opfer ihrer gesellschaftlichen Verhältnisse, gehen als Drogen- oder Unfallopfer in eine traurige Statistik ein oder sie fallen der vorgeburtlichen Diagnostik zum Opfer, werden als Mängelexemplare eingestuft und gar nicht erst geboren. Wir Christinnen und Christen sind aufgefordert, für diese Opfer einzustehen. Wenn wir uns selbst in den Dienst einer menschlichen Welt stellen, wenn wir wenigstens kleine Lichter vom Berg der Verklärung zu den Menschen bringen, dann ist das ein Einsatz, ein Opfer, das Gott gefällt. Er will uns lebendig und tatkräftig, hellhörig auf Jesu Worte und unterwegs in seinen Fußstapfen. Und wenn wir Isaak und alle anderen Kinder dieser Welt, die geopfert werden sollen, verteidigen, retten, annehmen und schützen, dann sind wir auf der richtigen Spur! Amen.

Meditation: Berg-Predigten

Auf dem Berg des Alten Testaments ruft Gott dem Abraham zu:
»Leg das Messer weg und schenk mir dein Herz!
Lehre auch den Jungen, auf mich zu hören!«

Auf dem Berg des Neuen Testaments ruft Gott den Aposteln zu:
»Schaut auf Jesus, er ist erleuchtet, wenn ihr ihn seht, seht ihr mich, wenn ihr auf ihn hört, erkennt ihr meinen Willen!«

Auf dem Kalvarienberg scheint Gott zu schweigen,
als hätte es ihm die Sprache verschlagen
angesichts der Grausamkeit der Menschen.

Aber Jesus spricht, mit letzter Kraft und ersterbender Stimme:
»Vater, in deine Hände lege ich meinen Geist«,
und auf Jesus sollen wir hören, seine Worte im Herzen bewegen.

Wie gut, dass Gott doch das allerletzte Wort behält und spricht,
wenn wir ganz unten und mit unserem Latein am Ende sind:
»Resurrektion« – Auferstehung, schon heute und nach jedem Karfreitag.

Für die Woche:

Auf Jesus hören,
er spricht göttliche Worte,
sagt Sätze, die uns stärken,
nährt unsere Hoffnung auf eine bessere Welt
und öffnet uns die Augen für eine Herrlichkeit,
die heute schon aufleuchtet.

Hinter der brüchigen Fassade der sogenannten Realität
können wir die Maske abnehmen,
die wir uns sicherheitshalber zugelegt haben,
es droht kein Gesichtsverlust.
Gott kennt unser Herz
und liebt uns trotzdem.
Amen.

3. Fastensonntag

Stichworte: Leiblichkeit, Tempel des Heiligen Geistes, Sinnlichkeit
Schriftwort: Joh 2, 13–25

Liebe Gemeinde,
stellen Sie sich einen ganz normalen Sonntagmorgen vor. Manche Leute nutzen ihn zum Ausschlafen, andere betätigen sich sportlich oder genießen ein entspanntes Familienfrühstück. Einige Menschen versammeln sich zu einer gemeinsamen rituellen Handlung. Sie sind schon etwas vor dem Veranstaltungsbeginn da, damit sie gute Plätze in den hölzernen Bankreihen bekommen. Als der Leiter des Rituals, erkennbar an seiner besonderen Ausstattung, den Raum betritt, verstummen die leisen Gespräche und andächtige Stille breitet sich aus. Er eröffnet in bekannter Weise die Zeremonie, seine Gebärden und Worte sind den Versammelten geläufig. Sie folgen dem Geschehen mit gespannter Aufmerksamkeit und sind ganz versunken. Manche schließen die Augen. Einige haben feuchte Wangen. Man lässt sich die Atmosphäre bis auf die Haut gehen, hat die alltäglichen Hüllen abgelegt. Manchem scheint eine Botschaft buchstäblich auf den Leib geschrieben. Niemand bewegt sich unnötig. Meditative Stille begleitet die intensiv duftenden Schwaden, die von Zeit zu Zeit aufsteigen.
Schließlich entlässt der Leiter sie. Man strömt aus der geöffneten Tür ins Freie, nimmt die Luft und den frischen Wind mit neuer Dankbarkeit wahr und wechselt ein paar freundliche Worte miteinander. »Sehen wir uns nächsten Sonntagvormittag um die gleiche Zeit?«, fragt jemand seinen Bekannten. »Wenn Wolfgang wieder Dienst hat«, gibt der zurück, »der macht doch die besten Aufgüsse und mit ihm ist jeder Saunagang ist ein Gewinn!«
Schön, dass die Leibfeindlichkeit nicht mehr gepredigt und gelebt wird. Schade allerdings, wenn der Körperkult zur neuen Religion wird, wenn vor lauter beständigem Streben nach Fitness, Jugendlichkeit und nahtloser Bräune kein Blick über den Spiegel hinaus zielt.
Der Körper ist mehr als nur eine sterbliche Hülle, wir haben nicht nur einen Körper, wir sind unser Körper. Es ist richtig und wichtig, ihm Aufmerksamkeit zu widmen. Wir können davon ausgehen, dass

Jesus ein positives Verhältnis zur Leiblichkeit hatte. Sein Leib, sein Blut sind sein Vermächtnis an uns.

Im Evangelium wird berichtet, Jesus hätte über den »Tempel seines Leibes« gesprochen. Auch bei Paulus fällt dieser Begriff: »Euer Leib ist ein Tempel des Heiligen Geistes.« Der Leib wurde also im Urchristentum keineswegs als lästiges Anhängsel der Seele verstanden oder gar als Pforte zur Hölle.

Stellen Sie sich das vor: der Leib eines jeden von uns – ein Tempel Gottes?

Um diesem Anspruch zu genügen ist es weiß Gott nötig, den Tempel regelmäßig einer sorgfältigen Reinigung zu unterziehen. Dabei geht es nicht um Düfte und Pflegemittel. Jesu Kriterien für die Grundreinigung unseres Tempels haben wir schon am Aschermittwoch gehört: Fasten, Beten und Almosen geben. Es geht um unsere Gedanken, Worte und Werke.

Machen wir ein gedankliches Experiment:

Wenn Jesus zum Aufräumen bei uns vorbeikäme, was gäbe es zu tun, damit der Tempel unseres Leibes wieder in Ordnung käme?

Fasten heißt Verzichten, sich aus Verstopfungen lösen und frei werden. Dann ist der Weg frei zum Beten, zum Gespräch mit Gott. Wer oder was verstellt mir den Weg nach innen? Was hindert mich daran, zu mir und zu Gott zu kommen? Welcher Ballast steht herum, welche mediale Zerstreuung zersplittert meine Aufmerksamkeit für das Wesentliche? Womit stopfe ich mich voll? Was bereitet mir Bauchweh?

Wie vereinnahmend macht sich die Arbeit breit? Bin ich tatsächlich unersetzlich oder vielmehr unersättlich? Bin ich unabkömmlich oder unfähig, Aufgaben zu delegieren? Brauche ich das Gefühl, immer gebraucht zu werden? Vor welchen Karren lasse ich mich spannen und wo soll die Reise hingehen? Kann ich an dem Platz, an dem ich die meiste Zeit des Tages verbringe, Gutes bewirken? Oder verwirke ich meine Berufung? Kenne ich sie überhaupt? Verwirkliche ich das, was Gott von mir will? Gewinne ich so das Leben? Oder verliere ich mich in Nebensächlichkeiten?

Wie steht es mit den Almosen, den Gaben und Werken im Dienst am Mitmenschen? Haben andere Menschen etwas davon, dass ich da bin? Was habe ich ihnen zu geben? Bin ich an lukrativen Geschäften interessiert, an profitablem Händeln oder am hilfreichen Handeln?

Herrscht im Tempel meines Inneren die Fülle oder die Überfüllung? Horte ich Vorräte oder schöpfe ich aus einer Quelle, die nicht versiegt?

Und zuinnerst, im Allerpersönlichsten, hat dort das Allerheiligste seinen Platz? Wenn ich die Bundeslade öffne, auf der mein Name steht, von Gott selbst geschrieben – was kommt zum Vorschein? Was verwahre ich darin? Finden sich Versicherungspolicen und Goldbarren, besondere Medikamente zur Verlängerung des Lebens oder zum schmerzlosen Beenden desselben? Hüte ich ein ganzes Arsenal von vermeintlichen Sicherheiten, um mein Leben zu retten? Ich werde es trotzdem verlieren.

Oder liegt in diesem Schrein mein Stammbuch, das mich als Mitglied der Familie der Gotteskinder ausweist, mit Wurzeln, die bis Abraham zurückreichen? Findet sich ein erlesenes Stück aus dem Familienschmuck, vielleicht die Perle des Kaufmanns, wegen der er alles andere aufgab? Ist da eine Schriftrolle mit den Worten, die Maria im Herzen bewahrte? Oder ein Stein vom Berg der Verklärung, der im Dunkeln leuchtet; ein Fläschchen von dem Wasser, mit dem ich getauft wurde; sind da Bilder von Menschen, die ich geliebt habe und gehen lassen musste und die schon am Ziel sind? Bewahre ich einen Zipfel vom göttlichen Gewandsaum auf, damit ich ihn bei Bedarf berühren kann und heil werde an Leib und Seele?

Jesus, der beim Aufräumen des Tempels mitgeholfen hat, begleitet mich bis in dieses Innerste, bis in den Raum in der Mitte. Er betrachtet die Dinge, die ich dort aufbewahre, und teilt ihre Geschichte mit mir. Auf dem Weg zurück in die entrümpelte Vorhalle höre ich ihn sagen:

Du bist reich, gib von deinem Reichtum weiter. Du bist gesegnet, sei ein Segen. Du bist gesendet, mach dich auf den Weg.

Amen.

Fürbitten:

Lasst uns Gott bitten, der im Tempel eines jeden von uns wohnen will:

Lass nicht zu, dass wir faule Geschäfte machen und krumme Dinger drehen.
Lass uns dein Wort unter die Haut gehen.
Lass uns begreifen, dass du keine gekauften Opfergaben willst.
Lass uns das Leben gewinnen, indem wir uns ganz einsetzen.
Lass uns Raum schaffen für die Menschen, die zu uns kommen.
Lass uns dich im Innersten als Schatz bewahren.
Lass in unserem Leben sichtbar werden, was du uns schenkst.

Das Törichte an dir, Gott ist weiser als die Menschen und das Schwache an dir ist stärker als die Menschen. Dir danken wir und auf dein Wort vertrauen wir jetzt und alle Tage. Amen.

Vorsatz für die Woche

Einfach so …
die Not wenden durch Fasten –
es ist not-wendig, höchste Zeit
abzuspecken, wegzulassen, auszumisten
sich zu trennen, weiterzugeben, von der Liste zu streichen.

Einfach so …
die Not wenden durch Gebet –
es mangelt daran, zu viel anderes fordert alle Aufmerksamkeit,
abschalten, leer werden, hinhorchen und hinein
in die eigenen Abgründe, in die Tiefe des Gotteswortes.

Einfach so …
die Not wenden durch Werke der Liebe –
es werden viele Worte gemacht, es fehlen die Werke,
keine Schwüre und Versprechungen, sondern spürbare Taten.
Aufmerksamkeiten, die das Gegenüber aufmerken und aufatmen lassen!

4. Fastensonntag

Stichworte: richten und retten, Gerechtigkeit und Barmherzigkeit
Schriftwort: Joh 3, 14–21

Liebe Gemeinde,
Jesus ist nicht gekommen um zu richten, sondern um zu retten. Stellen wir uns einen Gerichtssaal vor. Der Richterstuhl ist leer, offenbar stellvertretend sitzt davor eine streng blickende Person, die Gerechtigkeit. Sie stützt sich auf einen ganzen Stapel Gesetzbücher und mustert die Anwesenden scharf.

Ihr gegenüber sitzt Jesus mit seiner kleinen Schwester Barmherzigkeit.

Zwischen diesen Polen, genau in der Mitte, auf der Anklagebank, sitzen Sie, sitze ich, wird jeder von uns einmal Patz nehmen. Die Liste unserer Vergehen ist lang und umfasst viel Gutes, das wir unterlassen haben, und Böses, das wir getan haben. Das Verhör beginnt. Fragen prasseln auf uns ein. Gerechtigkeit und Barmherzigkeit liefern sich ein Wortgefecht in der Befragung des schuldig Gewordenen. Gerechtigkeit hat eine harte Vorhand, Barmherzigkeit pariert jeden Ball weich und treffsicher.

Hören wir den beiden einmal zu:

(Die folgenden Fragen sollten von zwei Lektorinnen im Wechsel vorgetragen werden, um deutlich zu machen, wer gerade zu einer fiktiven Person spricht, evtl. angedeutet durch einen leeren Stuhl)

G(erechtigkeit) zum Angeklagten: Warum hast du das getan?
B(armherzigkeit) zum Angeklagten: Wozu kann es in Zukunft dienen?
G: Was hast du dir dabei gedacht?
B: Was kannst du daraus lernen?
G: Du wusstest, es ist Unrecht!
B: Weshalb konntest du trotzdem nicht anders entscheiden?
G: Das war böse Absicht!
B: Ich denke, es war mangelnde Einsicht!
G: Du wirst bestraft!
B: Du erhältst Gelegenheit zur Besserung!
G: Es geschieht dir recht!
B: Aber es tut mir dennoch leid für dich!
G: Das hättest du dir vorher überlegen sollen!

B: Beim nächsten Mal entscheidest du dich für das Gute!
G: Erzähl' mir bloß keine rührselige Geschichte!
B: Du kannst die Verantwortung für deine Vergangenheit übernehmen!
G: Gleiches Recht für alle!
B: Siebenmal siebzig Chancen für jeden Sünder!
G: Angeklagter, du bist für mich gestorben!
B: Wir sehen uns wieder – spätestens bei Gott!

In diesem Moment geht die Tür des Gerichtsaales auf und herein kommt – Gott! Er entschuldigt sich für die Verspätung und nimmt auf dem Richterstuhl Platz. Die Gerechtigkeit will ihm eifrig Bericht erstatten, aber er winkt ab. Er wendet sich an den Angeklagten, an dich und mich, und fragt:

»Hat die Barmherzigkeit dich nicht verurteilt? Dann verurteile auch ich dich nicht. Geh hin und mach es besser! Ich hoffe, wir begegnen uns oft in angenehmerer Umgebung!«

Unser Leben ist ein Prozess, kein Standbild. Indem wir uns bewegen, leben und sind, tun wir Gutes und Schlechtes, begehen Sünden, vollbringen Großes und versagen jämmerlich. In früherer Zeit haben die Menschen das göttliche Gericht gefürchtet, sie hatten nicht nur Ehrfurcht, sondern hauptsächlich Furcht vor Gott, der ihnen als strenger, allmächtiger Richter verkündigt wurde. Aber Angst ist ein schlechter Ratgeber. Wer nur aus Furcht vor Strafe versucht, rechtschaffen zu leben, bleibt Ich-verhaftet, will im Grunde nur seine eigene Seele retten. »Rette deine Seele!« war das Motto der regelmäßig stattfindenden Gemeindemissionswochen in der Vergangenheit. Heute mutet der Satz an wie ein einziges Missverständnis. »Rette« – das ist die Aufforderung an jede und jeden Einzelnen. Er, sie, ich selbst soll meine Rettung bewirken, mich am eigenen Schopf aus dem Sumpf der Sünde ziehen? Das kann nur Münchhausen, der Lügenbaron. Wenn überhaupt ich eine Retterin sein kann, dann nur wie der Samariter, wie die kananäische Frau. Diese beiden bringen unerschrocken ganzen Einsatz zur Rettung eines Nächsten. Aber auch sie können nur dessen Leib retten, nicht die Seele. Das kann nur Gott, und dank Jesus ist es bereits geschehen! Wer glauben kann, dass Gott Liebe ist und wer in dieser Liebe sein will, ist schon gerettet. Auch wenn wir immer wieder lieblos sind, verächtlich, herablassend, arrogant und gemein – wir können jeden Tag umkehren und uns bessern. Wir können liebevoller werden, demütiger, einsichtiger, warmherziger, selbstloser, zugewandter, großzügiger, zuvorkommender.

In der Lesung am vergangenen Sonntag haben wir die Zehn Gebote Gottes gehört, die er dem Volk für ihren Weg in die Freiheit gab. Jesus hat die Gebote nochmals zusammengefasst. Er hat uns einen Wegweiser aufgestellt, der in zwei Richtungen zeigt: zu Gott und zu den Menschen. Wir sollen Gott lieben und unseren Nächsten wie uns selbst. Im Laufe eines jeden Tages werden wir beide Wege gehen. Wenn wir die Liebe an unserer Seite haben, sind wir auf der richtigen Spur! Das Motto unserer Mission könnte lauten:

»Bleib in der Liebe.« Wer der Liebe Gottes glaubt, ist gerettet. Amen.

Schuldbekenntnis

Ich bekenne Gott, dem Schöpfer und Richter über das All,
dass alles, was ich getan und unterlassen habe, durchmischt war –
nicht ganz gut und nicht ganz böse.
Ich habe niemanden getötet,
aber manchen mit Nichtachtung gestraft.
Ich habe nicht direkt gelogen und betrogen,
aber die Wahrheit gebogen.
Ich habe kein anderes Leben zerstört,
aber ich war neidisch, missgünstig und engherzig.

Viele Gelegenheiten zur Liebe habe ich ungenutzt verstreichen lassen,
weil ich mit mir beschäftigt war –
mit der Rettung meiner Karriere, meines Aussehens und Auftretens.
Meine Seele kann ich sowieso nicht retten,
und der ganze Rest, um den sich alles dreht, ist Windhauch.
Darum bitte ich die Mutter Maria, die Engel und Heiligen,
die Vorbilder der gelebten Liebe sind,
mir die Augen und das Herz zu öffnen
und mir auf die Sprünge zu helfen.

Mit ihrer, eurer und Gottes Hilfe kann ich die Mauern meiner Selbstsucht überspringen und einfach an Gottes barmherzige Liebe glauben. Amen.

5. Fastensonntag

Stichworte: Jesus im Nächsten erkennen, Nachfolge
Schriftwort: Joh 12,20–33

Liebe Gemeinde,
»wir möchten Jesus sehen«, sagen die Griechen im heutigen Evangelium zu Philippus und diesem Wunsch können wir uns sicherlich anschließen! Wir sehnen uns danach, Jesus zu sehen und zu verstehen. Das führt uns hier zusammen und verbindet uns als Christinnen und Christen.

Stellen Sie sich vor, wir würden nach dem Segen aus der Kirche auf den Vorplatz hinausgehen und da stünde ein Bus mit der Aufschrift: »Jesus Tours«. Ein freundlicher Chauffeur würde uns herbeiwinken und zum Einsteigen auffordern. Lassen wir uns auf diese Einladung ein und machen wir uns mit auf die Reise:

Nachdem alle Platz genommen haben, breitet sich erwartungsvolle Stille aus. Was jetzt? Der Busfahrer stellt sich vorn in den Gang und begrüßt die Fahrgäste:

»Liebe Jüngerinnen und Jünger, ich freue mich über euer Interesse und den Wunsch nach einem Treffen mit mir! Schön, wenn ein solcher Ausflug zustande kommt. Ich möchte gern zuerst klären, wohin die Reise gehen soll? Was wollt ihr sehen? Eine Heilung, eine Speisung, eine Segnung oder eine Erweckung?«

Wir schauen unseren vermeintlichen Fahrer verblüfft an. Jetzt fällt uns auch das kleine Namensschild an seinem schlichten Leinenhemd auf: »Jesus von Nazaret«! Er ist es! Die Vorschläge, die er macht, sind so überwältigend, dass wir uns gar nicht entscheiden können. »Am liebsten also alles?«, fragt er freundlich lächelnd ins allgemeine Gemurmel. »Gut, dann müssen wir uns zügig auf den Weg machen!«

Er steuert den großen Bus sicher durch die Straßen der Stadt und hält nach einiger Zeit vor dem Heilig-Geist-Hospital. Wir steigen aus und betreten das alte Gebäude. Auf wundersame Weise kann unsere ganze Gruppe am Geschehen auf der Onkologiestation Anteil nehmen, ohne den dort tätigen Menschen und Patienten im Weg herumzustehen. Es ist, als würden sie uns gar nicht wahrnehmen. Wir gehen durch einige der Krankenzimmer. Deutlich spüren wir die drückende

Angst, die Sorge und den Kummer der Menschen. Der Oberarzt macht gerade Visite und rauscht eilfertig mit einem großen Gefolge durch die Räume. Die Menschen hungern nach erlösenden Worten, einer guten Nachricht. Sie werden enttäuscht, abgespeist mit medizinischen Fachausdrücken und Medikamentenverordnungen.

Im hintersten Zimmer des Flurs sitzt eine Frau am Bett ihres Mannes. Er ist schon vom Tod gezeichnet, aber er kämpft noch gegen diese Wahrheit an. Sie hält seine Hand und bemüht sich um Zuversicht. Wir können die Worte nicht verstehen, die die beiden wechseln, aber wir sehen die Geschichte des Ehepaars; ihre Not; die Verbindung, die zwischen ihnen besteht; die Pläne, die sie noch miteinander hatten. Die Infusion, die er vorhin bekommen hat, hat seinen Zustand nicht verbessert.

Eine junge Assistenzärztin betritt den Raum. Sie hält keine Akte unter dem Arm, weder steckt ein Stethoskop in ihrer Kitteltasche noch irgendwelche Injektionsnadeln oder Spritzen. Sie hat etwas anderes dabei – ein Geschenk in Form einer halben Stunde Zeit: ihre 30-minütige Mittagspause. Die Ärztin wünscht sich, den beiden Menschen dabei zu helfen, ihr Schicksal anzunehmen. Sie rückt sich einen Stuhl heran, nimmt Kontakt auf, drückt Hände, reicht Taschentücher an, hört zu, nickt und versteht. Sie geht ein Stück auf dem schweren Weg mit, den alle Liebenden auf dieser Welt bewältigen müssen, wenn einer geht und der andere ohne ihn weiterleben muss. In dieser halben Stunde findet der Mann die Kraft, über das bevorstehende Sterben zu sprechen. Seine Frau kann ihre Gefühle in Worte fassen. Endlich spielen sie einander nichts mehr vor. Sie lösen das Versprechen von damals ein: »…bis dass der Tod uns scheidet!«

Jesus wendet sich uns zu und sagt: »Er ist geheilt, obwohl er sterben wird. Seine Frau hat ein Wort gefunden und gesprochen, seine Seele ist gesund. Die Ärztin hat diese Heilung durch ihr Mitgefühl angestoßen. Wer sie sieht, sieht mich. Wer mich sieht, sieht den Vater.«

Wir verlassen die Klinik und laufen stadteinwärts. Unter einer Brücke hält sich eine Gruppe Obdachloser auf. Jesus geht zu ihnen, streichelt die zotteligen Hunde, die dazugehören, und wechselt ein paar Worte mit den Leuten. Sie fragen ihn etwas und lachen laut über seine Antwort. Als er wieder zu uns kommt, trauen wir uns zu fragen, was er gesagt hat. War es eine Predigt? Hat er ihnen die Leviten gelesen? »Ich habe ihnen einen Witz erzählt«, sagt er vergnügt. »Sie haben sich unsere ganze Reisegesellschaft angesehen und gefragt, was ihr für Leute seid und wer ich bin. Ich habe geantwortet: Die kommen alle gerade aus der Kirche und ich – tja, man könnte sagen, ich bin ihr Busfahrer. Aber die Frommen halten mich für das liebe Jesulein!« Ob Witze-Erzählen auch zu den Speisungswundern gehört, will eine von uns wissen.

»Klar«, sagt Jesus, »das ist Nahrung für den Humor – diese göttliche Tugend! Die Menschen hungern nach einem Lachen – gebt ihr ihnen zu essen!«

Beim Weitergehen kommen wir beim Haus Elisabeth vorbei, einem Kinderheim. Gerade geht die Tür auf und die Schwester Oberin begleitet mit wehendem Schleier eine junge Familie hinaus, umarmt die drei und schüttelt ihnen zum Abschied die Hände. Da stehen sie nun in ihrem frischgebackenen Familienglück – Vater, Mutter und ein Kind, dem man ansieht, dass das Leben es bislang nicht gut mit ihm gemeint hat. Aber jetzt, in diesem Moment, wendet sich das Blatt. Rechts und links ist eine starke warme Hand, an der es sich festhält, als es zwischen seinen neuen Eltern die Straße entlanghüpft. Es versucht ein Lächeln, und für den ersten Versuch ist es gar nicht so schlecht!

Jesus deutet auf die drei, zeichnet die Andeutung eines Kreuzes in die Luft und sagt: »Ist das nicht ein Segen? Wer ein solches Kind aufnimmt, nimmt mich auf. Wer mich aufnimmt, beheimatet auch den, der mich gesandt hat!«

Wir sind beim städtischen Friedhof angekommen und treten durch das Tor in das satte Grün hoher Bäume und die bunte Vielfalt gepflegter Blumenbeete. Die Steine auf den Gräbern sehen anders aus als sonst. Sie zeigen heute mehr als nur die Daten der Verstorbenen, an die sie erinnern. Im sanften Licht dieses ruhigen Ortes spüren wir eine ganz besondere Stimmung von Lebendigkeit und Verbundenheit. Gesichter und Geschichten tauchen auf und beleben die Gräber. Wir gehen einen langen Weg durch die Reihen, bis wir an einem frisch aufgeschütteten Erdhügel stehenbleiben. Ein schlichtes Holzkreuz trägt die Aufschrift: »Maria Josefa Zimmermann«. Sie wurde 77 Jahre alt. Nur ein einziger Kranz aus Ähren und Kornblumen liegt auf der frischen Erde. Jesus muss diese Frau gut gekannt haben. Er steht neben ihrem Grab und spricht von ihrem Leben, das in einem einfachen und standhaften JA zum Glauben an Gott bestand. Sie war ihrer Berufung treu, Gottes Licht in die Welt zu bringen. Sie hat viel Fruchtbares in die Herzen der Menschen gelegt, die ihr begegneten. Wenn wir die Wege all derer verfolgen würden, die durch eine Begegnung mit ihr verändert wurden, kämen wir nicht pünktlich zum Abendessen zurück! Sie steht dafür, dass im Himmelreich alles zusammengehört, nichts vergeblich ist und zuletzt alle wieder beieinander sind.

Er bückt sich, zeichnet ein paar Worte auf eine flache Steinplatte und legt sie sorgfältig neben dem Kranz aus Weizenähren ab. Da steht nun geschrieben:

»Wenn das Weizenkorn nicht in die Erde fällt und stirbt, bleibt es allein. Wenn es aber stirbt, bringt es viel Frucht!«

Auf dem Rückweg löst die nachdenkliche Stille sich langsam auf und eine besondere Art von Freude breitet sich aus. Dann ist die Fahrt beendet. Wir steigen aus. Unser Freund am Steuer verabschiedet sich von jedem von uns in ganz persönlicher, unvergesslicher Weise, bevor er den Motor wieder startet. Der Bus entfernt sich. Wir schauen ihm lange nach. Der Küster, der gerade kommt, um die Kirche abzuschließen, mustert unsere Gruppe und sagt belustigt: »Was steht ihr da und schaut die Straße entlang? Habt ihr etwas verloren?«

Nein, haben wir nicht. Wir haben etwas gewonnen. Wir haben Jesus gesehen und wir können ihm jederzeit wieder begegnen. Alles gehört zusammen, nichts ist vergeblich und zuletzt sind wir wieder beieinander. Amen.

Gebet für die Woche

Guter Gott,
durch alle Überlieferungen der Heiligen Schrift suchst du Verbindung zu uns Menschen. Du willst eine Heilsgeschichte mit uns schreiben. Wir selber sind die Buchstaben und Worte, aus denen sich die Sätze der Frohen Botschaft zusammenfügen. Stell uns an den richtigen Platz, bring uns in eine wirksame Reihenfolge, lass uns Jesus nachfolgen und dazu beitragen, dass seine gute Nachricht Schlagzeilen macht. Amen.

III.
Osterzeit

Palmsonntag

Stichworte: schwaches Fleisch, Geisteskraft
Schriftwort: Mk 11, 1–10 und Mk 14, 1–15,47

Liebe Gemeinde,

der Beginn dieses besonderen Gottesdienstes zur Eröffnung der Heiligen Woche erinnert an eine Hochzeit: Jubelnde Menschen begleiten einen besonders gestalteten Einzug, Blumenschmuck und eine Art roter Teppich zieren den Weg für erwartete Hauptpersonen.

Große Worte und Versprechen liegen in der Luft: »Und wenn ich mit dir sterben müsste, ich werde dich nie verleugnen! Ich halte dir die Treue, bis der Tod uns scheidet!«

Und wie im richtigen Leben nimmt dann der Weg, der so verheißungsvoll begann, einen ganz anderen Verlauf. Der begeistert Empfangene kommt vom Kurs ab, kriegt die Kurve nicht, das Blatt wendet sich, die Stimmung kippt. Was zunächst nur unterschwellig zu ahnen war, wird nach kurzer Zeit dominant, nimmt dämonische Züge an. List, Missgunst und Gewaltbereitschaft gewinnen die Oberhand. Wir kennen und deuten die traurige und tödlich endende Geschichte des Leidens und Sterbens Jesu als Teil des Erlösungswerkes. Ein Guter opfert sich für die vielen, wird zum Opfer niederträchtiger Ränkeschmiede.

Der Riss, der den Palmsonntagsgottesdienst durchzieht, geht durch das Leben vieler Menschen. Sie haben Erfolg, kommen gut an, gründen eine Existenz, stiften Sinn. Sie leben als Gemeinschaft, essen aus derselben Schüssel, teilen Brot, Alltagssorgen und Feierstunden. Von außen wirkt das Zuhause harmonisch und schön, aber der Holzwurm ist schon drin im Dachgebälk: Der Geist ist willig, aber das Fleisch ist schwach.

Es nagen Neid oder Eifersucht, es lockt das schnelle Geld, es verführt die Macht; das Gras auf der anderen Seite des Zaunes ist grüner als das auf dem eigenen Rasenstück, das private Glück scheint zu klein oder wird langweilig. Wenn es zur Krise kommt, folgen gegenseitige Vorwürfe, Verhöre, Ansprachen und Aussprachen.

Gute Vorsätze werden beteuert und erneuert: » …ich werde immer mit dir gehen, ich werde dich niemals verraten, ich bleibe an deiner

Seite …« Dennoch zeigt sich immer wieder, dass der Geist zwar willig ist, das Fleisch aber schwach.

Wir verschlafen die Nacht, in der ein geliebter Mensch in Not ist, und verleugnen unseren besten Freund. Das passiert nicht aus Gefühllosigkeit oder weil wir miese Betrüger wären, sondern aus Schwäche. Wir schleichen uns davon; statt unter dem Kreuz auszuhalten, halten wir uns irgendwo unauffällig im Hintergrund. Warum? Weil wir schwache, ängstliche Menschen sind und darauf bedacht, die eigene Haut zu retten. Wer will uns das verübeln? Kennt das nicht jeder von uns? Vielleicht läuft bei den Jüngern und bei uns ein biologisches Programm ab, für das wir nicht zur Verantwortung gezogen werden können?

Der Geist ist willig, aber das Fleisch ist schwach.

Dieser Satz aus dem Markusevangelium ist sprichwörtlich geworden. Er erinnert uns an die Botschaft des Aschermittwochs, dass wir Staub sind und zum Staub zurückkehren. Wir werden immer wieder zum Opfer unserer vielen Bedürfnisse. Wir können ihnen nicht Einhalt gebieten, wir wollen sie befriedigen, Verzicht nicht lange aushalten. Wenn unsere vielen Bedürfnisse sich melden, gibt es kein Halten für uns, kein Anhalten, kein Durchhalten. Lieber enthalten wir uns der Stimme, erhalten die Ruhe und Ordnung, verhalten uns angepasst. Das »Fleisch«, unser ständig bedürftiger Leib, unser immer arbeitender Verstand, die innere Skala des Vergleichens mit dem Nachbarn hält uns permanent auf Trab. Dabei verpassen wir unwiederbringliche Momente höchsten Glücks, tiefsten Kummers, intensiver Verbindung und Todesnot. Wir sind in unserer Schwäche zwar nicht so böse wie die hinterlistigen, Pläne schmieden Drahtzieher im Hintergrund oder die grausam, gefühllosen Folterknechte, die uns in der Passion Jesu begegnen. Aber unser schwaches Fleisch bereitet den Nährboden für deren Inszenierungen und Hinrichtungen!

Diktatoren, wie sie uns auf allen Kontinenten begegnen, diktatorische Persönlichkeiten, wie wir sie von vielen sozialen Zusammenhängen kennen, geht es vor allem um Macht. Und die erhalten und festigen sie durch das schwache Fleisch der Gesellschaft. Wenn wir lieber am warmen Ofen verharren und bei rauer See nicht das Steuer unseres Lebensschiffes in die Hand nehmen, können sie das Ruder ergreifen und den Kurs bestimmen. Sie können uns ihr Gammelfleisch als Delikatesse verkaufen, wenn wir brav alles schlucken, was uns vorgesetzt wird und nicht »den Mund auftun«, nicht meckern. Sie können einen Menschen wie ein Stück blutiges Fleisch zurichten, weil wir ihnen den Knüppel nicht aus der Hand nehmen.

Der Geist ist willig, ja. Wir erkennen zumeist das Unrecht, das Menschen angetan wird, wie Pilatus es erkannt hat. Wir können eine echte Liebesbezeugung von einem Judaskuss unterscheiden. Aber wir schreiten nicht ein, im Gegenteil, wir gehen sogar auf Abwegen mit, denn das Fleisch ist schwach.

Dieses schwache Fleisch, das uns daran hindert, als geradlinige Menschen aufrecht für das Gute einzustehen, lässt uns schlafen, wo wir wachen sollten, leugnen, wo wir bekennten sollten, weglaufen, wo wir bleiben sollten, spotten, mit den Wölfen heulen. Die bevorstehenden Kartage führen uns vor Augen, was passieren kann, wenn wir uns auf unserem schwachen Fleisch ausruhen, anstatt Muskel- und Geisteskraft aufzubauen und Menschen zu werden, die das Schicksal anderer mittragen helfen.

Die Katastrophe beginnt nicht mit der Geißelung. Sie hat schon mit dem Stillschweigen und Leugnen ihren Anfang genommen. Als Christinnen und Christen sind wir nicht nur mit einem willigen, sondern sogar mit Heiligem Geist ausgestattet. Nicht immer geht es ums Ganze, wenn wir gefragt sind, diese Gaben einzusetzen. In vielen kleineren Skandalen, Ungerechtigkeiten, Hänseleien, abfälligen Bemerkungen und Niederträchtigkeiten sind wir gefordert. Bekennen wir also Farbe, bekennen wir unseren Glauben, bekennen wir uns zu jedem Menschen, der aufs Korn genommen und aufs Kreuz gelegt werden soll. In ihnen allen begegnen wir Jesus. Amen.

Für die Karwoche und das ganze Kirchenjahr

Die Hände
nicht untätig in den Schoß legen
nicht nur andächtig falten
nicht hasserfüllt zu Fäusten ballen
nicht feige in Unschuld waschen

Die Beine
nicht tatenlos baumeln lassen
sich nicht in den Bauch stehen
nicht unter dem Leib wegziehen lassen
sondern sie in die Hand nehmen

Dem Nächsten
die Hand geben
einen Halt anbieten
die Richtung weisen
gute Hoffnung wecken

Das Leben
kostet es uns nicht
keine Strafe steht darauf
außer der Gefahr der Isolation
wegen Andersartigkeit

Der Geist
ist nicht nur willig
sondern beginnt zu wehen
und das Fleisch ist nicht mehr schwach
gewinnt den Kampf und bleibt dennoch zart

Die Wandlung
Sitzfleisch kann Muskelmasse werden
Ein Stück Brot wird Leib Christi
soll uns sättigen und stärken
will uns in Fleisch und Blut übergehen

Fürbitten

Oft geht es uns wie den ersten Jüngern Jesu. Unsere Begeisterung ist groß, aber die Schwäche übermannt uns immer wieder. Wir brauchen Gottes Hilfe und bitten ihn:

Mach uns wach, wenn aus unserer Lust am Leben ein Laster wird.
Mach uns wach, wenn unsere Triebe sich zu Bäumen auswachsen.
Mach uns wach, wenn unser Hunger unersättlich wird.

Mach uns wach, wenn unser Streben zur Gier wird.
Mach uns wach, wenn wir in guten Vorsätzen stecken bleiben.
Mach uns wach, wenn unser Verstand Ausreden zu erfinden versucht.
Mach uns wach, wenn wir verschlafen, dass wir gebraucht werden.

Wir hoffen darauf, dass wir mit deiner Hilfe ein Leben lang immer wieder aufstehen und endlich auferstehen. Bleibe bei uns. Amen.

Karwoche: Andachten für denk-würdige Tage

Vorbereitung

Die Karwoche kann zum Anlass genommen werden, das Rosenkranz-Gebet in der Gemeinde auf alternative Weise neu zu beleben.

Eine entsprechende Ankündigung soll darauf vorbereiten, dass es in den täglichen Andachten um Gemeinschaft und Begegnung in meditativer Atmosphäre geht. Eine Einladung zum »Rosenkranzgebet« könnte missverstanden werden und jüngere Menschen von der Teilnahme abhalten.

Ein nicht zu großer, gut zu beheizender Raum für einen Stuhlkreis, der die ganze Karwoche über zur Verfügung steht, eignet sich am besten. Die Mitte soll im Verlauf immer weiter gestaltet werden. Jeder Tag steht unter einem Stichwort, das in einer kurzen Ansprache entfaltet wird.

Die am besten geeignete Tageszeit für eine mehrmalige Zusammenkunft ist vermutlich frühmorgens oder abends und kann in ein einfaches gemeinsames Essen münden, zu dem jede beteiligte Person etwas beiträgt.

Die Struktur der Andachten kann zielgruppenorientiert variiert werden, sollte aber während der Durchführung innerhalb der Karwoche gleichbleiben.

Beispiel

Vor Beginn stimmen Klänge/Gesänge aus Taizé (Tonträger) die eintreffenden Mitfeiernden ein.

Das Tages-Symbol wird auf dem aus Tüchern angedeuteten Weg abgelegt. Dieser Weg beschreibt einen Halbkreis, der in die Mitte führt. Dort stehen ein Kreuz und eine Kerze.

Nach der Begrüßung und dem Kreuzzeichen folgt die Schriftlesung und der Tages- Impuls.

Danach ist eine stille Zeit von etwa fünf Minuten, in der die Mitfeiernden eingeladen sind, an Erfahrungen im eigenen Leben zu denken und betroffene Menschen in ihr Gebet einzuschließen. Es besteht an jedem der Tage die Möglichkeit, Namen oder Schlagworte auf bereitliegenden Karten zu notieren und auf dem Weg in der Mitte des Raumes abzulegen.

Ein Gesätz des Rosenkranzes wird gemeinsam gebetet. Die Vorbetende fügt als Betrachtungsimpuls (»Geheimnis«) eine individuelle Formulierung ein, die das Thema des Tages aufgreift.
Frei formulierte Fürbitten können sich anschließen.
Das Vaterunser und eine Segensbitte beschließen die Andacht.
Einladung zum gemeinsamen Essen.

Palmsonntag: verehrt-verzerrt-verkehrt

Symbol: Palmzweig (verzierter Buchsbaum vom Palmsonntag) und Weidenrute (Gerte) auf dem Weg ablegen
Schriftlesung: Joh 12,1–19

In den folgenden Tagen stehen wir gedanklich am Straßenrand der Via Dolorosa und verfolgen die Ereignisse. Wir sind nicht nur Zuschauer, sondern werden zu Weggenossen des Menschen, der dort entlanggetrieben wird.

Wir begegnen ihm nicht nur in der Kirche, nicht in Oberammergau, sondern in den Niederungen unseres alltäglichen Lebens.

In unserer Welt liegen Erfolg und Absturz dicht beisammen. Die in den Medien gefeierten Stars von heute sind morgen schon weg vom Fenster, wenn sie nicht pausenlos hart an ihrem Profil arbeiten und sich beständig selbst überbieten. Sie werden zu Ikonen hochstilisiert und stehen unter dem Druck, den Fans zu bieten, was diese sich erhoffen. Wenn sie die Erwartungen nicht erfüllen, verzerrt sich das Bild, das man sich in der Öffentlichkeit von ihnen gemacht hat, und die Bewunderung verkehrt sich ins Gegenteil – Ablehnung oder Gleichgültigkeit.

Jesus erlebt diese Gnadenlosigkeit der sogenannten »öffentlichen Meinung«, die eigentlich eine öffentliche Manipulation ist, am eigenen Leib. Das »Hosianna!«, mit dem wir heute Morgen den Gottesdienst eröffnet haben, verkehrt sich nach kurzer Zeit ins »Kreuzige ihn!«. Die Massen sind leicht zu beeinflussen. Mitläufer finden sich überall, wo ein paar Meinungsmacher das Wort ergreifen.

Als Christinnen und Christen sind wir gefragt, wenn manipulative Politik und Stimmungsmache sich gegen Minderheiten, Andersartige, Fremde, Beeinträchtigte und Hilflose verbreiten.

Zum Rosenkranzgesätz: ... Frucht deines Leibes, Jesus – der verehrt und verschrien wurde –

Montag: Verraten und verkauft

Symbol: Geldbörse oder Münzen werden rings um das Kreuz verstreut.
Schriftlesung: Joh 13,1–38

»Ich fühle mich verraten und verkauft!«
Wir wissen, wie sich das anfühlt. Einer, den wir für einen guten Freund hielten, hat uns übel im Stich gelassen. Diejenige, der wir etwas ganz Persönliches anvertraut haben, hat es ausgeplaudert und breitgetreten. Der Liebste, die Freundin, hat sich aus dem Staub gemacht, weil jemand Attraktiveres vorbeikam.

Sitzen gelassen, hängen gelassen, im Regen stehen gelassen – so fühlt sich Jesus beim Anblick der schlafenden Freunde, die seine Not nicht gespürt haben. So ist es nach dem Judaskuss, mit dem der Freund ihn ausliefert und sich auch noch dafür bezahlen lässt. Das schneidet beim Krähen des Hahns ins Herz. Verleugnet von einem, der noch kurz zuvor ewige Treue geschworen hat.

Als Christinnen und Christen sind wir gefragt, Wort zu halten und dichtzuhalten, dem Schutzlosen die Stange zu halten, an der Wahrheit festzuhalten.

Zum Rosenkranzgesätz: ... Jesus, der vom Freund verraten wurde ...

Dienstag: Verhaftet und verhört

Symbol: Kette (Baumarkt) oder Strick um das Kreuz winden
Schriftlesung: Joh 18,1–40

Verhaftet – sind wir nicht erst, wenn wir hinter Gittern sitzen. Verhaftet, so fühlen wir uns schon, wenn wir von jemandem angegangen und beschuldigt werden, wenn uns jemand in ein unsichtbares Gefängnis aus Vorwürfen und Anschuldigungen wirft. Wer verhaftet ist, kann sich nicht mehr frei bewegen. Er kann keine Beweise für seine Unschuld herbeibringen. Er ist darauf angewiesen, verteidigt zu werden.

Wenn da keiner ist, der Partei für mich ergreift, aufsteht und in die Bresche springt, dann wird aus der Verhaftung eine Vorverurteilung, aus der Beschuldigung ein Schuldspruch.

Verhör – das kann vieles sein: ein ernstes Gespräch mit Vertretern der Regierung, der Rechtsabteilung, der Firmenleitung. Einem Verhör geht immer ein Verdacht voraus. Hierzulande gilt die Unschuldsvermutung, bis ein Unrecht bewiesen oder zugegeben ist. In vielen Fällen wird der Beschuldigte dennoch nie wieder rehabilitiert. Etwas von dem Schmutz der erhobenen Vorwürfe bleibt an seinem guten Ruf kleben.

Als Christinnen und Christen sind wir gefordert, aufmerksam hinzuhören und zwischen Verdacht und Tatbestand zu unterscheiden. Nicht jeder Verdächtige ist ein Täter. Nicht jeder Täter ist ein Verbrecher. Nicht jeder Verbrecher hatte die Chance, ein anständiger Mensch zu werden.

Zum Rosenkranzgesätz: … Jesus, der als Verbrecher verhaftet wurde …

Mittwoch: Verspottet und verhöhnt

Symbol: roter Mantel oder entsprechendes Gewand, Clownsmasken auf dem Weg ablegen
Schriftlesung: Joh 19, 1–16a

»Die Würde des Menschen ist unantastbar.« So drückt unser Grundgesetz aus, dass Verspotten und Verhöhnen eines anderen Menschen sich verbieten, egal aus welchem Grund. Die Spötter kommen dennoch zumeist ungestraft davon, ihre Opfer sind doppelt gestraft. Einen anderen fertigmachen – mit Worten oder Taten, im Internet, am Arbeitsplatz und im Klassenraum, das kennen wir alle. Der andere Mensch ist zu angepasst oder zu außergewöhnlich, zu blöd oder zu bieder, nicht cool oder clever genug, zu dick oder doof, exzentrisch oder engstirnig, faul oder freaky … Niemand kann sich sicher fühlen vor dem Spott der Neider oder Missgünstigen.

Als Christinnen und Christen sind wir gefordert, auf unsere Sprache zu achten, keine Lacherfolge auf Kosten anderer zu erzielen und die Würde jedes Menschen zu achten, auch wenn sie sich unter Unansehnlichkeit und Unüblichem verbirgt.

Zum Rosenkranzgesätz: ... Jesus, der Spott und Hohn erduldet hat ...

Donnerstag: Verzehrt und vergossen

Symbol: gefüllten Brotkorb und Krug (mit Traubensaft) auf den Weg stellen
Schriftlesung: Mt 26, 17–29

»Ich habe mich nach dir verzehrt!« So drückt man große Sehnsucht nach der Begegnung mit einem geliebten Menschen aus. Ein starkes Gefühl wie Hunger und Durst hält uns im Griff, wenn der wichtige Mensch auf sich warten lässt. Sich verzehren nach Jesus – kennen wir das? Die allermeisten von uns werden diese Frage wohl verneinen. Zu weit weg, zu hoch oben, zu gut für diese Welt – denken wir. Jesus wünscht sich, ganz nah bei uns zu sein. Er will uns nähren, er will, dass wir ihn uns einverleiben, ihn ganz in uns aufnehmen. Wenn er uns in Fleisch und Blut übergeht, wird unsere Seele satt und unser unruhiges Herz findet Geborgenheit.

Als Christinnen und Christen sind wir gefordert, uns nicht aufzusparen, sondern Brot zu sein für den Hunger der Welt. Wir dürfen darauf vertrauen, dass die Kraft, die wir dafür brauchen, uns immer wieder zuwächst.

Zum Rosenkranzgesätz: ...Jesus, der sich selbst gegeben hat ...

Freitag: Vernichtet

Symbol: schwarzes Tuch mit roter Dauerbrenner-Grabkerze
Schriftlesung: Joh 19, 16b–22, 26–30

Vernichtende Urteile, vernichtende Blicke, eine vernichtende Kritik – viele von uns haben das schon einmal überstehen müssen. Man fühlt sich am Boden, in den Dreck getreten, aufs Kreuz gelegt.

Heute ist der Tag, an dem der Meister der Liebe dem Hass der wild gewordenen, aufgehetzten Menge ausgesetzt ist, das Kreuz tragen und sich buchstäblich darauf festnageln lassen muss. Karfreitag, Tag der

Vernichtung, die sich in tausend schrecklichen Variationen durch die Menschheitsgeschichte zieht.

Als Christinnen und Christen sind wir gefordert, die Botschaft zu bringen, dass Gott es mitnichten bei der Vernichtung bewenden lässt. Vernichtung ist nicht sein Werk und nicht sein letztes Wort. Er ist ein Gott des Lebens. Er wird seine Verheißung wahrmachen.

Zum Rosenkranzgesätz: …Jesus, der das Opfer menschlicher Bosheit wurde …

Samstag: Verschachert und verscharrt

Symbol: einzelne Blüten und grüne Zweige auf dem gesamten Legebild in der Mitte verteilen
Schriftlesung: Joh 19, 23–25, 31–42

Verschachern bedeutet, etwas möglichst teuer zu verkaufen oder einen unmoralischen Handel damit zu treiben. Ein Würfelspiel unter dem Kreuz des Sterbenden um dessen Gewand gehört dazu. Ohne Pietät, aus reiner Profitgier Schnäppchen zu jagen, die finanziellen Engpässe anderer Menschen ausnutzen, um sie zum Verkauf wichtigen Besitzes unter Wert zu nötigen – das passiert auch zwei Jahrtausende nach dem Kreuzestod Jesu.

Wenn wir mit alten, unbewältigten Familiengeschichten von solchem Unrecht oder im Bewusstsein persönlicher Schuld herumlaufen, ohne die Geschehnisse zu ordnen, haben wir eine »Leiche im Keller« unseres Lebenshauses verscharrt. Wenn wir Probleme und Sorgen verharmlosen oder unterdrücken, sie nicht zur Sprache bringen, kehren wir sie unter den Teppich.

Als Christinnen und Christen sind wir gefordert, damit aufzuräumen. Wir dürfen Schuld benennen und eingestehen, weil wir auf Vergebung und Neuanfang hoffen können. Ein Hauch von Hoffnung auf Neuanfang liegt auch über diesem Karsamstag, dem Tag der Grabesruhe.

Zum Rosenkranzgesätz: …Jesus, der den Abgrund des Todes durchschritten hat …

Ostern: Verwandelt

Symbol: Die Kerze in der Mitte mit österlichen Motiven gestalten (Wachsplatten) oder gegen eine Osterkerze austauschen. Das Kreuz verzieren. Die Gegenstände der Vortage am Wegrand aufschichten und mit grünen Zweigen bedecken.
Schriftlesung: Joh 20,1–18

Christen glauben an die Wandelbarkeit der Welt und des Einzelnen. Wir dürfen das Ostergeheimnis mitnehmen in den Alltag und es den Unzumutbarkeiten und Kränkungen des Tages entgegensetzen. Die Welt kann sich ändern, wir können uns ändern.

Als Christinnen und Christen sind wir zu einer Wandlung eingeladen, die uns Jesus ähnlicher werden lässt – mit jedem Tag, an dem wir ihn mit aufrichtigem Herzen und wachen Sinnen suchen.

Zum Rosenkranzgesätz: ... Jesus, der lebt und verwandelt bei uns ist ...

Gründonnerstag

Stichworte: Jesu Beispiel, menschliche Schwäche
Schriftwort: Joh 13, 1–15

Liebe Gemeinde,
an diesem Abend, in dieser Nacht geschieht eine Verdichtung der Beziehung Jesu zu seinen Jüngerinnen und Jüngern, eine Verdichtung seiner Beziehung zu uns.

Lassen wir uns von Simon Petrus erzählen, wie er diesen unvergesslichen und einschneidenden Abend erlebt hat.
(*Der kursive Text kann durch einen Lektoren vorgetragen werden.*)

Ich bin Simon. Ihr Späteren nennt mich »Simon Petrus, den Felsen, auf dem Jesus seine Kirche erbaut hat«. Das klingt gut – ich als der erste Papst, der das Werk des Meisters fortführt. Als wäre ich ein großartiger Vorzeige-Apostel gewesen. Aber das war ich nicht, besonders nicht in dieser schrecklichen Nacht des Verrats, der Verurteilung und bei alledem, was dann folgte.

Es begann beim Abendmahl schon damit, dass ich wie immer in meinem Übereifer und meiner Selbstüberschätzung den Mund nicht halten konnte. Diese Fußwaschung, die Jesus höchstpersönlich an jedem von uns vornahm, kam mir ungeheuerlich vor. Ich hatte noch gar nicht verstanden, dass er damit sein Programm und unsere künftige Haltung gegenüber jedem Mitmenschen erlebbar gemacht hat. Er sprach nicht darüber – er hat es uns spüren lassen, was er unter Liebe versteht: sich hinunterbücken, den Staub und Dreck nicht scheuen, den die Menschen mit sich herumtragen; tun was nötig ist, waschen und pflegen, was schmutzig ist, wund und müde. Dienen anstatt zu delegieren, zu dozieren oder zu demonstrieren. Heilen, hüten, helfen anstatt zu herrschen. Einfach fürsorglich da sein.

Meine Güte, kurz zuvor hatten wir Jünger uns noch Wortgefechte geliefert, wer wohl dazu auserwählt sein würde, an seiner Seite zu sitzen, wenn sein Reich Wirklichkeit wird. Wie blind wir waren, wie wenig wir begriffen haben! Als er vor mir kniete und mir die Füße waschen wollte, habe ich mich gewehrt – ich wollte ihn nicht so sehen, in dieser ernied-

rigenden Position! Vielleicht dämmerte mir schon, dass dies ein ganz anderes Konzept ist, als ich es mir ausgemalt hatte!

Er hat mich ermahnen müssen, wie so oft, wenn mir die Gäule durchgegangen sind. Und sehr geduldig war er mit mir, wie mit einem kleinen, unverständigen Kind. Ich habe mich ja auch kindisch benommen. Erst habe ich gezaudert, dann konnte ich gar nicht genug bekommen. Peinlich.

Jesus hat dann viele Worte an uns gerichtet, die nach Abschied und Sterben klangen und die wir nicht gern hören wollten. Ich habe den Mund wieder reichlich voll genommen und geschworen, dass nichts und niemand mich abhalten wird, ihm treu zu folgen und mit ihm durch dick und dünn zu gehen. Er hat mich angeschaut, mit einem Blick, der ging mir bis ins Herz, und hat mir gezeigt, dass er mich besser kennt als ich mich selber kenne.

Später an diesem Abend waren wir im Ölgarten. Jesus war beunruhigt, aufgewühlt, anders als wir ihn sonst meistens erlebt hatten. Und er hätte seine Freunde so dringend nah bei sich gebraucht. Aber wir alle haben das verpennt – im wahrsten Wortsinn. Wir haben ihn allein gelassen, sind immer wieder eingenickt, obwohl er uns gebeten hatte, wach zu bleiben.

Durch die ganzen Jahrhunderte danach zieht sich dieses Verschlafen, Verpassen, Vergessen des entscheidenden Moments. Liebe heißt, wach und aufmerksam zu bleiben. Wisst ihr das im 21. Jahrhundert? Macht ihr es besser als wir damals?

Und dann bekamen die Dinge eine schreckliche Dynamik. Die Verhaftung im Garten, das Verhör, die Verurteilung. Ich wollte nochmal den Helden spielen, als ich auf den Knecht des Hauptmanns losgegangen bin. Aber ich bin kein guter Kämpfer. Und Jesus zeigte mir gleich wieder, was ich angerichtet hatte.

Er heilte die Wunde, die ich seinem potenziellen Feind geschlagen hatte.

So ist seine Liebe, sie gilt sogar den Gegnern.

Und dann im Hof am Feuer, nachdem sie Jesus schon abgeführt hatten – jeder Kirchturmhahn erinnert bis heute an mein Versagen, die Verleugnung des besten Freundes, des wichtigsten Menschen in meinem Leben. Ich habe mir gewünscht, die Erde würde mich verschlingen, als mir klar wurde, was ich getan hatte. Zu spät. Ich bin danach nicht mehr in seine Nähe gekommen. Unter dem Kreuz, wo ich hätte stehen sollen, waren nur die Frauen. Wir Männer waren alle weg. Wer hätte gedacht, dass wir später doch noch gemeinsam die Kurve kriegen?

Ich bin Simon, der Fels, auf dem die Kirche gründet, aber auch der Feigling und Wichtigtuer, von dem ich euch jetzt ein bisschen erzählt habe. Ich finde es an diesem Abend, dem Abend des Vermächtnisses, dem Abschiedsabend wichtig, dass ihr Heutigen das vor Augen habt. Jesus vertraut auf die Kraft und Stärke, auf den Glauben schwacher und fehlerhafter Menschen. Andere haben wir nicht. Jeder und jede ist gefragt und wird gebraucht. Ihr alle könnt wie ich über euch hinauswachsen. Ihr sagt ja: »Hochmut kommt vor dem Fall«. Wenn ihr am Boden liegt, seid ihr an der richtigen Stelle, um mit einer Fußwaschung bei eurem Nächsten zu beginnen.

Soweit der Bericht des Simon. Er zeigt, wie wir alle sind. Nicht ganz gut und nicht ganz schlecht. In jedem Fall entwicklungsfähig. Und wie die ersten Jünger haben wir Anteil an dem Geschenk, das Jesus an diesem Abend des Abschieds allen gemacht hat: sein Brot, das wir uns einverleiben, um Lebenskraft und Glaubenskraft zu schöpfen. Sein Wein, der uns zu seinen Blutsverwandten macht, der uns Lebensfreude und Glaubensfreude schenken soll. Wir sind gut ausgestattet. Wir dürfen straucheln und fallen. Aber wir bleiben nicht liegen. Wir bleiben mit Jesus unterwegs.
Amen.

Impuls: Dienstanweisung für Jüngerinnen und Jünger

ohne großen Aufzug
zum Einzug bereit
um gegenwärtig zu sein

einen Raum organisieren
und Raum schaffen
damit man sich begegnen kann

in der Tradition stehen
und unkonventionell mit ihr umgehen
damit auch neue Menschen sie lieben lernen

auf Lebenswegen
Rituale pflegen
auf die Verlass ist

in die Hände spucken und Füße waschen
damit die Nächstenliebe
Hand und Fuß bekommt

Frisches Brot brechen
und miteinander teilen
Eigenbrötler gibt es schon genug

Wein der Freude ausschenken
den Freunden reinen Wein einschenken
den Blick auf das Entscheidende lenken

in Todesangst um Hilfe bitten
und denen verzeihen
die ihren Einsatz verschlafen

Schweigen wenn alles gesagt ist
das Schicksal annehmen ohne auszuweichen
dem Ende ins Auge sehen

Ruhen
hinabsteigen
auferstehen

Karfreitag

Stichworte: Liebe und Leid, sich einmischen
Schriftwort: Joh 18, 1–19, 42

Liebe Gemeinde,
an allen Sonntagen im Kirchenjahr **feiern** wir den Kreuzestod als Werk der Erlösung. Am heutigen Karfreitag **durchleiden** wir ihn. In vielen unserer Lieder besingen wir das heilige Kreuz und den Sieger über Sünde und Tod. Heute erzählen unsere Gesänge und Lesungen vom Mann der Schmerzen und stellen die Frage, was er wohl verbrochen hat. Jede Wandlung, so lehrte man uns früher, ist die **unblutige** Gegenwärtig-Setzung des Kreuzestodes Jesu Christi. Heute sehen wir auf das Haupt **voll Blut und Wunden**.

Am Karfreitag gehen wir mit auf den Kreuzweg, fühlen die Schmach und die Schande nach. Wir vergegenwärtigen uns die Gemeinheit der Menschen, den Verrat der Freunde, die Last der rauen Balken auf den Schultern, die Hitze, den Durst, die Schläge und Tritte.
Wir stehen am Weg mit den weinenden Frauen, die keine Worte haben angesichts des Wahns, der sich ausbreitet und das Gute auslöscht.
Wir möchten Simon von Cyrene zurufen, dass er sich gefälligst mehr bemühen soll bei seiner erzwungenen Hilfeleistung. Wir wollen ihm erklären, dass er nicht zum Handlanger von irgendeinem Verbrecher geworden ist, sondern das Joch mit dem Gottessohn teilt. Und uns kann dabei ein Licht aufgehen – denn diese Geschichte hat einen mitlaufenden Anfang. Sie gilt auch heute, auch für uns alle. Seit damals gilt auch der umgekehrte Satz – jeder Mensch, der unter seinem Kreuz zusammenzubrechen droht, verdient unsere Hilfe aus freien Stücken und so gut wir können. Jeder ist Bruder und Schwester, Jesus ist ihr Leidensgenosse geworden. Wenn einer die Last des anderen trägt, sind wir auf dem richtigen Weg. Denn der Kreuzweg ist hart, steinig und steil, er hat nichts von göttlichem Glorienschein. Christsein im Alltag heißt, nicht am Wegrand stehen zu bleiben, sondern sich zu beteiligen. Ein Schweißtuch bereitzuhalten wie Veronika. Blickkontakt zu halten wie Maria. Beim Sterbenden auszuharren wie

Johannes. Ein würdiges Abschiednehmen zu ermöglichen wie Josef von Arimatäa.

Liebe Geschwister im Glauben,
wenn diese Todesstunde Jesu vorüber ist, **gehen wir in aller Stille auseinander**, wie es auch in unseren Todesanzeigen so oft heißt. Es gibt kein Kaffeetrinken, bei dem die Lebensgeister wiederkehren und der Geist des Verstorbenen durch Geschichten und Erinnerungen tröstlich im Raum schwebt. Die Mensch gewordene Liebe wird in den Dreck getreten und vernichtet. Es gibt noch keine Bewältigungsstrategie für die Trauer über den Verlust Gottes in der Welt. Das müssen wir aushalten, symbolisch bis zum morgigen Abend, im echten Leben mitunter für lange Zeit.

Durch die stille Kommunion sind wir mit dem Nötigsten versorgt für die Zeit des Hinabsteigens in das Reich des Todes, für die Wanderung durchs Jammertal. Wir gehen in der Hoffnung und Glaubensgewissheit, dass das letzte Wort noch nicht gesprochen ist.

Amen.

Große Fürbitten in einfacher Sprache und in Einfachheit des Herzens

Lasst uns miteinander Fürbitte halten, unsere Sorgen und Ängste einfach vor Gott bringen und ihn bitten, uns einfach beizustehen:

1. Für die Kirche – sie ist schwach und alt, fast blind für die Zeichen der Zeit, hängt am Althergebrachtem, weil es schon immer so war, und verpasst die Zukunft.
Wir knien zu einem stillen Gebet.
Wir stehen vor Gott und bitten:
Gib der Gemeinschaft der Glaubenden ein Profil, das Jesus ähnelt und dich erkennen lässt.
Darum bitten wir dich als deine Töchter und Söhne. Amen.

2. Für die Aktiven, die mitspielen auf der Bühne und als Bodenpersonal, am Altar und im Altenheim, im grellen Rampenlicht kritischer Zuschauer und hinter den Kulissen von Tradition und Brauchtum.
Wir knien zu einem stillen Gebet.
Wir stehen vor Gott und bitten:

Sei du selbst der Regisseur, der Intendant der Darstellung unseres christlichen Glaubens, so dass er in deinem Sinne bei den Menschen ankommt.
Darum bitten wir …

3. Für die Sympathisanten, die sich der Gemeinschaft der Glaubenden annähern, die auf der Suche sind und sich nach Zugehörigkeit sehnen; für alle, die sich vorbereiten und zu verstehen versuchen.
Wir knien zu einem stillen Gebet.
Wir stehen vor Gott und bitten:
Lass unsere Gemeinschaft einladend und glaubwürdig sein, verhilf uns zu Offenheit und Feinfühligkeit.
Darum bitten wir …

4. Für die Neunundneunzig, die der Gute Hirte vorübergehend sich selbst überlässt, um das eine Verlorene zu suchen; die eine homogene Herde bilden und genau dadurch gefährdet sind.
Wir knien zu einem stillen Gebet.
Wir stehen vor Gott und bitten:
Mach uns fähig zu Selbstkritik und Reflexion, lass uns wissen, dass du unsere Individualität hochschätzt, denn sie ist jedem Einzelnen von dir gegeben.
Darum bitten wir …

5. Für die schwarzen Schafe, die sich unerlaubt entfernen, den Betrieb aufhalten, querstehen, im Graben liegen oder im Gestrüpp verheddert sind und nicht daran glauben können, dass da ein Hirte ist, der sie vermisst und sucht.
Wir knien zu einem stillen Gebet.
Wir stehen vor Gott und bitten:
Lass uns sensibel sein für die Momente, in denen wir dem Guten Hirten helfend zur Hand gehen können, um beherzt zuzupacken und Erste Hilfe zu leisten, wenn Menschen am Limit sind.
Darum bitten wir …

6. Für Verwirrte und Verirrte, die Gut und Böse verwechseln, die Täter schützen und Opfer schuldig sprechen, Befehle ausführen, ohne sie zu hinterfragen, und ihren Gerechtigkeitssinn eingebüßt haben.
Wir knien zu einem stillen Gebet.
Wir stehen vor Gott und bitten:

Hilf uns auf die Sprünge, wenn wir selbstgerecht urteilen und unkritisch übernehmen, was uns von irgendwoher übermittelt wird, denn oft genug sind wir selbst von Verwirrung und Sünde bedroht.
Darum bitten wir …

7. Für die Tonangeber, die Staatenlenker, die Familienvorstände, die Stimmungsmacher, die Meinungsexperten und Werbefachleute, durch deren Worte und Weisungen das Wohl vieler Menschen auf dem Spiel steht.
Wir knien zu einem stillen Gebet.
Wir stehen vor Gott und bitten:
Bewahre uns Menschen davor, unsere Macht und unseren Einfluss auszukosten und anderen damit Schwierigkeiten zu bereiten oder sie in Not zu bringen.
Darum bitten wir …

8. Für die verfolgten Völker und Rassen, die durch die ganze Geschichte hindurch keine Heimat finden konnten oder sie immer wieder mit Zähnen und Klauen zu verteidigen suchen; für Ausgegrenzte und alle, die dem Hass der Allgemeinheit ausgesetzt sind.
Wir knien zu einem stillen Gebet.
Wir stehen vor Gott und bitten:
Verhilf der Menschheitsfamilie zu der Einsicht, dass wir alle zusammengehören und dass es keinen Frieden geben kann, solange wir Fronten schaffen und Mauern bauen.
Darum bitten wir …

9. Für Menschen, die ohne Glauben, Hoffnung und Liebe leben müssen, weil niemand sie damit beschenkt.
Wir knien zu einem stillen Gebet.
Wir stehen vor Gott und bitten:
Erinnere uns daran, dass wir von dir beschenkt sind mit einem Schatz, der sich vermehrt, wenn wir ihn teilen, und lass uns heute noch damit beginnen.
Darum bitten wir …

10. Für alle, denen es am Lebensnotwendigen fehlt, die körperlich und seelisch unterversorgt sind und keine Hilfe erfahren.
Wir knien zu einem stillen Gebet.
Wir stehen vor Gott und bitten:

Gib uns deinen Heiligen Geist, damit wir die großen Versorgungsprobleme und ökologischen Fragen unserer Zeit vernünftig und wirksam angehen und eine Lebensgrundlage für alle sichern.
Darum bitten wir …

Guter Gott, wir brauchen deinen Beistand, damit unser gesunder Menschenverstand uns nicht verlässt und wir dein Licht weitertragen können. Steh uns bei. Darum bitten wir durch Jesus, unseren Bruder und Herrn. Amen.

Ostersonntag

Stichworte: verhüllt und enthüllt, Umkehr zur Erkenntnis
Schriftwort: Joh 20, 1–18

Liebe Gemeinde,
Halleluja! Wir feiern Ostern! Wir feiern die christliche Hoffnung auf das Ende des Leids und der Tränen, auf Zukunft und Vollendung bei Gott. Wir feiern die Glaubensgewissheit, die Jesus uns durch sein Leben, Leiden und seine Auferstehung geschenkt hat. Er lebt – und auch wir werden leben!
»Der Tod hat keinen Stachel mehr«, schreibt Paulus im ersten Brief an die Korinther und fragt weiter: »Hölle, wo ist dein Sieg?«
Wer Nachrichtensendungen schaut, gewinnt allerdings sehr oft den Eindruck, dass die Hölle siegt! In den vergangenen Tagen haben wir uns vergegenwärtigt, durch welche Hölle Jesus gegangen ist. Verrat und Verhaftung, Verleumdung und Verspottung, Verurteilung, Verzweiflung, Verlassenheit gingen seinem grausamen und unehrenhaften Tod voraus. Jesus, der das Himmelreich auf die Welt gebracht hat, ging durch die Hölle mit all den Räumen, die sie zu bieten hat. Er hat nichts von dem ausgelassen, was Menschen ihren Mitmenschen an Höllenqualen bereiten. Sein Leben endete so, wie es begonnen hat: ohne festen Wohnsitz, geborgen einzig und allein durch den Schoß der Mutter, in Tücher gewickelt und in eine fremde Unterkunft gelegt. Alle, die ihn geliebt hatten und ihm folgten, waren sicher: Das ist das Ende.

Aber das ist nur das Vorletzte. Am Morgen nach der Sabbatruhe lässt es Maria von Magdala keine Ruhe – sie geht in aller Frühe nochmals zum Grab. Es hilft uns, eine schreckliche Realität anzuerkennen, wenn wir den Ort aufsuchen, wo sie sich ereignet hat, wo noch Spuren zu finden sind. Doch was sie vorfindet, bringt sie noch mehr aus dem Gleichgewicht. Das Grab ist offen und leer. Sie erstattet den Jüngern verstört Bericht. Und dann kommt es zum Wettlauf zwischen Johannes, dem Lieblingsjünger, und Simon Petrus, dem von Jesus zur Leitfigur Auserwählten. Die beiden kommen nicht zeitgleich an – Johannes ist der Schnellere, aber auch Simon sieht nichts anderes als er. Da liegen die Totentücher, Leinenbinden, in die man den Leichnam gewickelt hatte. Das Schweißtuch, mit dem das Gesicht bedeckt gewesen war, wird im Evangelium sogar eigens erwähnt – zusammengefaltet liegt es an einer besonderen Stelle. Die Jünger können sich keinen Reim darauf machen, sie ahnen noch nicht, was das alles zu bedeuten hat, und gehen ratlos nach Hause zurück.

Warum werden die Tücher so besonders hervorgehoben? Warum sind sie dem Evangelisten derart wichtig? Tücher fangen die Körperflüssigkeiten auf, die zu Beginn und am Ende des Lebens abgesondert werden. Es ist ein Zeichen feinfühliger Versorgung und Pietät, die Blöße eines Menschen zu bedecken. Tücher sind eine Hülle. Sie sind geeignet, etwas zu verbergen oder etwas freizugeben. Denkmäler und Kunstwerke werden in einem Festakt enthüllt, um sie der Öffentlichkeit zur Betrachtung freizugeben.

Die leeren Leinentücher enthüllen ein Glaubensgeheimnis. Sie bleiben übrig wie ein Kokon, den der Schmetterling nach seiner Metamorphose verlassen hat. Die wie tot darin eingekapselte Raupe hat sich völlig verändert, einen komplett neuen Körper, ein völlig anderes, wunderschönes und zartes Äußeres und ganz andere Eigenschaften als zuvor. Nach der Verwandlung ist sie nicht mehr erdverhaftet und beständig auf der Suche nach dem täglichen Bedarf. Sie ist sie leicht, entfaltet ihre Flügel und hebt ab, dem Himmel entgegen.

Der Auferstandene ist nicht wie zuvor. Er zeigt sich, enthüllt und entfaltet die Frohe Botschaft und ist dann wieder verborgen. Unsichtbar ist er bei denen, die in die Erkenntnis hineinwachsen, dass der Tod nicht das letzte Wort hat. Die Liebe ist stärker.

Das erfährt Maria von Magdala, als sie sich nochmals voller Trauer zum offenen Grab aufmacht. Ihre Augen sind so voller Tränen, dass sie Jesus, den Auferstandenen, zuerst nicht erkennt. Sie schaut zurück, in Richtung Tod, bis er sie beim Namen ruft und sie sich umdreht. Da ist er – und ist doch gleich darauf wieder verborgen. Man kann ihn nicht festhalten – außer im Herzen.

Auch uns ruft er beim Namen, jede und jeden Einzelnen. Er will in unserem Leben auftauchen, gerade dann, wenn wir traurig und rückwärtsgewandt sind. Er fordert uns immer neu zum Perspektivwechsel auf. Er schenkt uns eine ganz neue Dimension des Lebens – vor und nach dem irdischen Tod.

Seine Gesichtszüge sind der Legende nach dem Schweißtuch der Veronika eingeprägt. Uns sind sie ins Herz geschrieben. Wir finden sie in unzähligen Variationen in den Gesichtern der Menschen, die uns begegnen und beim Blick in den Spiegel. Halleluja! Jesus lebt! Amen.

Auferstehung

Aufstehen, nicht stillsitzen!
Aufrichten, nicht abknicken!
Aufzeigen, nicht abwinken!
Einstehen, nicht abdriften!

Wieder aufstehen, nicht liegen bleiben,
fest stehen, nicht wanken und schwanken,
füreinander einstehen, nicht abhauen,
zur Seite stehen, Not sehen, mitgehen.

Auferstehen, aber nicht stehen bleiben,
die Wurzeln mit Flügeln vertauschen,
schweben, erscheinen und verduften,
im Himmelsblau zu erahnen und zu erhoffen.

Auferstehung ist heute,
beginnt im Jetzt, mit Jesus dem Christus,
der uns ruft von der anderen Seite des Lebens
und uns Verheißung und Auftrag enthüllt.

Aufstehen gegen Hass und Gewalt!
Aufrichten, wenn einer niedergeschlagen ist!
Aufzeigen, wenn Unrecht sich breitmacht!
Einstehen für Gott und die Welt!

Ostermontag

Stichworte: Erkenntnis durch Beziehung, Brotbrechen
Schriftwort: Lk 24, 13–35

Liebe Gemeinde,
traumatisiert, so kann man sie nennen.
Da gehen zwei, die bitter enttäuscht sind. Ihr Anführer ist tot. Ihre Hoffnungen sind begraben. Ihre Ideale sind zunichte gemacht worden. Ihre Freunde sind in alle Himmelsrichtungen versprengt. Sie haben keine Idee mehr für die Zukunft, keinen Antrieb, nichts, wofür es sich lohnen könnte.
Die Welt ist aschengrau, wie der Alltag, den sie ansteuern.

Von Blindheit geschlagen, ein Bildwort, das für sich spricht.
Kennen wir das nicht alle? Da ist jemand gestorben, der uns sehr wichtig war, oder hat sich anderweitig aus unserem Leben verabschiedet. Ohne ihn, ohne sie, ist alles sinnlos. Die Welt dreht sich verkehrt herum. Oder wir mussten eine schwere Enttäuschung hinnehmen, einer hat unser Vertrauen missbraucht, uns hintergangen oder aus unserer Position gemobbt. Da scheint nichts mehr möglich als den Rückzug anzutreten und zu einer Tagesordnung überzugehen, die man eigentlich längst hinter sich gelassen hatte.

Es ist ein Hörender, kein Besser-Wissender, der ihren Weg dann kreuzt.
Der gesellt sich dazu. Der redet nicht klug daher, macht keine schnellen Lösungsvorschläge, entwirft keinen Alternativplan, empfiehlt keine professionelle Hilfe. Er hört nur zu und stellt ab und zu eine Frage. Er interessiert sich für die Notlage. Er geht mit.
Das klingt in unseren Ohren vielleicht zunächst ein bisschen dürftig. Einfach mitgehen – na ja. Was soll das schon helfen, wenn man am Ende ist? Nochmals alles Bedrückende durchkauen, nochmals alles erzählen? Wem soll das helfen? Mitgehen – das ist nicht so einfach, wie es klingt. Mit-fühlen, Mit-sorgen, Mit-tragen, Mit-denken, Mit-teilen … das alles gehört zum Mitgehen. Auf dem Weg gibt es dadurch ein Ziel – die Neuordnung der Gedanken, das Weiten des verengten Blickwinkels, die Öffnung des Horizonts.

Der Fremde leistet Verarbeitungs-Hilfe.

Die beiden Weggefährten lassen sich auf den vermeintlichen Mit-Läufer ein. Sie bemerken nicht, was geschieht, während er ihnen zuhört. Sie erkennen weder die Hilfe noch den Helfer. Aber während sie mit ihm ins Gespräch kommen, löst sich ihre innere Starre. Wie bei der Bewältigung eines traumatischen Erlebnisses schließen sich die Erinnerungslücken und wirren Bilder der schrecklichen Ereignisse am Karfreitag. Die Wanderer stabilisieren sich innerlich. Sie können auf den Fremden hören, der jetzt das Wort ergreift. Ausgehend von den Wurzeln ihres Glaubens, der zugleich die Wurzel ihrer Persönlichkeit ist, stellt er die Geschehnisse in einen neuen Zusammenhang. Er deutet, wendet die Sicht, weitet den Blick, vertieft die neue Erkenntnis, dass es einen Sinn im Unglück gibt, eine Antwort auf das Wieso, eine Zukunft nach dem Ende.

Seine Auslegung tut den beiden gut. Sie wollen nicht auf seine Anwesenheit verzichten. Sie ahnen, dass es bald dunkeln wird, nicht nur draußen, auch in ihren Herzen herrscht noch immer Untergangsstimmung. Die zaghafte Hoffnung, die seine Worte hervorgebracht hat, kann noch nicht bestehen, wenn sie nicht genährt wird.

Wenn die Augen aufgehen, erkennen wir ihn.

Der Unbekannte bleibt bei ihnen, weil sie ihn darum bitten. Er sitzt mit am Tisch, spricht den Lobpreis, teilt das Brot, füllt die Becher. Sie essen zusammen.

Und da erst, beim Abendmahl, gehen ihnen die Augen auf! Plötzlich wissen sie, wie alles zusammengehört. Der Groschen fällt, sie springen auf, er ist weg. Ist er wirklich verschwunden?

Die Emmaus-Jünger sehen ihn nicht mehr. Sie haben ihre Lektion der Umkehr gelernt. Sie kehren um – zurück nach Jerusalem. Zurück zu dem, was sie zurücklassen wollten, weil sie es nicht verstehen konnten, zurück zu den Freunden, um ihnen die alles verändernde Botschaft zu sagen:

»Er ist wahrhaftig auferstanden.«

Sie selbst sind auch auferstanden aus der Dunkelheit tiefer Verzweiflung. Sie sehen wieder Land, tragen ein Licht in sich, das der Auferstandene angezündet hat. »Brannte uns nicht das Herz?«, fragen sie einander.

Er ist nicht wirklich weg. Er lässt sich sehen. Auch heute. Auch von uns. Auch durch uns. Und mit uns. Und in uns. Amen.

Impuls

Emmaus
Wie oft bin ich unterwegs nach Emmaus,
ausgebrannt, leergefegt, will einfach nur meine Ruhe haben,
kann nicht mehr an das Gute glauben,
möchte alle Viere von mir strecken und den lieben Gott vergessen!

Wie oft passiert da ein Wunder auf dem Weg,
wenn einer sich zu mir gesellt, mich freundlich fragt,
mir aufmerksam zuhört, die Dinge dreht und wendet,
Antworten anbietet, mit zu Tisch geht und das Brot teilt.

Wie mit Blindheit geschlagen und plötzlich hellwach –
mir gehen die Augen auf,
es durchzuckt mich wie ein Blitz der Erkenntnis –
das war kein anderer als Er, manchmal verborgen im Nächsten!

2. Sonntag der Osterzeit

Stichworte: Finger in die Wunde legen, tastender Glaube
Schriftwort: Joh 20, 19–31

Liebe Gemeinde,
 bei einem Gesprächsabend ging es um die Begleitung von seelisch verletzten Menschen. Eine Teilnehmerin berichtete:

»Als ich die Freundin nach der Trennung von ihrem langjährigen Partner zum ersten Mal getroffen habe, war ich verunsichert. Wie würde sie mit dem heiklen Thema umgehen? Wäre es verletzend für sie, wenn ich es ansprechen würde? Ob sie überhaupt darüber reden wollte?

Ich beschränkte mich also darauf, erst einmal wie üblich zu fragen: »Wie geht's?«

Ich war überrascht, wie locker und spontan sie reagierte, ihre neue Frisur durchwuschelte und strahlend erwiderte, dass alles bestens sei, endlich frei und voller neuer Pläne. Wir redeten dann eine Weile über dies und das.

Schließlich fragte sie nach mir und ich berichtete von unserer Familienplanung. Ein Kind sei unterwegs.

Da, ganz unerwartet, verzog sie das Gesicht und ihre Stimme stockte. Sie kämpfte noch einen Moment mit den Tränen, bis sie endlich fließen durften. »Ich wäre auch gerne Mutter geworden. Auch wenn ich immer etwas anderes gesagt habe. Er fehlt mir. Es tut weh. Ich begreife das alles noch nicht. Ich muss reden ...« Und auf einmal konnten wir sprechen. Nicht über Belanglosigkeiten, sondern über die wichtigen Dinge. Es war wertvoll und heilsam.« Soweit der Bericht.

Ohne es zu wollen, hatte die Freundin den Finger in die Wunde gelegt. Da, wo es am meisten wehtut, wünscht man keine Berührung. Es schmerzt den Verletzten und könnte eine Infektion auslösen, den Heilungsprozess verzögern. So fürchten wir.

Auch Thomas, der zweifelnde Jünger, der uns immer am zweiten Sonntag der Osterzeit begegnet, weiß das. Dennoch hat er diesen Wunsch: den Finger in die Wunde zu legen. Wieso ist gerade das für ihn ein eindeutiges Erkennungszeichen?

Thomas will Glaube zum Anfassen. Berührung schafft Verbindung.

Zur Begrüßung geben wir uns die Hand oder wir umarmen uns. Manche hauchen einander angedeutete Küsse auf die Wangen. Liebende fallen einander um den Hals. Kinder springen an ihren Eltern hoch. Und dabei erspüren wir unwillkürlich, wie es dem anderen geht. Ist er verspannt oder locker, spontan oder zurückhaltend? Ist ihr heiß oder kalt?

Berührung schafft Verbindung. Aber Thomas will Jesus nicht nur umarmen – er will seine Wunden auf ihre Echtheit hin prüfen. Er fragt sich: »Bist du wirklich der, für den ich dich halte?«

Vielleicht erinnert sich Thomas daran, dass Jesus selbst einmal ähnlich gefragt hat: »Für wen halten mich die Leute? Und für wen haltet ihr mich?«

Simon gab darauf die Antwort: »Du bist der Messias, der Sohn des lebendigen Gottes!« Auch Thomas sucht nach der Antwort. Die Echtheit der erlittenen Schmerzen bezeugt die Echtheit der Person.

Wir sind echt, wenn wir uns nicht verstellen, die Maske ablegen, uns zeigen, das Innere nach außen kehren, die Binden lösen, die Schmerzen eingestehen.

Im eingangs beschriebenen Gespräch mit der Freundin entstand ein echter Zugang, ein Austausch und eine tiefe Begegnung, nachdem sie sich zu ihren Wunden bekannt hatte. Im Gespräch zwischen Thomas und Jesus ist die Berührung der Wunden gar nicht mehr nötig. Als Jesus ihn anspricht, ihn auffordert, da ist Thomas berührt, angerührt, bewegt und kann seinem Glauben in einem Satz Ausdruck verleihen: »Mein Herr und mein Gott!«

Seine Worte sind ein kurzes Credo. Gott ist menschlich, der Mensch göttlich, seit Jesus auferstanden sind. Verschlossene Türen sind kein Hindernis mehr. Der Durchbruch ist gemacht. Die Verbindung steht. Lassen wir uns von dieser österlichen Botschaft berühren. Unsere Wunden werden heilen. Amen.

Fürbitten

(Antwort der Gemeinde: Wir glauben, hilf unserem Unglauben.)
Jesus hat keine Berührungsängste. Er zeigt sich uns. Wir bitten ihn:

Nimm dich unseres Glaubens an, der mitunter schwankt wie ein Schilfrohr.

Nimm dich unseres Glaubens an, der oft in den Hintergrund tritt, und lass ihn zum tragenden Grund werden, auf dem wir sicher bauen können.

Nimm dich unseres Glaubens an, der durch Zweifel zum Wachstum angeregt wird und nicht in den Kinderschuhen stecken bleiben soll.

Nimm dich unseres Glaubens an, der durch Gleichgültigkeit zu versiegen droht.

Nimm dich unseres Glaubens an, der immer neu auf Verbindung durch Berührung angewiesen ist.

Lebendiger Herr und Gott, du kommst auf vielerlei Weise, auch durch verschlossene Türen, ein Leben lang auf uns zu. Wir wollen dir begegnen. Amen.

Impuls

Jesus zu Thomas und uns, seinen Zwillingsgeschwistern

Weil du mich gesehen hast, glaubst du.
Weil ich dich angesehen habe, hast du mich erkannt.
Weil ich dich im Herzen berührt habe,
brauchst du den Finger nicht mehr in die Wunde zu legen.

Weil du mich spürst, brauchst du nicht zu sehen.
Weil ich dir auf so viele Weisen begegne, sind wir vertraut.
Weil du verstanden hast, dass ich deine Schmerzen kenne,
brauchst du keine Beweise mehr, dein Glaube genügt.

Weil du diese Erfahrung mitnimmst in die Welt,
weil du die Not anderer Menschen kennst und in die Tiefe schauen kannst,
wirst du sie erreichen, auch wenn sie sich verschließen.
Sei ein Türöffner und hilf dem Heiland bei der Arbeit.
Amen.

3. Sonntag der Osterzeit

Stichworte: Verbundenheit, Nähe durch Erinnern
Schriftwort: Lk 24, 35–48

Liebe Gemeinde,
es gibt eine Tradition bei Beerdigungen, die in den letzten Jahren allmählich ausstirbt – der Leichenschmaus. Ein Wort, das in unseren Ohren abstoßend klingen mag und die Kinder erschreckt. Deshalb hat man es wohl auch in den »Beerdigungskaffee« umbenannt. Aber auch dieser findet nicht mehr oft statt. Die Gründe dafür sind zahlreich. Aber dieses Treffen nach dem Gang zum offenen Grab, nach dem Absenken des Sarges und dem symbolischen letzten Gruß hatte etwas Befreiendes. Es wärmte an nasskalten Tagen den Körper und allemal die Seele. Anekdoten wurden erzählt, Erinnerungen kamen hoch, über manche Gewohnheiten und Eigenheiten des Verstorbenen durfte geschmunzelt werden. Das aufgestellte große Foto aus guten Tagen stand im Raum und wurde durch die Menschen, die mit dem Toten gelebt hatten, zu einem lebendigen Porträt.
Es lag als Trost in dieser Stunde, die den Übergang zwischen Abschied und Neubeginn darstellte. Wie bei den Menschen, von denen ich Ihnen vorlesen möchte:

Nach der Beerdigung und dem anschließenden Kaffeetrinken im Pfarrsaal saßen die längst erwachsenen Kinder der Verstorbenen noch unschlüssig beieinander. Das Protokoll, das dem Sterben folgt, war abgearbeitet. Nun breitete sich Ratlosigkeit und Traurigkeit aus.
Die Tische waren schon abgeräumt, das Geschirr in der Spülmaschine. Sie hätten gehen können, aber es zog sie nicht nach Hause. Diese vier Wände waren durch die Anwesenheit der Mutter zum Ort der Geborgenheit geworden. Sie würde nie mehr die Tür öffnen, ihnen um den Hals fallen, ihr Lieblingsessen kochen, den Tisch für alle decken, sich nach ihren Erlebnissen erkundigen und sich für alles interessieren, was sie beschäftigte.
Seltsam, dass man für Eltern immer ein Kind blieb, egal wie erwachsen man für den Rest der Welt war. »Wisst ihr noch …«, begann die Älteste, und erzählte die Geschichte von der ersten neuen Woh-

nung, die sie zu Beginn ihrer Ausbildung in einer anderen Stadt bezogen hatte; und wie die Mutter mit einem fantastischen Fresskorb erschien und eine Einweihungsfeier improvisierte. »Sie sagte, wenn wir jetzt nicht auf den Neubeginn anstoßen und feiern, dann sitzen wir womöglich an verschiedenen Orten und vergießen Tränen wegen dem Abschied!«

Ja, das hatte sie ihren Kindern beigebracht und konsequent vorgelebt: in Krisen die Chance wittern, das Glas immer für halbvoll halten, das Runde im Eckigen entdecken. So war sie auch den Leidensweg durch ihre unheilbare Krankheit gegangen.

Die anderen Geschwister steuerten jetzt ebenfalls ihre beste Erinnerung an die Lebens-Philosophie ihrer Mutter bei. Bilder wurden wachgerufen, die Stimmung war auf einmal warm und freundlich. Alle spürten die Verbindung untereinander und mit der Person, durch die sie für immer zusammengehören würden. Es war, als hätte sie sich zu Wort gemeldet und das traurige Grüppchen ermahnt, in ihrer einzigartigen Weise, so, wie nur Mütter, Väter und beste Freunde sprechen:

»Was seid ihr so bestürzt? Ich bin doch nicht weg, nur weil ich nicht da bin! Jetzt mal los, Fleisch bei die Knochen, wie soll die Zukunft aussehen? Das Leben ist zu kurz, um es zu vertrauern! Ihr alle wisst, worauf es ankommt, wir haben es zusammen gelebt. Ich will nicht noch einmal bei Adam und Eva anfangen, euch zu predigen, ich fasse mich kurz: Es ist die Liebe, die zählt, sonst nichts. Bleibt als Brüder und Schwestern in liebevoller Verbindung. Dann werdet ihr spüren, dass ich da bin. Und verschwendet das, was ihr übrig habt, für andere. Alles was ihr gebt, kommt verwandelt zu euch zurück. Geht mit offenen Augen durchs Leben. Die Welt braucht euch!«

Etwas Ähnliches haben die ersten Jünger erfahren, als sie nach Jesu Tod beisammensaßen und die Osterbotschaft noch nicht begriffen hatten. Als Christinnen und Christen haben wir eine Hoffnung, die über alle verbindenden Erfahrungen dieser Welt weit hinausreicht. Aber diese Hoffnung ist so groß und so unfassbar, dass wir sie ein Leben lang lernen müssen. Wie die ersten Jüngerinnen und Jünger tragen wir Erfahrungen wie einzelne Stücke des Gewebes aus Hoffnungsschimmer zusammen. Wir fügen sie zusammen, verbinden sie gemeinschaftlich. Wir knüpfen einen Teppich, auf dem wir fliegen können!

Dies ist kein Märchen, sondern eine wahre Geschichte Gottes mit uns Menschen, wie sie im Buch der Bücher steht. Buchstabieren wir sie immer neu! So wird sie zur »Besten Botschaft«! Amen.

Meditation: Jünger mit Durchblick

Die Jünger
sehen alt aus,
wenn der Meister weg ist,
sie sind verlassen,
daran führt kein Weg vorbei.

Die Jünger
brauchen einen Ältesten,
der Bescheid weiß,
auf den man sich verlassen kann,
egal was kommt.

Die Jünger
müssen begreifen,
den Finger in die Wunde legen,
einen Wettlauf zum leeren Grab machen
um in Gang zu kommen.

Die Jünger
kommen in die Gänge,
wenn sie zu zweit, zu dritt
oder als Gemeinschaft der Glaubenden
ihre Erfahrungen teilen.

Die Frauen, die sich beim Namen gerufen wissen,
haben das längst schon begriffen, gehen gemeinsam,
teilen Freude und Furcht,
teilen die Osterbotschaft,
stellen sie ins Netzwerk der Jünger Jesu.

Es kommt auf die Einstellung an,
die einer einnimmt zu dem, was er sieht,
und zu dem, was unsichtbar zu erkennen ist,
wenn man übt, mit den Augen des Herzens
durchzublicken.

Handlungsimpuls nach der Predigt

Alle Mitfeiernden erhalten Blanco-Postkarten. Sie denken an einen ihnen wichtigen Verstorbenen. Was würde dieser Mensch ihnen als Gruß, Ermutigung, Ermahnung … schreiben? Es kann auch eine Person des öffentlichen Lebens, der Namenspatron oder Jesus selber ausgewählt werden.

Das Gotteslob kann als Schreibunterlage dienen. Stifte in ausreichender Menge verteilen. Meditative Musik während einiger Minuten.

Wenn parallel ein Kindergottesdienst stattfindet, können dort Briefumschläge in Regenbogenfarben bemalt werden. Die Kinder verteilen diese lebensfrohen Umschläge, wenn sie sich zur Eucharistiefeier der Gemeinde anschließen. Postkarten darin aufbewahren und mitnehmen.

4. Sonntag der Osterzeit

Stichworte: Guter Hirte, Lamm
Schriftwort: Joh 10, 11–18

Liebe Gemeinde,
kennen Sie die Geschichte vom Guten Hirten und seinem Lieblingslamm?

Es war einmal ein Hirte, der hatte eine Herde schöner Schafe. Er liebte seine Tiere und sorgte gut für sie. Jedem hatte er einen wohlklingenden Namen ausgesucht und sie so oft gerufen, bis sie wussten, dass sie gemeint waren. Sie kannten seine Stimme und kamen auf seinen Ruf hin einzeln angelaufen. Immer, wenn er seine Tiere rief, hatte er Salzlecksteine oder süßes Fallobst dabei und verteilte die guten Sachen wie Geschenke.

Wenn die Weiden abgegrast waren, führte er die Herde auf andere, frische Wiesen und im Winter gab es reichlich Heu und Möhren an der Futterkrippe im warmen Stall.

»Einfach paradiesisch, dieses sorglose Leben«, blökten die Schafe einander zu, bevor sie abends einschliefen. Nur eines lag des Öfteren wach und dachte an die Hügel und Wälder, die es tagsüber in weiter Ferne erahnt hatte. Es war schon seit der Geburt ein wenig anders gewesen als der Rest der Herde. Es hatte gebogene spitze Hörner und ein schwarzes Fell. »Aber eigentlich auch ein bisschen langweilig!«, meckerte es jetzt in das zufriedene Schnaufen und Wiederkäuen der Herde hinein.

»Ich würde zum Beispiel gerne einmal wissen, was hinter dem Weidezaun ist, den der Schäfer immer spannt, um uns von den großen Steppen und Wäldern fernzuhalten. Das wäre spannend!«

Die älteren Schafe schüttelten die Köpfe über so viel jugendlichen Unverstand und gaben zu bedenken, dass die Zäune nur zu ihrem Schutz und zum Besten der ganzen Herde dienen würden.

»Da draußen gibt es Wölfe! Einige von ihnen haben sich sogar als Schafe verkleidet, damit man sie nicht erkennt und für ungefährlich hält. Sie haben Hunger und spitze Zähne. Sie rennen schneller als jedes Schaf und jagen im Rudel. Da wären wir schnell erledigt!«

»Woher wollt ihr das wissen?«, fragte das schwarze Schaf. »Wenn ihr doch noch nie da wart?«

»Der Hirte hat es uns gesagt!«

»Puh«, sagte das Schwarze, »der kann viel erzählen, wenn der Tag lang ist. Ich würde gerne mal auf eigene Faust losziehen, leckere Kräuter finden und in den Felsen herumklettern. Mit den Wölfen würde ich schon fertig! Gestern bin ich doch auch den Hütehunden weggelaufen und sie haben mich kaum gekriegt! Und ich habe spitze Hörner, mit denen ich kämpfen kann!«

Ein paar andere junge Böcke ließen sich von der Unternehmungslust anstecken. Sie konnten an nichts anderes mehr denken als an die Welt hinter dem Zaun. Der Hirte, der seine Schafe kannte, erkannte auch die Sehnsucht der Jüngeren nach Freiheit und Selbstbestimmung.

»Ich will eine Herde, die mir aus freiem Willen folgt, keine Gefangenen!«, sagte er eines Tages. »Ich merke, dass ich euch hinter dem sicheren Zaun nicht glücklich halten kann. Ich schenke euch die Freiheit. Viele halten sie für das höchste Gut! Sie ist schön und sie ist riskant! Ich bin mit meinem Herzen bei euch und wünsche euch Glück und Segen! Lasst euch recht oft hier sehen!«

Überglücklich und übermütig, voller Tatendrang preschten zwölf junge Schafe und Böcke davon. Der Hirte und die älteren Tiere sahen ihnen lange nach.

Jeden Morgen und jeden Abend hielt der Gute Hirte nun Ausschau nach den in die Freiheit ausgewanderten Tieren. Vergebens. Manches Mal sah es aus, als wäre da eine Staubwolke am Horizont, wie man sie sieht, wenn jemand noch in großer Ferne ist und sich allmählich nähert. Er machte sich Sorgen.

»Sie sind nicht stark genug, um den Gefahren standzuhalten. Sie sind zu naiv, um das Böse vom Guten zu unterscheiden. Werden sie die richtige Nahrung finden oder giftiges Kraut fressen, nur weil es verlockend aussieht? Erkennen sie die Abgründe, die sich dort draußen auftun? Wie kann ich ihnen Hilfe zukommen lassen?«

Mitten in seine Gedanken hinein stupste ihn ein Lamm an, das er besonders ins Herz geschlossen hatte. Es war ihm ans Herz gewachsen wie ein Kind, er hatte es mit guter Milch von Hand aufgezogen und dabei viele freundliche Worte gesprochen. »Mach das Tor auf, ich will die anderen suchen und zu ihnen reden. Dann werden sie sich an alles erinnern, was du ihnen gesagt und gezeigt hast, und mit diesem Wissen können sie die Freiheit bewältigen!«

Der Gute Hirte wusste, wie gefahrvoll ein solcher Weg wäre, aber er kannte die Willenskraft und Stärke des Lammes und so willigte er ein.

»Wieso schickst du ein Lamm als Boten und Retter in die Freiheit?«, fragten die neunundneunzig älteren Schafe, die bei ihm geblieben waren. »Hättest du nicht einen der alten und erfahrenen Widder mit den großen geschwungenen Hörnern schicken können?«

»Meine Kraft ist in den Schwachen mächtig!«, sagte der Hirte, und die alten Schafe dachten beim Wiederkäuen lange über diese rätselhaften Worte nach.

Das Lamm fand die Schafe in den Hügeln und Abgründen der Freiheit. Sie scherzten und spielten miteinander und fanden ihr Leben ohne Zäune wunderbar. Ohne es zu ahnen, waren sie in großer Gefahr. Ein Rudel hungriger Wölfe umschlich ihren Lagerplatz. Die riesigen Tiere mit den gierigen Augen leckten sich schon die Lefzen. Das Lamm erkannte die Gefahr und wählte den einzigen Ausweg. Es sprang in die Bresche, stellte sich zwischen die Herde und die Meute und blieb einfach stehen. Die wilden Tiere stürzten sich auf das Lamm wie auf eine willkommene Vorspeise und teilten es untereinander.

Die Herde schreckte auf, als sie das Blut witterte, und setzte sich in Bewegung. Vielen gelang die Flucht. Verstört kamen sie beim Guten Hirten an.

Als sich bestätigte, was er immer gewusst hatte, ließ er die Schafe im Pferch zurück und machte sich auf den schweren Weg. Drei lange Tage und drei dunkle, endlose Nächte dauerte es, in denen die Herde furchtsam hinter verschlossenen Toren und Türen verharrte und ängstlich lauschte.

Dann hörten sie die Schritte des Hirten, die sie so gut kannten. Auf seinen Schultern trug er das Lamm, das den Wölfen zum Opfer gefallen war. Sie konnten nicht glauben, was sie sahen – es lebte! Sein weißes Fell leuchtete noch schöner als das eines neugeborenen Osterlammes.

»Wie kann das sein?«, fragten sie. »Wir haben doch mit eigenen Augen gesehen, wie es für uns gestorben ist, damit wir entkommen konnten!«

Der Hirte streichelte das Lamm und lächelte. »Ich habe es dort zerrissen und zerbissen gefunden. Ich habe das, was von ihm übrig war, sorgfältig gesammelt. Dann habe ich es beim Namen gerufen! Das ist eines der einzigartigen Worte, das meinen Mund verlässt: Es kehrt nicht leer zu mir zurück, sondern bewirkt, was ich will, und erreicht all das, wozu ich es ausgesandt habe. Die Liebe will das Leben. Sie ist stärker als der Tod!«

Die gesamte Herde, obwohl sie nur aus Schafen bestand, begriff, was wirkliche Freiheit ist und dass sie nur in der Liebe zu finden ist.
Amen.

Predigt-Lied: (GL 740, Bistum LM)
Lamm Gottes, für uns gegeben … erbarm dich unsrer Zeit …

Fürbitten

Gott selbst ist wie ein Guter Hirte. Lasst uns ihn um seinen Beistand bitten:
  Nach jeder Fürbitte sagt die Lektorin: »Du bist der Gute Hirt …«
  Antwort der Gemeinde: »Du kennst die Deinen und die Deinen kennen dich!«
  Wir bitten für Eltern, Lehrer und Ausbilder – um Unterstützung bei der Erziehung der ihnen anvertrauten Kinder und jungen Menschen.
  GL: Du bist der Gute Hirt …

Wir bitten für Politiker, Geschäftsführer und Berater – steh ihnen bei, wenn es brenzlig wird und ein heißes Eisen angepackt werden muss.

Wir bitten für Polizisten, Feuerwehrleute und Richter – lass sie der Gerechtigkeit und Sicherheit dienen und die Härten ihrer Arbeit verkraften.

Wir bitten für Bademeister, Krankenschwestern und Altenpfleger – pass du auf die auf, die auf die Schutzbedürftigen unserer Gesellschaft aufpassen.

Guter Gott, Hirte und Herr,
  du sättigst uns und führst uns zum Lagerplatz am Wasser. Dir sei Dank und Lob an allen Tagen. Amen.

Tagesgebet mit Ergänzungen

Gott, unser Vater,
du konntest nicht mehr mit ansehen,
dass wir wie eine Herde dummer Schafe
jenseits des Zaunes und am Abgrund gegrast haben –
du hast uns durch deinen Sohn erlöst,
uns Individualität und Vernunft gegeben
und als deine geliebten Kinder angenommen.
Du hast uns dir ähnlich gemacht!
Sieh voll Güte auf alle, die an Christus glauben,
und schenke ihnen die wahre Freiheit,
die nur in der Liebe zu finden ist, im Verzicht auf die Beliebigkeit,
in der freien Entscheidung für die Verbindlichkeit bis zum Ende
und das ewige Erbe.
Darum bitten wir durch Jesus Christus.

5. Sonntag der Osterzeit

Stichworte: Weinstock, Reben, wollen und vollbringen
Schriftwort: Joh 15, 1–8

Liebe Gemeinde!
Ich lade uns alle heute dazu ein, einige Worte des Evangeliums wie einen edlen Tropfen in den Mund zu nehmen und auf der Zunge zergehen zu lassen, ihrer Bedeutung nachzuschmecken und sie durch die Kehle rinnen zu lassen, bis sie in Fleisch und Blut übergehen, angenehme Wärme und freudige Stimmung erzeugen.

WEINSTOCK
Jesus sagt, er sei der Weinstock. Haben Sie vielleicht einen dieser knorrigen alten Stämme vor Augen, die man in südlichen Ländern noch manchmal sieht, ungehindert von Drähten und Stützen, die ihn in praktische Form zu pressen versuchen? Die Traubenpergel hängen im späten Sommer dicht an dicht, die Früchte sind prall und zuckersüß. Wenn man sich im Halbschatten auf die Bank setzt, die ein freundlicher Mensch dort aufgestellt hat, wachsen einem die reifen Beeren direkt in den Mund! Man bekommt schon einen Vorgeschmack davon, dass ein vollmundiges Getränk daraus wird!

REBEN
Wer durch die hiesigen Weinberge Deutschlands geht, wird nicht oft solche paradiesischen Winkel vorfinden. Unsere Ordnung und Sauberkeit hat den Weinberg in eine Ansammlung gleichförmiger Reihen gezwängt, die im Normmaß für den Traktor eine maschinelle Durchfahrt und leichte Ernteeinfuhr ermöglichen. In solchen Weinbergen sitzt man nicht mit seinem Liebsten, wie im Hohen Lied in biblischer Weise beschrieben. Die Romantik ist der Wirtschaftlichkeit gewichen. Die Reben sind an Metalldrähten in die Länge gezogen und festgebunden. Der Weinbauer hat dadurch viel weniger zu beschneiden und in Form zu bringen als der Winzer im heutigen Evangelium. Und niemand von uns wünscht sich, solch einer wachstumsbehinderten, gefesselten Rebe zu ähneln.

Wenn ein Weinstock wachsen darf wie im Gleichnis Jesu, dann hat jede Rebe eine individuelle Ausprägung. Sie rankt sich zum Licht. Sie bekommt die schönste Sonne und den meisten erfrischenden Regen, wenn sie austreibt, nach oben strebt und aus dem umgebenden Geäst herauswächst. Entsprechend gedeihen die Trauben, die sie hervorbringt. An solch ein individuelles Wachstum dürfen wir denken, wenn Jesus seine Jüngerinnen und Jünger mit Reben vergleicht. Nachfolge geschieht nicht in Reih und Glied, sondern in einer lebendigen Verbindung mit den Wurzeln. Die Wurzel ist es, die jeder Rebe die Möglichkeit gibt, sich zu entwickeln.

WEIN

Wenn jemand einen Weinberg anlegt, geht es um das Endprodukt, den Wein. Bevor die Erzeugung von Wein maschinell erfolgte, floss viel Wasser und Schweiß, bis der Wein endlich im Glas funkelte! Wenn die langsam wachsenden Weinstöcke in der harten und steinigen Erde tief genug wurzelten, um Frucht zu bringen, mussten sie weiterhin durchgeforstet und das Erdreich ringsum von Unkraut gereinigt und aufgelockert werden, damit der kostbare Regen einsickern konnte und nicht einfach bergab floss und gutes Erdreich wegschwemmte. Nach der beschwerlichen Ernte in brütender Hitze wurden die Trauben gereinigt und durch stundenlanges Stampfen mit den Füßen gepresst. Auch das Auspressen des Traubensaftes nach der Erfindung der Kelter war noch eine harte Arbeit. Das Vergären, Abfüllen und Lagern waren die letzten Arbeitsschritte auf dem Weg von der Rebe zum Wein. Wein wird in der Liturgie beim Darbringungsgebet zur Gabenbereitung sehr treffend als »Frucht der Erde und der menschlichen Arbeit« bezeichnet.

Im biblischen Zusammenhang steht Wein als Sinnbild für die Freude und das Fest. Die Hochzeit zu Kana (Joh 2,1–12) führt uns das bildlich vor Augen. Ein Skandal, wenn der Wein ausgeht und die Gäste bei Wasser und Brot sitzen bleiben! Dem Bräutigam und seinem Küchenchef steht das Wasser bis zum Hals, als die Krüge sich zusehends leeren und kein Nachschub in Aussicht steht. Der Festtag ist das Omen für die Zukunft der Liebenden. Wie soll ihr Lebensweg aussehen, wenn die Freude fehlt, wenn das Fest ausfällt und sie nichts zu lachen haben? Wenn der Ertrag eines Jahres aufgebraucht ist, heißt es warten bis zur nächsten Ernte, Kelter und abgeschlossenen Gärung.

Lebensfreude ist etwas anderes als Spaß und Vergnügen. Wir können sie nicht einfach machen. Jesus sagt: »… getrennt von mir könnt ihr nichts vollbringen.«

VOLLBRINGEN

Jesu Worte klingen zunächst vielleicht befremdlich und verleiten zum Kopfschütteln. Wir haben doch jede Menge zu tun, mit oder ohne ihn!

Die meisten von uns sind vielbeschäftigte Menschen. Wir reden und handeln, machen und tun, planen und setzen in die Tat um, strampeln uns ab, schaffen Berge weg, legen Vorräte an und etwas auf die hohe Kante, reißen unser Pensum runter, um in der Firma aufzusteigen. Jeder Tag verlangt uns einiges an Einsatz ab.

Jesus schaut uns zu, wie man einen Ameisenhaufen betrachtet, mit Respekt für die emsigen Tiere, die einem Naturgesetz folgen, das sie nicht hinterfragen. Sein Blick sagt: »Es geht nicht ums Handeln, es geht ums Vollbringen! Seid ihr nicht viel mehr wert als jede dieser Ameisen?«

Wir sind angehalten, über das Wort VOLLBRINGEN nachzudenken. In der Einheitsübersetzung der Bibel kommt es neunundzwanzig Mal vor, immer im Zusammenhang mit Zeichen, Wundern und machtvollen Taten. Halbe Sachen kann man nicht voll-bringen. Etwas zu vollbringen, das volle Glas zu bringen, das volle Maß zu messen, die volle Höhe zu erreichen, das ist mehr als etwas machen oder tun. Es ist eine gute, vollendete, unüberbietbare Heils-Handlung.

Es fällt uns im Zusammenhang mit Jesu Tod ein: »Es ist vollbracht!«

Es bedeutet nicht: »Endlich habe ich es hinter mir«, sondern »Es ist vollständig getan – alles Nötige ist erfüllt, nichts fehlt mehr. Die Erlösung hat begonnen«.

Das ist wohl gemeint, wenn Jesus im Gleichnis vom Weinstock sagt: »Getrennt von mir könnt ihr nichts vollbringen.«

Wir brauchen uns nicht in blindem Eifer auf irgendwelche Aktivitäten zu stürzen. Wir dürfen den Anspruch haben, in unserem Dasein, an jedem einzelnen Tag etwas Gutes zu vollbringen. Das Gute geschieht, wenn wir Verbindung zum Wort des lebendigen Gottes halten, das in Jesus selbst lebendig geworden ist. Wir bekräftigen das Wort Gottes nach der Lesung mit dem Satz: »Dank sei Gott«.

Gott sei Dank sind wir nicht nur auf uns selbst zurückgeworfen, um in diesem Leben etwas Vernünftiges zu tun. Es reicht, wenn wir uns aus ganzem Herzen dazu entscheiden, am besten täglich. Wenn wir den Willen aufbringen, wird uns das Vollbringen dazugeschenkt. Die Verbindung zum Weinstock bewirkt die Fülle. Dann ist das Maß voll, gehäuft sogar, und fließt über. Wir dürfen uns verschenken. Amen.

Impuls: Wollen und Vollbringen

ein Geschäft wird abgewickelt
ein Verbrechen wird begangen
eine Arbeit wird erledigt
eine Klausur wird geschrieben
eine Kontrolle wird durchgeführt
ein Süppchen wird gekocht
ein Gerücht wird in die Welt gesetzt

ein Kind wird geboren
ein Sohn wird uns geschenkt
ein Heranwachsender wird hellhörig
ein Zimmermann wird berufen
ein Rabbi wird tätig
ein Urteil wird vollstreckt
ein Erlösungswerk wird vollbracht

6. Sonntag der Osterzeit

Stichworte: Gottsuche
Schriftwort: Joh 15 , 9–17

Liebe Gemeinde!
   Gibt es Gott?
   Diese Frage stellen sich Menschen, seit sie begonnen haben zu ahnen, dass es zumindest mehr gibt als ein unendliches Werden und Vergehen nach den Gesetzmäßigkeiten einer gleichgültigen Natur, in der das Schwache ausstirbt und die am besten Angepassten das Rennen machen.
   Wo ist Gott?
   So fragen wir seit Menschengedenken, wenn Elend und Leid, Hunger und Not, Gewalt und Krieg uns begegnen. Wir wünschen uns einen Gott, der sich um diese himmelschreienden Zustände kümmert und Abhilfe schafft.
   Es gibt keinen Gott!
   Das ist die Antwort vieler verstandesgesteuerter Denker, die zu wissen glauben, dass es ihn gar nicht geben kann. Denn, wenn es einen lieben Gott gäbe, würde er uns helfen. Wenn er da wäre, ohne uns beizustehen, wäre er kein lieber Gott, sondern böse oder kalt.
   Eine Fabel erzählt vom kleinen Hasen, der ganz unsicher und traurig wurde, als er den Fuchs sagen hörte: »Gott gibt es doch gar nicht!«
   »Wieso denkst du das?«, fragte der kleine Hase erschrocken.
   »Hast du ihn schon einmal gesehen?«, wollte der Fuchs wissen. »Wo soll er denn sein? Was tut er denn den ganzen Tag, wenn der Metzger deine Artgenossen zu Hasenbraten verarbeitet, und nachts, wenn ich zum Gänsestehlen losziehe?« Der kleine Hase duckte sich tiefer ins Unterholz.
   »Den lieben Gott haben sich nur die ängstlichen und schwachen Leute ausgedacht, weil sie etwas brauchen, das sie beruhigt. Etwas, das größer ist als sie. Etwas, von dem sie hoffen können, dass es sie beschützt. Ich finde trotzdem das Schlupfloch zu ihrem Geflügel!«
   Der kleine Hase war verwirrt. Er konnte dem Fuchs nichts entgegenhalten, fast musste er ihm innerlich schon recht geben. Aber – er wollte es einfach nicht glauben, dass nur die Dummen und Schwachen glauben!

Er spürte etwas anderes in seinem Hasenherz, er wusste nur noch nicht, wie er es beschreiben, welches Wort er diesem Gespür geben sollte.

»Ich muss der Sache auf den Grund gehen!«, dachte der kleine Hase. »Ohne Gott will ich nicht leben, aber an ein Hirngespinst will ich auch nicht glauben!«

Er machte sich auf den Weg zur Eule, um ihr sein Problem vorzutragen. Die Eule war klug und weise, sie konnte in der Dunkelheit sehen, vielleicht hatte sie auch den Durchblick bei dunklen Fragen?

Die Eule hörte sich an, was das Häschen auf dem Herzen hatte.

»Soso, der schlaue Fuchs!«, sagte sie dann spöttisch. »Jaja, solche wie er müssten sich ja ändern, wenn sie glauben könnten, dass es Gott gibt! Deshalb ist es so praktisch zu verkünden, dass es ihn nicht gibt! Dann können sie weitermachen wie bisher. Lass dich von Kerlen wie ihm nicht durcheinanderbringen. Natürlich gibt es Gott!«

Der kleine Hase fühlte sich schon besser. »Aber« – traute er sich zu fragen – »kann man es auch irgendwie beweisen?«

»Das ist ganz leicht!«, sagte die Eule und klimperte mit ihren Schlafaugen, denen das Sonnenlicht nicht guttat. Es sah fast so aus, als würde sie dem Häschen zuzwinkern. »Sag, Hase, hattest du schon einmal jemanden lieb?«

Das Häschen war erstaunt. Was für eine Frage?! »Klar!«, sagte es eifrig, »meine Hasenmutter und meinen Hasenvater und alle meine Hasengeschwister und den Igel mit seiner Familie und – das nette Hasenmädchen von nebenan, das besonders!«

»Gut«, sagte die Eule, »dann zeig mir die Liebe, die du für alle diese Lebewesen hast!«

»Aber – also – das geht doch nicht!«, sagte der kleine Hase, »sie ist doch unsichtbar, ganz innen in mir drin!«

»Eben!«, sagte die Eule. »Gott auch!«

»Was?«, fragte der kleine Hase, »wieso?«

Die Eule sah ihn aus ihren klugen Augen freundlich an und sagte: »Gott ist Liebe!«

Gott ist Liebe, so sagt die Eule und damit ist alles gesagt. Wo Zuneigung, Verbundenheit, Solidarität, Fürsorge, Hilfe, Unterstützung, Annahme und Einigkeit herrscht, da ist Gott mit von der Partie. Er verlässt uns nicht. Darauf können wir uns verlassen. Amen.

6. Sonntag der Osterzeit

Tagesgebet mit Ergänzungen

Allmächtiger Gott,
lass uns die österliche Zeit in herzlicher Freude begehen
und die Auferstehung unseres Herrn preisen,
damit das Ostergeheimnis,
das wir in diesen fünfzig Tagen feiern,
unser ganzes Leben prägt und verwandelt.
Es muss für die nächsten fünfzig oder mehr Jahre halten, was es uns verspricht: Der Tod ist nur das Vorletzte auf der Liste, die du, allmächtiger Gott, für uns führst.
Nichts von dem, was wir hier sind oder tun, ist vergeblich.
Nichts von allem, worum wir uns bemühen, muss fertig werden.
Du, Gott setzt den Anfang und das Ende, und du legst in jedes Ende einen Neubeginn.
Was du tust, das ist wohlgetan, was du vollbringst, erfüllt uns mit herzlicher Freude. Sie soll uns niemals ausgehen.
Darum bitten wir durch Jesus Christus. Amen.

Fürbitten

»Nicht darin besteht die Liebe, dass wir Gott geliebt haben, sondern dass er uns geliebt und seinen Sohn als Sühne für unsere Sünden gesandt hat.«
Ihn bitten wir:

Lass uns begreifen, dass du immer schon zu uns unterwegs bist, wenn wir dich finden wollen.

Lass uns wissen, dass wir von dir angenommen sind, noch bevor wir uns bewähren.

Lass uns fühlen, dass du uns anerkennst, unsere Geschichte kennst, unsere Bemühungen siehst, unsere Irrwege begleitest.

Lass uns glauben, wie Jesus es uns gelehrt hat, dass du wie ein treuer Vater, eine liebende Mutter bist.

Lass uns daran denken, dass unser Zuviel an Sünde aus dem Zuwenig an Liebe resultiert.

Lass uns nicht allein, wenn wir in kleinen Schritten versuchen, die Liebe zur Welt zu bringen.

Gott, du hast uns alle zu deinen Söhnen und Töchtern erklärt. Wir sind adoptiert von deiner Liebe. Dafür danken wir dir und wollen auf dieses Geschenk mit unserem Leben antworten. Amen.

Christi Himmelfahrt

Stichworte: Alleinsein, Verlassenheit, Sehnsucht
Schriftwort: Nk 16, 15–20

Nach dem Evangelium wird das Lied »Ist da jemand« von Adel Tawil eingespielt (zu finden auf youtube, Text bei google, Dauer ca. 4 Minuten) Zum besseren Textverständnis Beamer einsetzen oder Kopien austeilen.

Liebe Gemeinde!

Neunundzwanzig Millionen vierhundertachtundsechzigtausend neunhundertsechsundsiebzig Menschen haben in den ersten Monaten nach seinem Erscheinungsdatum das Lied von Adel Tawil auf youtube angehört. Noch viele mehr hören es täglich im Radio. Es erfreut sich großer Beliebtheit. Es berührt die Herzen der Zuhörenden. Woran liegt das?

Wenn wir den Text des Songs genauer betrachten, fällt sofort auf, dass er eine Stimmung beschreibt, die wir alle kennen. Den meisten ist es schon einmal so ergangen: Sie fühlen sich ganz allein und im Dunkeln, stoßen an Steine auf dem Lebensweg und haben keine Orientierung die Zukunft betreffend. Eine konkrete Aussicht auf schnelle Besserung besteht nicht. Die Welt fühlt sich kalt und abweisend an.

Jeder Mensch wünscht sich, unverwechselbar und wichtig für einen anderen zu sein. Aber das Leben schuldet uns keine geglückten Beziehungen – sie sind Geschenke, Fügungen, Vorsehung oder ganz einfach Zufall. Das Glück fällt uns zu, wenn wir aufhören, ihm nachzujagen und entgegenzufiebern. Im Song verbindet sich das Lebensglück mit einem Gegenüber, das »mit dir spricht und keine Worte braucht«. Diese Art der Verständigung durch Blickkontakt, Gedankenübertragung oder Mienenspiel ist nur bei innig verbundenen Freunden zu finden, bei Freundinnen, die ein Herz und eine Seele sind, bei Paaren, die durch dick und dünn gegangen sind.

Die Jünger im heutigen Evangelium haben diese Art der Verbundenheit gelebt und verloren. Jesus, ihr Vorbild, Freund und Lehrmeister, ist nicht mehr da. Immer wieder halten sie Ausschau nach ihm, nehmen seine Gegenwart einen flüchtigen Moment lang wahr und müssen ihn wieder loslassen. Immer wieder richten sie ihren Blick zum Himmel, der ohne Farben ist, grau und eintönig, wolkenschwer und verregnet. Wer begleitet sie, glaubt an sie, versteht sie und bringt sie am Abend des Tages und des Lebens sicher nach Hause?

Der Song erzählt von einer neuen Tür, die aufgeht, von einem neuen Tag, der aufzieht, und von einer Stimme, die nur innen zu hören ist. Diese Bilder deuten an, was das heutige Fest »Christi Himmelfahrt« uns sagen will.

Der auferstandene Jesus steht nicht zur Verfügung wie der Mensch, der neben mir auf den Bus wartet. Er lässt sich finden, wenn wir aufhören, geschäftig und umtriebig nach jedem beliebigen Halt und Erster Hilfe zu suchen. Er ist immer schon da, wie die Farben des Himmels immer da sind, auch wenn sie sich hinter alltagsgrauen Wolken verbergen.

Er will unsere Schatten der Angst und Einsamkeit von der Seele nehmen, unser Begleiter sein und uns sicher leiten. Er glaubt an uns – dann können wir ebenfalls glauben – an ihn und seine Verheißung und an uns selbst.

Eine frohe Botschaft. Wir wünschen sie den siebeneinhalb Milliarden Menschen, die aktuell die Welt bevölkern. Bringen wir sie heute unserem Nachbarn mit. Amen.

Nochmaliges Einspielen des Songs

Credo zu Christi Himmelfahrt

Ich glaube an Gott
weil ich weiß –
Gott glaubt an mich!

Er traut mir etwas zu,
ich vertraue mich ihm an –
es hilft mir, ich glaube daran!

Sogar wenn ich dran glauben muss,
wenn es mich teuer zu stehen kommt –
will ich mich darauf verlassen: Er verlässt mich nicht.

Woher ich das nehme, wie ich das weiß?
Durch die Menschen, die es mir zeigen –
seine Botschafter und Stellvertreterinnen am Wegrand der Suche.

Göttlich, wenn einer sagt: Du kannst das,
ich trau dir das zu, ich bleibe dabei, wenn du willst –
ruf mich, ruf mich einfach an, wenn du nicht weiterkommst.

Menschlich, wenn ein Horizont sich dann weitet,
keine Engführung und Vorverurteilung mehr die Kehle zuschnürt –
Gott ist menschlich, der Mensch ist göttlicherseits beauftragt, es zu sein!

7. Sonntag der Osterzeit

Stichworte: Kampf gegen böse Mächte, in der Liebe bleiben
Schriftwort: Joh 17, 6a. 11b-19

Liebe Gemeinde,
kennen Sie die Geschichte von Narnia? Sie handelt von vier Geschwistern, die während der Bombenangriffe des Zweiten Weltkrieges zu ihrem Schutz in das einsame alte Landhaus eines entfernten Verwandten gebracht werden. Dort entdecken sie beim Spielen in den unzähligen verstaubten Zimmern einen großen Schrank voller Kleider und Pelze. Beim Versteckspielen passiert es der jüngsten Schwester, dass sie zwischen den Falten der ganzen Klamotten zur rückwärtigen Seite des Schrankes drängt. Dort ist nicht die Holzwand, wie man erwarten würde, sondern der Durchgang in eine andere Wirklichkeit, das Land Narnia. Auch dort herrscht ein Kampf des Guten gegen das Böse. Aber dort sind die Kinder persönlich beteiligt und nicht nur hilflose Opfer. Sie müssen erkennen, wer Freund und wer Feind ist, und sich entscheiden, auf welche Seite sie sich stellen. Die eiskalte und dennoch verführerische Macht einer bösen Königin steht gegen die Güte des gewaltigen und doch sanften Löwen, des Königs von Narnia.

»Wer in der Liebe bleibt, der bleibt in Gott und Gott bleibt in ihm«, so hören wir heute in der zweiten Lesung. Auch wir befinden uns als Christinnen und Christen zwischen den Welten. Auf der einen Seite, der Vorderseite, über die in den Nachrichten berichtet wird, sind wir ausgeliefert. Wir fühlen uns oft hilflos und mit Geschehnissen konfrontiert, die wir weder durchschauen noch beeinflussen können. Auf der Rückseite unseres Tages befindet sich der Durchgang in eine Wirklichkeit, die uns unmittelbar betrifft und die wir gestalten können und müssen. Es ist die Wirklichkeit unserer eigenen Persönlichkeit, die Tiefe unseres Charakters. Auch dort findet permanent ein Entscheidungsprozess statt, ein Kampf gegen die Versuchung, eine Suche nach Erlösung.

Durch Jesu Leben und Sterben ist uns ein Kompass in die Hand gegeben, mit dem wir den Weg durch die Versuchungen und Untiefen des eigenen Selbst finden.

Durch unsere Taufe tragen wir ein Gewand, dass uns in allen Wechselfällen des Lebens gut zu Gesicht steht. Wir sind gegen die Unzahl von Deckmäntelchen, Roben und Verkleidungen im Schrank zwischen drinnen und draußen imprägniert. Wir brauchen alle diese Umhänge nicht, können einfach echt sein.

Der Stoff, in den wir gekleidet sind, ist aus Liebe gewebt. Wir sind geliebt, auch wenn die Vorderseite der Welt etwas anderes befürchten lässt. Wir sind angenommen, gewollt, begleitet. Wir sind nicht allein, wir können uns tapfer einbringen mit der Liebe, in die wir gehüllt wurden, noch bevor wir sie uns verdienen konnten. Denn unser Aufenthalt erfordert es immer wieder, an die Front zu gehen, aus den Tiefen des Schrankes herauszutreten und uns zu engagieren, den Kampf gegen die vermeintlichen Windmühlen anzutreten.

Gott ist in uns und wir sind in ihm. Der Durchgang zwischen Welt und Himmelreich, zwischen innen und außen, zwischen Gut und Böse ist offen.

Niemand hat Gott je geschaut – aber diejenigen, die in ihm sind und in denen er ist, haben ihn immer wieder gespürt, gefühlt und geahnt.

Dieses Spüren, Fühlen und Ahnen der Liebe Gottes, die in uns ist, wünsche ich uns. Wir leben, bewegen uns und sind in ihm. Er ist in unserem Leben mit all seinen Facetten und Wendungen, bis wir ihn schließlich von Angesicht zu Angesicht schauen. Machen wir ihn auch für die Welt spürbar. Amen.

Credo alternativ

Ich glaube an Gott – Gott glaubt an mich!

Gott glaubt an mich –
wie ein guter Vater, nicht wie einer dieser Väter,
die ihre Allmachts-Fhantasien ausleben,
sondern wie einer, der etwas von Kindern versteht,
sich schöpferisch mit ihnen beschäftigt; nicht nur,
solange sie klein sind, auch später, wenn sie wachsen,
ihren eigenen Willen erproben, eigene Wege gehen.

Gott glaubt an mich –
wie der Vater im Gleichnis an den Jüngeren seiner Söhne,
den es wegzog von zu Hause, der frei sein wollte,
das Erbe verprasste, im Saustall landete und dann
endlich umkehrte und einen Vater erleben durfte,
der ihn gar nicht zu Wort kommen ließ mit seiner sorgfältig
zurechtgelegten Entschuldigung, sondern ihn einfach in die Arme schloss.

Gott glaubt an mich –
das darf ich glauben, weil Jesus in diesem und anderen Bildern sprach,
uns ausgemalt hat, welcher Vater da ein Auge auf uns hat,
keinen »Big Brother is watching you«-Blick, sondern er schaut fürsorglich und dennoch zurückhaltend, diskret,
damit wir wachsen können,
erwachsene Söhne und Töchter werden können,
er glaubt an uns und traut uns dieses lebenslange Wachstum zu!

Gott glaubt an mich –
trotz aller Holzwege und Irrfahrten, Umwege und Schleifen
die mein Lebensweg womöglich nimmt,
er hat ein Survival-Kit für jeden von uns gepackt,
reichlich nährende Worte dabei, erfrischenden Wein in neuen Schläuchen
und eine große Portion Heiligen Geist, unerschöpflich,
immer taufrisch und quicklebendig, damit ich es spüren kann:

Ich glaube an Gott – Gott glaubt an mich – ich kann an mich glauben!

Pfingstsonntag

Stichworte: Sprache Gottes, Sendung statt Sitzung
Schriftwort: Joh 20, 19–23

Liebe Gemeinde!
   Die Apostel haben keine Worte. Es hat ihnen die Sprache verschlagen. Sie sind stumm vor Angst und können noch nicht erkennen, wohin der Weg Jesu sie führen wird. Wohin soll das alles führen? Was steht ihnen angesichts der feindlich gesonnenen Welt da draußen vor der verschlossenen Tür noch bevor? Und, geht es uns angesichts der allgemeinen Glaubenskrise und Kirchenferne, angesichts der Skandale und immer neuen Enthüllungen nicht genauso? Auch viele Christinnen und Christen fühlen sich zunehmend als kleines Grüppchen seltsamer Exoten in einer Umwelt, in der die meisten keinen Schimmer von Gott zu haben scheinen oder nur ein müdes bis spöttisches Lächeln für ihn ...

Und mitten in diese bedrückende Sitzung des kleinen Grüppchens übrig gebliebener Nachfolger, das zusammenhockt wie wir so oft im halbleeren Gemäuer, kommt Jesus und sagt diesen wunderbaren Satz: »Friede sei mit euch! Wie mich der Vater gesandt hat, so sende ich euch!« »Sendung statt Sitzung«, so hat Bischof Kamphaus es einmal zusammengefasst. Wo Jesus auftaucht und einen Hauch des Heiligen Geistes verbreitet, hat das Sitzen ein Ende. Dann kann man nicht länger auf Taten warten, sondern muss sich auf die Socken machen.
   In der Apostelgeschichte hören wir, wie die Veränderung, die der Heilige Geist auslöst, sich auswirkt. Da melden sich die Verstummten zu Wort. Was sie sagen, geht unter die Haut von Menschen aller Hautfarben. Die Botschaft ist international verständlich, denn sie ist die Muttersprache Gottes!

Woher wollen wir wissen, wie Gottes Muttersprache lautet? Das ist leicht zu erraten und leuchtet uns aus vielen Bibeltexten entgegen: Die Muttersprache Gottes ist die Sprache der Liebe. Die Liebe drückt sich in Gestik und Mimik aus. Sie benutzt Vokabeln des wortlosen Verstehens und Zeichen der Anerkennung, Akzeptanz und Toleranz.

Geschenke gehören ebenso zur Sprache der Liebe wie Aufmerksamkeit und Zuwendung in Form von gemeinsamer Zeit. Die Liebe sagt auf vielerlei Art: »Ich glaube an dich. Ich hoffe auf dich. Ich stehe zu dir!«

Die Apostel und Apostelinnen der ersten Stunde wurden durch den Geist Gottes ausgestattet, um Boten und Botinnen der Guten Nachricht zu werden. Sie haben Feuer gefangen. Sie haben sich geöffnet und konnten aus sich herausgehen.

(Wenn möglich, können Ministrant*innen oder Lektor*innen die Begriffe auf vorbereiteten Schildern hoch halten, wenn sie genannt werden, und sie an geeigneter Stelle sichtbar befestigen.)

Als sieben Gaben des Geistes werden im Allgemeinen genannt:

Weisheit: damit man in dieser komplizierten Welt den Überblick behält.

Einsicht: damit man nicht wegen unwichtiger Dinge aus der Haut fährt.

Rat: damit einem auch in schwierigen Fällen eine Lösung einfällt.

Stärke: damit man auch mit Hindernissen fertig wird.

Erkenntnis: damit man unterscheiden kann, was richtig und falsch, gut und böse ist.

Frömmigkeit: damit man den Kontakt zu Gott nicht verliert.

Gottesfurcht: damit man nie glaubt, Menschen könnten so groß wie Gott sein.

Manche Theologen haben die sieben Gaben des Heiligen Geistes mit den sieben göttlichen Tugenden in Verbindung gebracht:

Glaube, Hoffnung, Liebe, Klugheit, Gerechtigkeit, Tapferkeit, Mäßigung.

Welche dieser Eigenschaften haben Sie besonders nötig? Worum würden Sie bitten, wenn Sie einen Wunsch an den Heiligen Geist frei hätten? Wir dürfen sicher sein, dass uns gegeben wird, worum wir bitten. Im elften Kapitel des Lukas-Evangeliums lesen wir: Wenn schon ihr ... euren Kindern gute Gaben zu geben wisst, um wieviel mehr wird der Vater im Himmel seinen Heiligen Geist denen geben, die ihn bitten?« Aber er gibt uns nicht fertige Ergebnisse, löst nicht unsere Probleme wie von selbst, kümmert sich nicht um alles wie Eltern von Kleinkindern es tun. Gott nimmt uns ernst – als erwachsene Söhne und Töchter. Er traut uns etwas zu. Er erwartet unseren vollen Einsatz.

Diese Gaben sind Werte, die wir immer wieder neu erarbeiten und entwickeln müssen, damit wir sie im Leben verwirklichen können. Es geht um unsere Grundhaltung in jeder Beziehung, die wir eingehen. Alle Gaben des Geistes sind Facetten der grundlegenden und allumfassenden Liebe, die Gott selber ist.

Wir dürfen unsere Sorgen, die persönlichen und die Sorge um das Gesicht von Mutter Kirche auf den Herrn werfen. Wir brauchen uns trotz aller Schande, die ans Licht kommt, nicht zu verstecken. Auf jedem Acker wachsen Unkraut und guter Weizen miteinander. Es wäre fatal, wenn wir uns die Freude am Christsein durch schlechte Vertreter einer guten Sache verderben ließen. Die Kirche, deren Geburtstag wir an Pfingsten feiern, wird sich drastisch verändern, sie steckt bereits mitten in dem Wandlungs-Prozess. Wie er ausgeht, ist ungewiss. Eines aber ist sicher: Der Glaube stirbt nicht. Gott ist nicht tot. Daran dürfen wir glauben, darauf dürfen wir hoffen, das haben wir zu verkünden. Der Geist wird uns die richtigen Worte eingeben, wenn wir sie brauchen.

Amen.

Pfingstmontag

Stichworte: Übergang, Einheit in Vielfalt
Schriftwort: Lk 10, 21–24

Liebe Gemeinde,

Pfingstmontag ist der »zweite Feiertag«, wie er bei den drei größten christlichen Festen im Jahreskreis vorkommt. Schön, dass wir diesen wichtigen Tag, den zweiten Feiertag, bislang erfolgreich gegen den Zugriff der Ministerien verteidigen konnten!

Vielleicht haben Sie Erfahrungen mit »zweiten Feiertagen« im Zusammenhang mit großen Festen in der Familie. Da wird eine Hochzeit monatelang liebevoll bis ins Detail geplant, alles soll stimmen am großen Tag und dann rauscht er vorbei und ist verstrichen, ehe man sich's versieht. Wie gut ist da der zweite Feiertag, der ruhige Tag nach der ganzen Anspannung, an dem man sich ausgeschlafen zusammensetzt und das Erlebte nochmals Revue passieren lässt, Glückwunschkarten liest und Geschenke auspackt!

Wie schön ist der Tag nach dem Kindergeburtstag, wenn die anstrengende Kuchenschlacht bewältigt ist, die Spuren beseitigt sind und in aller Ruhe die neuen Spielsachen ausprobiert werden können! Die Fülle des Vortages kann in gut verdaulichen Portionen richtig genossen werden!

Selbst der Tag nach der Beerdigung eines nahestehenden Menschen ist ein wohltuender Tag, an dem in Stille die Verarbeitung des Abschieds beginnen kann. Das Schwere und Schmerzliche ist vollbracht, der letzte Schritt der Trennung in Würde und Feierlichkeit getan. In die Trauer mischt sich so etwas wie Erleichterung und vielleicht auch schon Dankbarkeit. Jetzt ist Raum für das Durchleben der Erinnerungen an die Zeiten mit dem Verstorbenen. Abschied und Neustart – das ist auch ein bedeutsames Stichwort für die Tage zwischen Christi Himmelfahrt und Pfingsten, die hinter uns liegen.

Der zweite Feiertag ist das Bindeglied, der Übergang zwischen dem besonderen Ereignis und der Normalität. Ist der zweite Feiertag also beinahe schon der erste Alltag nach dem Festtag?

Denken wir an Weihnachten. Eben noch die Krippe und das Gloria der Engel, die ermutigende Aufforderung »Fürchtet euch nicht!« und am zweiten Feiertag der Gedenktag des heiligen Stephanus. Das Messgewand hat die Farbe gewechselt, nicht mehr weiß wie Schnee, sondern rot wie Blut. Ist die Frohe Botschaft von Weihnachten denn schon wieder Schnee von gestern?

Nein, eben nicht! Der zweite Feiertag konfrontiert uns zwar mit der vollen Härte eines Lebens in der Nachfolge des Krippenkindes. Die Romantik, der wir zu gerne nachhängen, wird brutal weggewischt. Aber zugleich wird deutlich, dass trotz und hinter den Beschädigungen, die wir in Kauf nehmen müssen, der Himmel offen ist! Eine ermutigende Botschaft!

Oder denken wir an Ostermontag, den zweiten Feiertag, zu dem das Emmaus-Evangelium gehört. Zwei Jünger, die alt aussehen, einer trüben Aussicht entgegenstiefeln, rückwärtsgewandt, enttäuscht und ohne Hoffnung. Aber die unerwartete Begegnung mit dem Auferstandenen öffnet ihnen die Augen für eine ganz neue Sicht der Dinge. Sie begreifen, wohin das alles führen kann, und machen sich mit neuem Elan auf in den Alltag der Nachfolge! Sie gehen zur Tagesordnung über, aber es ist eine neue Tagesordnung, eine Neuordnung, ein Neues Testament hat begonnen, Gestalt in ihrem Leben anzunehmen.

Heute ist Pfingstmontag, der zweite Tag nach dem Fest des Heiligen Geistes. Das göttliche Geschenk ist gestern überreicht worden, in Feuerzungen, im Sturmwind einer Ermutigung, die jedem Kleinmut und Trübsinn gewachsen ist. Heute ist der Tag des Auspackens und Anprobierens. Wie steht uns dieser neue Geist? Können wir ihn anlegen wie ein Kleid? Erfüllt er uns? Können wir ihn tragen? Im Evangelium sagt Jesus: »... Noch vieles habe ich euch zu sagen, ihr könnt es jetzt nicht tragen ...« Wir müssen noch hineinwachsen wie in ein Kleidungsstück, das auf Zuwachs gekauft ist.

Nachfolge im Geist Jesu ist keine Kleinigkeit, kein Spaß, keine Verzierung für die Hochfeste im Leben.

Am zweiten Feiertag sind wir eingeladen, darüber nachzudenken, wie der Geist Gottes, der Geist Jesu uns täglich neu entzünden und zugleich vor dem Ausbrennen bewahren kann.

Denn das ist der eigentliche Sinn unserer schönen und erhebenden Feiern – uns zu alltagstauglichen Christinnen und Christen zu machen. Weihnachtliche Menschen, die den Himmel offen sehen, auch wenn tiefschwarze Düsternis herrscht; österliche Menschen, denen beim Brotbrechen das Herz brennt und denen es beim großen Fischfang wie Schuppen von den Augen fällt; pfingstliche Menschen, die in der Sprache der Liebe international verständlich mitreden und ihre Worte durch ihr Handeln auch einlösen.

Ich wünsche uns allen, dass wir auf dem Weg voranschreiten, solche Menschen zu werden. Amen.

Impuls: Einheit

nicht Einsamkeit
nicht traute Zweisamkeit
nicht Vater-Mutter-Kind-Idyll
mit Häuschen im Grünen hinterm Zaun

kein Aufruf zu Gruppen- und Cliquenbildung
keine Gleichmacherei
kein elitärer Verein für Kluge und Begüterte
mit Almosenverteilung zu Weihnachten

nicht über einen Kamm geschoren
nicht von einer militärischen Einheit geschluckt
nicht durch Propaganda und Repressalien
bis zur Unkenntlichkeit der Person angepasst

kein »Gleichschritt Marsch«
keine Parade mit fähnchenschwingendem Publikum
keine Machtdemonstration, keine Böllerschüsse
kein »Stillgestanden« – vor allem das nicht –

die Einheit der Christinnen und Christen
braucht Bewegung, immer frischen Wind
lebendige Vielfalt, Jahreszeiten, Unterschiede und Wechsel
denn das ewig Beständige hat sie ja schon:

ein Gott und Vater aller,
der über allem, durch alles und in allem ist!
Ihm sei Dank!

IV.
Zeit im Jahreskreis

2. Sonntag

Stichworte: Würde, Wert, Wohnen
Schriftwort: Joh 1, 35–42

Liebe Christinnen und Christen,
 lesen Sie gelegentlich die Partnerschaftsannoncen im Regionalteil der Zeitung? Wundern Sie sich auch über die Personenbeschreibungen vom »gutaussehenden Porschefahrer« über die »warmherzige Krankenpflegerin« mit der guten Figur bis zum »rüstigen Rentner«? »Er sucht sie/sie sucht ihn«, das sind noch immer die klassischen Spalten in der Wochenendausgabe der Zeitung. Inzwischen wird längst vermehrt im Internet gesucht – nach Freunden, unternehmungslustigen Gleichgesinnten, Reisegefährten und Partnern beiderlei Geschlechts.
 Vermutlich wird dabei ziemlich häufig die Wahrheit geschönt. Die Gesichtsaufnahmen, Gewichtsangaben und der Gesundheitszustand, die vielseitigen Interessen und das hohe Bildungsniveau, das dort angegeben wird, lässt manchen Zweifel aufkommen. Wer sich wirklich hinter einer Annonce, einem Facebook-Profil verbirgt, erfahren wir erst, wenn es zu einer echten Begegnung kommt. Und auch dann, bei einer gemeinsamen Tasse Kaffee an einem neutralen Ort, kann noch vieles vorgetäuscht werden und unbemerkt bleiben.

Die zukünftigen Jünger, mit denen Jesus in Kontakt tritt, wollen genauer wissen, mit wem sie es zu tun haben. Sie gehen ihm und seiner Sache nach und sie stellen eine kluge Frage: »Wo wohnst du?«
 Wenn man so gefragt wird, kann man sich mit einer Visitenkarte aus der Affäre ziehen oder Farbe bekennen und die Fragenden zu sich einladen.
 Wer die Räume eines anderen Menschen betritt, erfährt eine ganze Menge über dessen Persönlichkeit, seinen Geschmack, seinen Ordnungssinn, die Hobbys und Interessen. Der Bücherschrank ist aussagekräftig, der Zustand der Küche und die Art und Weise, wie man bewirtet wird. Privaträume haben zumeist einen Eigengeruch, der auf manche Vorlieben der Bewohner schließen lässt: Wird hier ausreichend gelüftet und geputzt? Leben da Raucher? Mag man hier Knoblauch, Parfüm, Tiere?

Wenn jemand unverhofft, wie die Jünger im Evangelium, mitkäme in Ihr Zuhause, was würde er über Sie erfahren? Gehen Sie in Gedanken jetzt einmal durch Ihre eigene Tür und betreten Sie Ihre Räume. Was ist Ihnen wichtig? Was würden Sie im Falle eines Feuers unbedingt mitnehmen? Worauf sind Sie stolz? Welche Dinge erzählen eine Geschichte? Würde ein Fremder erkennen, wer Sie sind, was Sie beschäftigt, wo Sie sich einbringen?

Könnte er bemerken, dass Sie ein gläubiger Mensch sind? Gibt es Symbole dafür? Spürt man es an der Art, wie Sie auf andere zugehen, ihnen begegnen?

Wir erfahren nicht, was die Jünger bei Jesus vorgefunden und angetroffen haben. Es wird ihnen dort gefallen haben, denn sie sind an jenem Tag und von da an immer bei ihm geblieben. Nach dem Hausbesuch fiel prompt die Entscheidung zur Nachfolge. Dabei hatte Jesus mit Sicherheit keine besondere Unterkunft. Einfachheit ist sein Markenzeichen. Was mag die Fischer so beeindruckt haben an diesem Nachmittag?

»Der ist gut bei sich zuhause« oder »Die ruht in sich«, so sagen wir über Leute, die man nicht so leicht aus dem Gleichgewicht bringt und die mit tragfähigem Selbstvertrauen ausgestattet sind. Solche Menschen strahlen Sicherheit und Verlässlichkeit aus. In ihrer Gegenwart fühlt man sich wohl und bleibt gerne, auch wenn die Ausstattung ihrer Wohnung schlicht ist und das Mobiliar Gebrauchsspuren aufweist.

Jesus hat noch viel mehr zu bieten. Er ist bei Gott beheimatet, tief verbunden mit dem Himmlischen und gleichzeitig so herrlich irdisch! Im Betreten seiner Privatsphäre konnten die Jünger diese einzigartige Nähe, dieses Zusammentreffen von Göttlichem und Menschlichem spüren. Es muss sie begeistert und überzeugt haben.

»Wo wohnst du?« Wenn Menschen so fragen und eine Einladung erhalten, mitzukommen und zu sehen, mitzuwohnen und zu erleben, was den anderen ausmacht, wird diese Erfahrung sie verändern. Aus dieser Erkenntnis und nach diesem Prinzip arbeitet eine kleine christliche Gemeinschaft in Deutschland, die ihr Projekt »Neustart« nennt. Auf einem malerischen Gehöft wohnen und arbeiten junge Leute für ein oder zwei Jahre. Sie versuchen, ihren Glauben zu leben und weiterzugeben. Jede Person teilt das Zimmer mit einem aus der Psychiatrie zur Stabilisierung dorthin vermittelten suchtkranken jungen Menschen. Es ist anstrengend, fordert viel Kraft und raubt ihnen teilweise den Schlaf. Aber es wirkt! Viele der Gefährdeten, die auf diese Weise ein echtes Beziehungsangebot erhalten, mitunter das erste Mal in ihrem Leben, schaffen nach Monaten den Neustart in eine Existenz jenseits der Abhängigkeit. Sie haben die Möglichkeit, auch über den vereinbarten Zeitraum hinaus immer wieder dorthin zurückzukehren und sich zu vergewissern, wer da wohnt, wem sie dort begegnet sind.

»Wo wohnst du?«, so können und dürfen auch wir fragen, um näher bei Jesus zu sein. Er ist Gottes Mensch gewordenes Wort, hat unter uns gewohnt und tut es noch immer, lädt uns ein und lässt sich von uns einladen. Vor jedem Kommunionempfang beten wir wie der Hauptmann: »Herr ich bin nicht würdig, dass du eingehst unter mein Dach, aber sprich nur ein Wort …« Dieses Wort ist ein für allemal gesprochen. Er hat uns für würdig erklärt, ihn zu empfangen. Er kehrt ein unter unser Dach, auch wenn wir manchmal nicht ganz richtig im Oberstübchen sind. Vielleicht lautet seine Antwort auf die Frage nach seiner Heimatadresse so wie in einer bekannten Weisheitsgeschichte: »Ich wohne immer da, wo man mich einlässt.« Öffnen wir ihm die Tür und das Herz. Es lohnt sich. Amen.

Fürbitten

Die Würde des Menschen ist unantastbar, seit Gott ihn erschaffen hat. Wir haben unsere Mühe damit, diesem Grundgesetz seiner Schöpfung Geltung zu verschaffen. Wir bitten ihn:

Begleite unser Bemühen, eine neue Heimat für die Menschen zu schaffen, die ihre Lebenszusammenhänge wegen Krieg und Terror verlassen mussten, und schenke ihnen Offenheit für einen Neuanfang.

Begleite die Bemühungen, alten und hilfebedürftigen Menschen den Übergang in stationäre Betreuung bewältigen zu helfen, und schenke den Helfenden Einfühlungsvermögen und Geduld.

Begleite die Bemühungen, in sozialen Brennpunkten Orte der Geborgenheit und Sicherheit für Kinder und Jugendliche zu schaffen.

Begleite die Bemühungen, Orte der Beheimatung im Glauben besonders für Fernstehende anzubieten.

Begleite die Bemühungen, Menschen am Arbeitsplatz und in der Ausbildung ein Zusammengehörigkeitsgefühl zu vermitteln.

Guter Gott, hilf uns, bei dir und bei uns selbst zu Hause zu sein. Darum bitten wir wie die Jünger, die sehen wollten, wo Jesus wohnt. Amen.

3. Sonntag

Stichworte: Gier, Gewohnheiten, Berufung
Schriftwort: Jona 3, 1–5.10 und Mk 1, 14–20

Liebe Gemeinde,
in den heutigen Lesungen geht es um einen unfreiwilligen Seefahrer und dessen Auftrag, um Fischer und ihren Fang. Da begegnet uns Jona, der dem Ruf Gottes davonzulaufen versucht und erst nach einer dreitägigen Phase der Besinnung im Bauch des großen Fisches bereit ist, seine Aufgabe in Angriff zu nehmen. In der heutigen Lesung hören wir nur die kleine Episode vom durchschlagenden Erfolg, den seine Drohpredigt bewirkt. Wer den Rest der Geschichte kennt, weiß, dass er sich darüber gar nicht so recht freuen kann, sondern schließlich griesgrämig auf die gerettete Stadt herabschaut und sich über Gottes Barmherzigkeit ärgert, die größer ist als seine Gerechtigkeit und sein Zorn. Jona scheint vergessen zu haben, dass auch er, wie wir alle, auf diese Barmherzigkeit angewiesen ist! Ihm geht es wie uns – wir alle haben die Tendenz, immer wieder in alte und falsche Verhaltensweisen zurückzufallen. Gott lässt Jona dann noch ein weiteres Mal spüren, dass er sein Leben und alle guten Gaben nicht selbst verdient hat, sondern seinem Schöpfer verdankt. Fehlende Dankbarkeit ist eine der Haupt-Ursachen für misslingendes Leben und führt in die Abkehr von Gott und seinen Geschenken.

Erinnern Sie sich an das Märchen vom Fischer und seiner Frau? Wie Simon, Andreas und die Zebedäusbrüder steht in dieser Geschichte der einfache Mann am Ufer und hofft darauf, dass wenigstens ein paar kleine Fische anbeißen und er seinen Lebensunterhalt für einen Tag an Land ziehen kann. Und dann macht er unversehens einen großen Fang! Der sprechende Butt bittet allerdings um die Freiheit und der Fischer gewährt sie ihm. Seine Frau, die in der bescheidenen Hütte auf ihn gewartet hat, ist damit nicht einverstanden! Sie macht ihrem Mann Vorhaltungen, weil er aus der Situation kein Geschäft gemacht hat, und schickt ihn immer wieder mit neuen und unverschämteren Forderungen an den wunderbaren Fisch los. Zuerst wünscht sie sich ein schönes Haus, dann ein Schloss, sie will König werden, Kaiser und sogar Papst!

Dem Fischer ist das alles mehr als peinlich, aber er hat nicht die Kraft, sich seiner bestimmenden Frau zu widersetzen. Fast könnte man meinen, auch Paulus habe die Geschichte gekannt, wenn man seine mahnenden Worte im Brief an die Korinther hört: »Wer eine Frau hat, soll sich in Zukunft so verhalten, als habe er keine …« (1. Kor 7,29). Der Wunsch, Papst zu werden, wird noch erfüllt, aber die Gier, diese Wurzelsünde, treibt die Frau so weit, dass sie zuletzt sein will wie Gott. Immer dann, wenn Menschen wie Gott sein wollen, nimmt es ein böses Ende. Denken wir an Adam und Eva, die vom Baum der Erkenntnis essen, der Gott vorbehalten ist, an den Turmbau zu Babel und unzählige weitere Geschichten, die sich immer wieder ereignen seit und solange es Menschen gibt. Der Größenwahn führt zum Absturz, zum Sündenfall, einer Bruchlandung in den Niederungen des grauen Alltags. Und so finden sich der Fischer und seine unersättliche Frau schließlich in ihrer armseligen Hütte wieder, von wo aus die Geschichte ihren Anfang nahm. Die Gestalt dieser Welt vergeht, um es mit Paulus zu sagen, und es lohnt nicht, sein Herz an irdische Besitztümer und Schätze zu hängen.

Es lohnt auch nicht, die Netze tagaus tagein auszuwerfen, um ein kümmerliches Dasein am Existenzminimum zu fristen, gibt Jesus den Fischern am Ufer des Sees zu verstehen. Es gibt eine wichtige neue Aufgabe, für die es sich lohnt, das Altbekannte aufzugeben: Menschenfischer!

Beim ersten Hören klingt das nicht sehr menschenfreundlich! Es erinnert an Fallenstellen und Einfangen. Gemeint ist etwas ganz anderes. Jünger sind Menschen, die im Auftrag Jesu ein Netz aufspannen, wenn jemand beim Tanz auf dem Seil seines Lebens aus dem Gleichgewicht kommt und vom Absturz bedroht ist. Das Netz der Menschenfischer dient zum Auffangen derer, die sich beim Wohnungsbrand nicht mehr aus eigener Kraft durchs Treppenhaus retten können. Es wird für die Selbstmordgefährdeten aufgespannt, die am Abgrund stehen und keinen Ausweg mehr sehen, keinen Inhalt haben, für den es sich zu leben lohnt. Das von Jesus geknüpfte Netzwerk aus wirksamen Worten und heilenden Handlungen ist unsichtbar und dennoch von hoher Haltbarkeit. Es hält den Zerreißproben zappelnder Verzweifelter stand. Sie können damit an Land gezogen werden, bis sie die Erfahrung machen, dass sie wieder festen Grund unter den Füßen haben. Ehemalige Fischer mit Berufserfahrung und andere Jüngerinnen und Jünger lösen sie aus den Maschen, entwirren das Durcheinander, in dem sie sich versponnen hatten. Sie haben in der Nachfolge Jesu gelernt, den Beifang im Netz eines Lebens zu sortieren und das Unbrauchbare, zu klein Geratene oder Ungenießbare zu identifizieren und wieder ins Wasser zu werfen.

Menschenfischer werden dazu ausgebildet, Jesus zur Hand zu gehen, damit die göttlichen Verheißungen sich erfüllen, für die wir danken und um die wir im bekannten Lied von Paul Gerhard bitten:

»Nun danket all und bringet Ehr, ihr Menschen in der Welt«, GL 403:

Er gebe uns ein fröhlich Herz, erfrische Geist und Sinn
und werf all Angst, Furcht, Sorg und Schmerz in Meerestiefen hin.

Ein fröhliches und dankbares Herz bewahrt vor Gier und dem verrückten Streben, wie Gott sein zu wollen. Ein frischer Geist und wache Sinne verhelfen zu tatkräftiger Nachfolge. Die negativen Gefühle können losgelassen und weggelegt werden. Die Gestalt der Welt wandelt sich und ist vergänglich. Nutzen wir die Zeit, sie ist begrenzt. Amen.

Gestaltungshinweis:
Als Predigtlied kann GL Nr. 403 gesungen werden.

Gebet für die kommende Woche:

Ich will dir danken, guter Gott, und nicht für selbstverständlich nehmen, was deine Schöpfung für mich bereithält.

Ich will dir Ehre erweisen, indem ich teile, was ich an guten Gaben und Talenten empfangen habe.

Ich werde meinen Platz in der Welt einnehmen, aber nicht mit Zähnen und Klauen verteidigen. Er ist nur vorläufig, Einsatzort und Sitzgelegenheit unterwegs in Richtung Ewigkeit.

Dich loben heißt, dein Bild in den Menschen zu erkennen, denen ich begegne.

Schenke mir dazu einen Blick hinter die Kulisse und durch den Spiegel.

Lass mich die Dinge manchmal so sehen, wie du sie siehst.

Dann kann vielleicht auch aus mir eine tüchtige Menschenfischerin werden.

Amen.

4. Sonntag

Stichworte: Dämonen, Reinigung
Schriftwort: Mk 1, 21–28

Liebe Gemeinde!
Jesus predigt. Wir erfahren im heutigen Evangelium nicht, worüber er wohl gesprochen hat. Schade! Denn die Zuhörer waren sehr betroffen von seinen Worten, wie es heißt, anders als für gewöhnlich bei den Schriftgelehrten. Sie spürten seine Autorität und Glaubwürdigkeit.
Wie ist das bei uns? Wem hören wir gebannt zu? Wem nehmen wir ab, was er redet? Wer ist in unseren Augen glaubwürdig, ja sogar mit einer Vollmacht ausgestattet, die nicht durch irgendeine Hochschule bescheinigt oder durch einen Rhetorikkurs vermittelt worden ist, sondern den Höchsten selber erahnen lässt? Wer so predigt, muss hundertprozentig vom Inhalt seiner Rede begeistert und zutiefst überzeugt sein. Das Handeln eines solchen Menschen muss zu seinen Worten passen, damit wir überzeugt sind. Das Auftreten soll authentisch sein, keine Effekt-Hascherei, keine Selbstdarstellung, die vom Inhalt der Botschaft ablenkt. Ein Funke muss überspringen, der uns innerlich erreicht und mitgehen lässt, so dass wir wünschen, es würde uns kein Wort entgehen. Wenn wir getröstet und zuversichtlich nach Hause gehen, ist das einer der heilsamen Effekte einer Lehre mit göttlicher Vollmacht. Wenn wir ein Aha-Erlebnis haben, wenn uns plötzlich ein Licht aufgeht und wir verstehen, wie Gott und die Welt zusammengehören, dann hat die Predigt ihren Sinn und Zweck erfüllt. Dann kann sie bewirken, dass wir tatkräftig und fröhlich in den Alltag zurückkehren und unsere Freude am Leben in Gottes Schöpfung bereitwillig mit jedem teilen, der uns begegnet. So wirken Jesu Worte.
Als er zu Ende gepredigt hat, kommt es zu einem Zwischenfall. Es geht nicht einfach weiter im Messformular. Ein Unruhestifter greift ihn an. Stellen wir uns vor, das würde in einem unserer Gottesdienste passieren. Was würden wir tun? Peinlich berührt darüber hinweggehen und den Störer ignorieren? Begütigend auf ihn einreden? Einen Krankenwagen rufen? Die Veranstaltung unterbrechen?
Jesus reagiert souverän. Er nimmt das, was ihm da an den Kopf geworfen wird, nicht persönlich, versucht nicht, sich zu rechtfertigen. Er

sagt nur vier Worte, die bewirken, dass die Geister sich scheiden: »Schweig und verlass ihn!« Er fühlt sich durch die Beschimpfung nicht selbst belästigt, sondern erkennt die Belastung des Mannes, der da hin- und hergerissen wird. Hin- und hergerissen sind auch die Zuschauer der Szene. Mit einem befreienden Satz aus dem Mund des Meisters klart die Stimmung auf. Diese Begegnung ist eine Fortsetzung des zuvor Gehörten, kann man annehmen. Vielleicht hat Jesus über die Angst und Furcht, die Sorgen und Schmerzen gesprochen, die uns packen und beuteln, uns im Nacken sitzen und umtreiben, solange wir sie nicht auf den Herrn werfen, sie ihm anvertrauen, damit er sie vertreibt?

Diese Lehrstunde am Sabbat in der Synagoge ist auch eine Lektion für die angehenden Menschenfischer, die sich aus den Netzen ihrer Alltagssorgen befreit haben, um Jesus zu folgen. Sie erleben, wie die Welt mit den Augen Gottes aussieht, wie jeder Einzelne, egal wovon er besessen ist, Heilung durch Annahme erfahren kann. Wenn Jesus nur vier Worte spricht, verlassen die Dämonen ihre Opfer. Wenn er nur ein Wort spricht, wird unsere Seele gesund. Wer seelisch gesund ist, dem kann es gelingen, gute und ermutigende Worte zu finden, die auf den Segen Gottes hinweisen und den dunklen Mächten Einhalt gebieten. Wir können dazu beitragen, dass Jesu Ruf sich verbreitet.

Die Bitte an Gott im heutigen Tagesgebet lautet: »Gib, dass wir dich mit ungeteiltem Herzen anbeten und die Menschen lieben, wie du sie liebst.«

Das ist ein Fernziel, zu dem wir lebenslänglich unterwegs sein werden. Fangen wir heute damit an! Mit Jesus an der Seite können wir die Dämonen der Gegenwart vertreiben. Amen.

Impuls: Dämonen

Dämonen gab es nicht nur zur Zeit Jesu –

Sie belästigen und quälen die Menschen auch hier und heute.
Manche verstummen, teilen sich nicht mehr mit,
sind eingeschlossen im Gefängnis ihres Körpers.
Andere schreien, schreien ihre Wut heraus, ihren Frust, ihre Enttäuschung, es schüttelt sie und sie sind außer sich, besessen.

Wir finden die von Dämonen Geplagten in den Psychiatrien
und Krankenhäusern, in Gefängnissen, wohin es sie gebracht hat:
Das selbst- und fremdgefährdende Verhalten oder die Apathie
aufgrund von Neurosen, Psychosen, Zwangszuständen, bipolaren
Störungen, Borderline-Erkrankungen, Ängsten und Burnout.

Und auch wir sozusagen Gesunden hier vor Ort
sind mitunter Opfer von dämonischen Kräften,
es gibt sie auch im Kleinformat, wo sie uns den Schlaf rauben,
den letzten Nerv, die Geduld, wo es uns die Sprache verschlägt
oder wir etwas sagen, was uns hinterher leidtut – aber gesagt ist gesagt.

Jesus, bei aller modernen Medizin, trotz aller Therapien
brauchen wir deine Hilfe, deine Gegenwart, dein Wort.
Ein Wort aus deinem Mund ist lebendig und wirksam,
die reinste Medizin, ohne schädliche Risiken und Nebenwirkungen –
es macht uns heil, unverzagt, vertrauensvoll, weil wir nicht allein sind.

Schenk uns ein erlösendes Wort und lass es uns weitergeben!
Amen.

Fürbitten

GL: Gott hat uns alle zum Dienst berufen. Er will uns ganz und ungeteilt. Ihm wollen wir unsere Bitten vortragen:

L: Für alle, die sich in den engen Grenzen, die ihr Amt ihnen auferlegt, halbiert und abgespalten fühlen, dass ihnen Horizonte geöffnet werden, die sie heilen.

Alle: Wir bitten dich, erhöre uns.

L: Für die um des Himmelreiches willen ehelos Lebenden, dass sie in der Beziehung zu dir finden, was ihr Menschsein bereichert und reifen lässt.

L: Für die vom Dämon entarteter sexueller Wünsche Besessenen, dass sie Hilfe suchen und erhalten.

L: Für die Menschen, die an den Strukturen unserer Kirche leiden und ihre Gnadengaben nicht zur Verfügung stellen können, weil sie nicht den Standards entsprechen, dass ihre Talente bald ausgegraben und vermehrt werden.

L: Für die Christinnen und Christen anderer Konfessionen und freier Gemeinden, die vielfältige Wege beschritten haben, um ganz und ungeteilt dem Himmelreich zu dienen, dass sie Menschen erreichen und begeistern können.

L: Für alle Menschen guten Willens, die sich wünschen, eine Heimat im Glauben zu finden, schenke ihnen ermutigende Begegnungen und überzeugende Zeugen.

Du bist ein Gott der Lebenden und hast deine Schöpfung entwicklungsfähig und veränderbar angelegt. Hilf uns zu bewahren, was dein ist, und zu öffnen, was du für alle Menschen bereithältst.

Darum bitten wir dich durch Christus, unseren Bruder und Herrn. Amen.

5. Sonntag

Stichworte: aufrichten, beistehen, Dämonen vertreiben
Schriftwort: Mk 1, 29–39

Liebe Gemeinde!

Jesus hat viel zu tun. Die Menschen haben gemerkt, dass er Macht hat, eine besondere Gabe, ihr persönliches Unheil zu wenden. Es heißt im Evangelium, dass »die ganze Stadt vor der Haustür versammelt war«. Morgens hatte es noch düster ausgesehen mit der Schwiegermutter des Petrus. Nach dem Besuch von Jesus war sie wieder auf den Beinen, am Kochen und Backen, ganz die Alte. Wunderbar, verheißungsvoll! In einer Zeit ohne Krankenkassen und Zusatzversicherungen, ohne Notfall-Ambulanz und Psychiatrie verbreitet sich die Nachricht von Mund zu Mund wie eine Sensation – da ist einer, der kann helfen! Der Evangelist berichtet: Jesus heilte »alle möglichen Krankheiten und trieb viele Dämonen aus«. Einfach so, er hatte kein Medizinstudium, keinen Abschluss in Homöopathie, kein steriles OP-Besteck, kein Verbandszeug. Offenbar waren es seine Worte und seine Ausstrahlung, seine Präsenz und Hinwendung, die sich heilend und segensreich auf die Menschen mit ihren unterschiedlichen Belastungen und Leiden auswirkte.

Dämonische Kräfte, Depressionen, negative Empfindungen, Unruhe, Schuldgefühle, Minderwertigkeitskomplexe packen auch heute, trotz moderner Medizin, ihre Opfer und rauben ihnen Energie und Lebensfreude, treiben sie in den Wahnsinn und in den Freitod. Allein im Großraum Frankfurt nehmen sich nach Meldung der Bundesbahn alljährlich über 400 Menschen das Leben, indem sie sich vor fahrende Züge werfen. Täglich stirbt in der Peripherie der Großstadt mindestens ein Mensch an Perspektivlosigkeit und hinterlässt Angehörige voller Schuldgefühle und bohrender Fragen, die niemand beantworten kann.

Jesu Wort, seine Gegenwart, wirkt wie eine Notbremse, hält den tödlichen Zug an, weist in eine neue Richtung. Diese Art Heilung gibt es nicht auf Rezept und in keiner anderen Darreichungsform als der persönlichen Begegnung.

Kein Wunder, dass die Menschen aufmerken und sich wundern, bei solchen Wundern zusammenströmen und ihn nicht mehr aus den Augen lassen!

Wir kennen Biografien von Frauen und Männern aller Jahrhunderte nach Christus, die seinem Beispiel gefolgt sind und ihre Mitmenschen von einem der schlimmsten Dämonen befreien konnten – der mörderischen Einsamkeit und dem quälenden Gefühl von Bedeutungslosigkeit. Es ist schrecklich, für niemanden wichtig zu sein; keine Rolle zu spielen; nirgends zu fehlen, wenn man geht, und keine Spur zu hinterlassen.

Von Mutter Teresa wird berichtet, dass sie einen längeren Erkenntnisprozess durchlebte, bis sie ihre Berufung fand und ihr Leben den Sterbenden in den Slums von Kalkutta widmete. Sie sammelte die zerlumpten und zerrissenen Existenzen und gab ihnen in den letzten Tagen und Stunden ihres Daseins ein Gefühl von Würde und Wichtigkeit. Sie rechnete sich nicht aus, ob es effektiver und zukunftsträchtiger sein könnte, junge Menschen von der Straße zu holen und zu nützlichen Mitgliedern der Gesellschaft zu erziehen. Sie machte mit der Treue zu ihrer Aufgabe sichtbar, wie Gott rechnet, wie Jesus die Welt sieht – ohne wirtschaftliches Kalkül, ohne Rangordnung und Hitliste, ohne ein Menschenschicksal einem anderen vorzuziehen. Die Frage, ob es sich lohnt, die seelische Not eines Menschen zu lindern, wird von Gott immer, in jedem Fall, mit JA beantwortet. Es gibt bei ihm kein unwertes Leben, keine endgültig verkrachte Existenz. Wo wir einen Schlusspunkt machen, setzt er ein Ausrufezeichen und will dabei unsere Hilfe.

Die Aufgabe ist unendlich, wie die allgegenwärtige Not. Da kann einem schon mal die Puste ausgehen! Mutter Teresa stand, wenn es besonders viel zu tun gab, noch eine Stunde früher auf als gewöhnlich. Man könnte vermuten, sie hätte dann schon mal den Tagesplan für alle Mitschwestern geschrieben und die Arbeit verteilt. Stattdessen reservierte sie diese frühe Stunde für das Gebet, aus dem sie die Kraft für die Aktivität und den Kampf gegen die Windmühlen des Elends schöpfte. Sie kannte das heutige Evangelium, in dem erzählt wird, dass Jesus in der Frühe an einen einsamen Ort ging, um zu beten. Gilt da das Sprichwort: »In der Ruhe liegt die Kraft«?

Wohl kaum in einer Ruhe, die wir selber durch Techniken der Entspannung erzeugen können. Die Kraft, die wir in den Fußspuren Jesu brauchen, können wir uns nicht selber geben. Wir erhalten sie, wenn wir an einem stillen Ort seine Nähe suchen. Für Christen gilt: »Die

Kraft liegt im Verweilen beim Herrn«. Wir sind eingeladen, dies heute und an jedem Tag der nächsten Woche zu erproben. Es ist nicht so einfach, wie es klingt. Die To-do-Listen an der Pinnwand und im Kopf sind lang. Das Handy klingelt gnadenlos. Die Drängelei der Dringlichkeiten wird stummgeschaltet, wenn wir die Tür schließen, den Stecker ziehen, auf dem Display den Flugmodus anwählen. Das verleiht uns Flügel!
Amen.

Impuls: Wunder

Bedrückt Bedrängt Besessen Beeinflusst
Beleidigt Bedeutungslos Blind Beklagenswert
Behindert Bekloppt Berufsunfähig Bewegungseingeschränkt
Besoffen Beziehungslos Blutflüssig Bucklig

So gehen wir durchs Leben
So kommen wir zu dir
So suchen wir nach einem guten Wort
So sehnen wir uns nach einer heilenden Begegnung

Erleichtere uns
Weite unseren Blick
Schenk uns einen eigenen Standpunkt
Zeig uns unseren Platz
Öffne unsere Augen
Mach uns wach
Ernüchtere uns
Gib uns den Sinn
Hilf uns Verbindungen zu knüpfen
Lass uns rein werden
Richte uns auf

Mit deiner Hilfe können wir ein Wunder erleben
Mit deiner Hilfe können auch wir Wunder wirken
Mit deiner Hilfe ist die Welt verbesserlich
Mit deiner Hilfe beginnt das Himmelreich
Amen.

6. Sonntag

Stichworte: Reinheit, Gewissen, Vorschriften
Schriftwort: Mk 1, 40–45

Liebe Gemeinde!
 Ein bedeutsames Wort in den eben gehörten Worten aus der Heiligen Schrift ist »rein«. Rein, was ist das eigentlich genau? Bezeichnen wir damit das Gegenteil von »verdreckt«? Ist es vielleicht die Steigerungsform von »sauber«? Die Älteren von uns erinnern sich bestimmt noch an eine Waschmittelwerbung zu Zeiten, als das Deutsche Fernsehen nur drei Programme hatte und man sehr häufig die gleichen Spots zu sehen bekam:
 Da ist die Hausfrau am Waschtag, die mit gerunzelter Stirn die vergrauten Stücke ihrer Kochwäsche mustert. Plötzlich erscheint neben ihr eine Art Zwillingsschwester, ihr »Wäschegewissen«, und macht ihr ernste Vorhaltungen. Weißer und weicher könnte die ganze Ladung sein, wenn sie nur das richtige Mittel verwenden würde! Nach dem Befolgen dieses Ratschlags sieht man ihren Ehemann und die Kinder gutgelaunt in blütenweißen, gestärkten Hemden und Rüschenblusen. Sie überreichen der erfolgreichen Hausfrau einen Blumenstrauß und man bekommt zu hören, was sie denkt: »Jetzt ist die Wäsche nicht nur sauber, sondern porentief rein! Alle haben mich so lieb!«
 Noch immer wird die Reinheit der Gottesmutter, häufig symbolisiert durch eine weiße Lilie, auf gynäkologische Sachverhalte reduziert. Dabei ist viel mehr gemeint: Sie ist ohne Erbsünde, sie hat ein reines Herz, sie schenkt reine Liebe. Sie sagt Ja zu den Belastungen der Mütterlichkeit. Sie hält durch, auch als es Vorwürfe hagelt und als sie selbst den Sohn nicht mehr versteht. Ihre reine Liebe erweist sich, als man ihn durch den Dreck zieht und aufs Kreuz legt. Das ist hart, etwas anderes als das süßliche Flair, mit dem Künstler und Schwärmer sie umgeben haben. Wenn wir ihre selbstlose Liebe und hingebungsvolle Haltung meditieren und zu neuen Liedtexten verdichten, finden auch heutige junge Leute Zugang zu Maria.

Reinheit spielt eine große Rolle – in der Chirurgie und bei der Bekämpfung von Seuchen, bei traditionellen Verheiratungsverhandlungen und in religiösen und kultischen Zusammenhängen. Im Judentum zur Zeit Jesu gab es eine große Anzahl von Reinheitsvorschriften für Mann und Frau, Teller und Tassen, Fisch und Fleisch, Tisch und Bett, Hände und Füße, Alltag und Sabbat. Wie so oft in der Geschichte der Menschheit und im eigenen Leben wurde aus lauter Sorge und Vorsorge weit über das Ziel hinausgeschossen. Die Gesetze, Bräuche, Regeln und Rituale wurden zum Selbstzweck. Sie waren nicht mehr für den Menschen da, sondern umgekehrt – Menschen erlebten sie als sinnleere und lebenseinschränkende Zwangsjacke. Später im Lesejahr B wird uns im Evangelium der Mann mit der verdorrten Hand begegnen, den Jesus am Sabbat heilt, nachdem seine Jünger Ähren abgerissen und sich damit gesättigt hatten. Jesus bricht mit Gesetzen, die keinen Sinn haben und nur auf Äußerlichkeiten gründen oder den Zugang zum Heilwerden verwehren. Sein Reinheitsbegriff ist ganz anders. Er lehrt uns eine Reinheit, die in die Tiefe führt, bis ins eigene Herz. Jesus lebt eine Reinheit, die in die Weite führt, bis zum letzten Nächsten, der unsere Hilfe braucht, und zwar unverzüglich.

Reine Liebe, das ist das neue Gesetz. »Liebe – und dann tu was du willst«, so hat Augustinus es in einem Satz zusammengefasst. Wer das Leben liebt, wird nicht an gedeckten Tischen hungern. Wer die Menschen liebt, wird sie nicht vertrösten, keine Wartelisten zum Zwecke der Zuwendung anlegen, nicht knausern und sparen. Wer liebt, will nichts Unreines, Schmutziges, Schädliches tun. Wenn der menschliche Wille durch den Filter der reinen, absichtslosen Liebe geläutert ist, kann die Ermutigung lauten: »Tu was du willst«.

In der reinen Liebe begegnet der Wille des Menschen dem Willen Gottes, sieht der Mensch mit göttlichen Augen, hört er mit Gott im Herzen. Das hat Jesus uns vorgelebt. Das ist der Lebensweg, der Lebenssinn und das Lebensziel von Christinnen und Christen.

Wir benötigen auf diesem Weg immer wieder unser Gewissen. Nicht in dieser parodierten Gestalt der Wäschefee, die Vorhaltungen macht und indoktriniert. Ein waches Gewissen ist ein Sensor, ein Seismograf unserer verborgenen Wünsche und Absichten. Das aus der Mode gekommene Wort von der »Gewissensbildung« hat auch heute noch Berechtigung und Bedeutung. Erinnern Sie sich an Ihr kindliches Gewissen, das sich unüberhörbar und hartnäckig zu Wort meldete, wenn Sie gestohlen oder gelogen hatten? Wie gut fühlte es sich an, wenn die Gewissensbisse nach einem Geständnis endlich aufhörten und einer großen Erleichterung Platz machten! Das Kindergewissen muss wie der Kinderglaube mitwachsen, wenn wir älter werden. Leider passiert es oft, dass der Glaube abgelegt wird wie ein zu klein gewordenes Kleidungsstück und das Gewissen dauerhaft verstummt. Flache Sprüche aus falsch verstandener Psychologie und Pädagogik verhelfen zu wirksamen Ausreden, wenn es um Eigenverantwortung und Schuld geht: Ist tatsächlich niemand verantwortlich? Sind wirklich alle anderen schuld? Kann man nicht anders als eigennützig sein, weil darin die vermeintliche Selbstverwirklichung liegt?

Jesus konnte anders, er konnte aus reiner Liebe sich selbst vergessen und gerade dadurch die Vollendung erreichen. Als seine Nachkommen sind wir dazu aufgefordert, seinem Vorbild nachzukommen.

Amen.

Für die kommende Woche

»Ich bin klein, mein Herz ist rein, soll niemand drin wohnen als Jesus allein …« Mein altes Kindergebet hat ausgedient. Ich sehe dich, Jesus, wie du milde lächelnd den Rotstift zückst und zwischen die Zeilen schreibst:

Ich bin klein
… sei nicht kleinlich, nicht kleinkariert!
mein Herz ist rein
… werde großherzig, das ist wichtiger als sauber!
soll niemand drin wohnen
… öffne dich stattdessen und mach Platz für die Menschen, die es brauchen!
als Jesus allein
… Ich wohne nicht gern allein und rücke gern ein bisschen auf die Seite!
Dein Jesus

Ich hab's begriffen. Es wird Zeit, mir einen neuen Reim zu machen!

Lass mich groß vom Menschen denken
und den Blick auf's Gute lenken.

Bei mir soll Platz für viele sein,
Jesus wohnt nicht gern allein!

Hinweis: Falls der Text vorgelesen wird, gewinnt er, wenn er von zwei Personen vorgetragen wird.

Hier ein paar Beispiele für eigene Kurzgebete von Teilnehmenden, die bei einem Einkehrnachmittag zum Thema Beten entstanden sind.

Lieber Jesus, ich bin hier
bespreche meinen Tag mit dir –
den Kleinkram und die großen Dinge,
bei denen ich um Fassung ringe.

Bitte hilf mir beim Sortieren
und beim Neu-Orientieren,
schenk mir deinen klaren Blick
für das Lob und die Kritik.

Mit Worten will ich niemand kränken,
Aufmerksamkeiten kann ich schenken.
Die Augen offen und das Herz
hilft zu lindern manchen Schmerz.

Ich könnte lächeln statt zu toben,
auch so kann ich den Höchsten loben.
Und ich kann ziemlich vieles lassen
ohne etwas zu verpassen!

Impuls: Ansteckungsgefahr!

Wer noch einen kühlen Keller hat
und die Äpfel im Herbst einlagert,
der muss sie regelmäßig kontrollieren,
denn, wenn einer zu faulen beginnt,
steckt er sehr schnell die Nachbarn an.

Jeder erfahrene Obstbauer kann bestätigen,
dass es andersherum nicht funktioniert,
dass es noch nie geholfen hat,

dass ein gesunder Apfel neben einem schlecht gewordenen
keine Verbesserung bewirkt, sondern selber vergammelt.

Deshalb werden bei uns die Schlechten aussortiert,
einen anderen Rat wissen wir uns nicht,
der Schaden muss begrenzt werden,
sonst geht es bergab und wird immer schlimmer.
»Unrein! Unrein!« zu rufen ist das einfachste Mittel.

Aber Menschen, selbst die gefallenen, sind kein Fallobst
sie können sich ändern und umkehren,
der Umkehrvorgang funktioniert am besten
mit einem Gesunden an der Seite
und Jesu Worten im Herzen: »Ich will es – werde rein!«
Amen.

7. Sonntag

Stichworte: stellvertretend glauben, Freundschaft, Heilung
Schriftwort: Mk 2, 1–12

Liebe Gemeinde!

An den vergangenen Sonntagen haben wir immer wieder von den heilenden Einsätzen Jesu zu Beginn seines Auftretens in der Öffentlichkeit gehört. Wir standen mit Petrus im Zimmer seiner Schwiegermutter. Wir haben miterlebt, wie Jesus sie bei der Hand nahm und aufrichtete. Krankheit und böse Kräfte, geistiges Leiden und unreine Geister haben kein Wohnrecht mehr, wenn Jesus da ist – davon zeugt das Evangelium.

Heute stehen wir im dichten Gedränge einer Menschenmenge, die genau das erleben will. Viele sind da, die selbst ein Anliegen haben, andere aus Neugier. Wenn der Alltag unterbrochen wird durch eine Attraktion, die Verbesserung verspricht, kommen die Menschen in Bewegung! Das ist im historischen Kafarnaum ebenso der Fall wie hier und heute.

Einer allerdings, der es nötig hätte, macht sich nicht auf. Er kann sich nicht um sich selber kümmern, rappelt sich nicht auf, kriegt den Hintern nicht hoch. »Primäre Antriebsschwäche«, diagnostizieren die Ärzte. »Hypotonie«, sagt der Physiotherapeut. »Motivationsproblematik«, vermutet die Psychotherapeutin. »Der Wille fehlt!«, sagt seine Frau. »So ein Faulenzer«, raunen die Nachbarn. »Wir haben den Jungen gut erzogen!«, beteuern die alten Eltern. »Mit unserm Vater ist nix los!«, maulen seine Kinder.

Was für ein Segen, dass dieser Mann vier Freunde hat! Sie geben nichts auf das Geschwätz der Leute, sie resignieren nicht angesichts der Diagnosen und erfolglosen Behandlungen. Sie hoffen weiter, sie hören vom heilenden Rabbi, sie handeln selbst. Sie tun sich zusammen und schleppen den, der sich nicht aufraffen kann, kurzerhand mit.

Und als keine Chance zu bestehen scheint, zum Hoffnungsträger durchzudringen, werden sie nicht kleinlaut, sondern kreativ! Sie steigen aufs Dach, decken es ab, schaffen den entscheidenden Durchbruch und machen eine Punktlandung vor den Füßen des Herrn!

Da liegt er nun, der Lahme, der mit den trüben Aussichten, der ohne Perspektive. Der Aufgegebene, Austherapierte, der hoffnungslose Fall.

Seine treuen Begleiter sind nicht mehr an seiner Seite, sie schauen gespannt und erwartungsvoll von oben in die dämmrige Kammer. Sie halten den Atem an, drücken die Daumen. »Der Herr lasse sein Angesicht leuchten über dir und sei dir gnädig«, betet einer den uralten aaronitischen Segensspruch und die anderen ergänzen: »Er hebe sein Angesicht über dich und gebe dir Frieden!«

Jesus und der Gelähmte schauen einander an. Von Angesicht zu Angesicht inmitten des Gedränges. Die Umgebung verschwimmt, die Details werden unscharf und das Stimmengewirr verebbt. Die Intensität der Begegnung könnte Tote wecken. Wie ein Film läuft die Vergangenheit des Kranken vor beider Augen ab: Momentaufnahmen und Eindrücke, Aussagen und Erklärungen, Eigenanteil und Fremdverschulden an dem Elend, in dem er feststeckt wie in einem Sumpf, der keine Bewegung mehr zulässt. »Weg mit den alten Bildern«, hören die Umstehenden Jesus sagen, »denk nicht mehr an das, was früher war; auf das, was vergangen ist, sollst du nicht länger achten. Sieh her, nun mache ich etwas Neues. Schon kommt es zum Vorschein, merkst du es nicht? Ja, ich lege einen Weg an …« Die Stimme Jesu wird leiser, er beugt sich herunter zu dem am Boden Liegenden, streicht ihm die Haare beiseite und spricht dicht an seinem Ohr. Die letzten Worte sind wieder deutlich zu hören: »Steh auf, nimm deine Tragbahre und geh nach Hause!«

Und vor aller Augen geschieht das Wunderbare. Eine Lossprechung. Eine Generalabsolution. Etwas ganz Neues beginnt. Ein Neustart wird möglich.

Wir sehen die Auferstehung des Aufgegebenen, den Aufstand gegen Ausgrenzung und Ausmusterung. Er schultert die Tragbahre. Man kann nie wissen … Vielleicht braucht er sie eines Tages, um jemand anderem auf die Beine zu helfen? Oder sie wird die Grundausstattung für seine neue Berufstätigkeit als Rettungssanitäter?

Die Menge öffnet sich, seine Freunde stürmen auf ihn zu. Sie begleiten ihn auf dem weiteren Weg. Gute Freunde braucht man immer, nicht nur in Notlagen. Sie sind dazu da, die Erinnerungen der Vergangenheit zu bewahren, die Freude der Gegenwart zu teilen, die Zukunft zu gestalten. Gute Freunde werden eines Tages auch an einer anderen

Öffnung stehen, traurig in die dunkle Grube schauen, den Sarg behutsam hinablassen und hoffen, dass auch dies nicht das Ende ist. Sie glauben daran, dass Jesus auch dann da ist, die Seele aus der Totenstarre löst und für den Verstorbenen etwas ganz Neues schafft.

Solche Freundinnen und Freunde wollen wir haben. Solche Freundinnen und Freunde wollen wir sein. Amen.

Tagesgebet mit Ergänzungen

Barmherziger Gott,
du hast durch deinen Sohn zu uns gesprochen.
Du sprichst auf vielerlei Arten und Weisen zu uns,
wir können dich vernehmen, wenn wir aufhören zu lärmen,
und auf das achten, was uns aufhorchen lässt.
Lass uns immer wieder über dein Wort nachsinnen,
das uns durch die Frohe Botschaft erreicht,
das gute Freunde für uns haben und in die Tat umsetzen,
so dass ihre Hoffnung und Zuversicht uns ansteckt –
damit wir reden und tun, was dir gefällt.
Wenn aus unserem Denken und Reden ein Tun wird,
verändert sich die Welt und wird ein besserer Ort.
Wir wollen dazu beitragen, heute und in der kommenden Woche.
Darum bitten wir durch Jesus Christus.
Er ist unser Freund und Bruder. Amen.

8. Sonntag

Stichworte: Brief Christi, verbindende Botschaften
Schriftwort: 2 Kor 3, 1b–6

Liebe Gemeinde,
hatten Sie schon mal eine Fernbeziehung? So bezeichnet man eine Freundschaft und Liebe, die nicht durch tägliches Zusammensein gelebt und besiegelt werden kann. Zwischen den Menschen, die zusammengehören, liegt eine weite räumliche Entfernung. Was tut man dann?

Heute gibt es viele Möglichkeiten, in Kontakt zu stehen, ohne sich zu sehen. Man kann telefonieren, sogar mit Blickkontakt. Fotos und kleine Videoaufnahmen sind in Sekundenschnelle rund um den Globus geschickt. Emails brauchen keinen langen Postweg zu durchlaufen und erreichen ihren Empfänger unmittelbar. Und dann gibt es noch immer den schönen Brauch des Briefschreibens. Ein Brief ist ein Ereignis – in unserer Zeit gerade wegen all der elektronischen Medien. Ein Brief ist persönlicher als getippte Nachrichten. Die Wahl des Papiers, das Schriftbild, der Stempel auf der Briefmarke – all das gehört zur Aussage. Gesammelte Briefe aus Fernbeziehungen erzählen wie ein Buch eine Liebesgeschichte und ein Stück Leben und Lebensweisheit.

Der Apostel Paulus unterhält eine Fernbeziehung zu den Gemeinden in Korinth. Gerne würde er sie persönlich besuchen, aber die Umstände lassen es nicht zu. Er macht sich Sorgen um das Befinden der jungen christlichen Gemeinschaft, die noch nicht gefestigt ist. Fremde Einflüsse sorgen für Irritationen. Und so schreibt Paulus mit viel Gefühl, mit anschaulichen Vergleichen und lebendigen Beispielen einen Brief, legt seine ganze Überzeugungskraft hinein. Er ermahnt und appelliert, stellt Fragen und schildert persönliche Ereignisse. Und es wirkt, als wären die Seiten dann irgendwann durcheinandergeraten, so dass seine Themen und Anliegen wechseln wie das Wetter im April.

Die heute gehörte Passage bringt ein starkes Bild und rührt ans Herz. »Ihr seid ein Brief Christi … geschrieben nicht mit Tinte, sondern mit dem Geist des lebendigen Gottes, nicht auf Tafeln aus Stein … sondern in Herzen aus Fleisch …«.

Stellen wir uns das vor – Sie, ich, alle hier Anwesenden, alle Getauften, alle Gläubigen sind lebendige Briefe! Der Absender ist Gott selber, die Adresse ist die ganze Welt. In uns kann gelesen werden wie in einem Buch, was Gott den Menschen mitteilen will.

Wenn das so ist, dann hat alles, was uns ausmacht, eine hohe Bedeutung. In unserem ganzen Wesen, unserem Wirken, in Gedanken, Worten und Werken ist abzulesen, was Gott und Welt verbindet!

Gerade in unserer Zeit, in der Glaube und Religion zur Privatsache geworden sind, kommen Menschen nicht mehr selbstverständlich mit dem Wort Gottes in Kontakt. Die einzige Bibel, in der sie noch lesen, sind wir Christinnen und Christen! Wir tragen den Auftrag zur Verkündigung in uns und werden selbst zur Botschaft! Wir sind Botinnen und Briefträger mit einer Guten Nachricht! Das ist ein großer Auftrag. Können wir diese Sendung bewältigen und zuverlässig zustellen?

Zum Glück ist es der Geist Gottes, der Heilige Geist selber, der uns ins Herz geschrieben hat. Das ist der Beistand, die Unterstützung, die wir brauchen, um unserer Verantwortung gewachsen zu sein.

Das Bild vom Brief begegnet uns auch in umgekehrter Weise. In einer Fernbeziehung stellt der Briefkontakt Nähe her. Und wer einen Brief abgeschickt hat, wartet auf Antwort. Erinnern Sie sich an Situationen, in denen Sie auf den Postboten gewartet haben und enttäuscht waren, wenn er vorbeiradelte, ohne etwas aus der großen Tasche zu holen, wenn das gelbe Auto durchfuhr ohne anzuhalten?

Auch Gott, der seinen Brief in unsere Herzen geschrieben hat, wartet auf Antwort. Welche Botschaften erhält er?

Vermutlich gehen täglich Berge von Bittgesuchen bei ihm ein. »Ich bitte um …; ich brauche dringend und zwingend …;« wir beten für eine gute Sache und gegen Pest und Cholera. Wir lesen in der Bibel, dass wir unseren himmlischen Vater um alles bitten dürfen. Er hört uns und weiß, was wir brauchen, noch ehe wir es aussprechen. Dennoch machen wir alle die Erfahrung, dass viele Bitten nicht so erhört, Wünsche nicht so erfüllt werden, wie wir es uns in unserem oft kindlichen Gemüt vorgestellt haben.

Deshalb erhält Gott auch viele Beschwerdeschreiben. »Wie konntest du zulassen, dass meinen Liebsten das zustößt …, warum gerade ich …, wo warst du als …, wieso hast du meine Bitte überhört …«. Wir leiden darunter, dass Gott schweigt. Wir fragen uns, wie er all das, was im Argen liegt, zulassen oder womöglich sogar schicken kann. Nicht selten führt das dazu, dass der Briefkontakt zu ihm abreißt. Die Fernbeziehung scheitert, denn im Herzen bewahren kann man nur, was man nährt und pflegt.

Manche unserer Briefe an Gott sind Tagesberichte, schöne Schilderungen geglückter Momente, dankbare Augenblicke, die nochmals durchlebt werden, indem wir sie in Worte fassen. Unsere abendlichen Briefe an Gott enthalten vielleicht eine Tagesbilanz, eine Liste der Dinge, an denen noch weitergearbeitet werden sollte, einen Plan und ein paar Fragen dazu. Die Nacht trägt unsere Briefe fort. Vielleicht kommt eine Antwort im Traum zu uns? »Den Seinen gibt's der Herr im Schlaf«, lesen wir im Psalm 127.

Auch in den kommenden Wochen hören wir in der zweiten Lesung Abschnitte aus dem zweiten Brief des Apostels Paulus an die Korinther. Nehmen wir für heute das Bild vom Brief mit, der uns selbst ins Herz geschrieben ist, und gehen wir in der kommenden Woche mit unserem Auftrag um, die Botschaft dieses Briefes unter die Leute zu bringen. Amen.

Gestaltungsidee

Briefumschläge vorbereiten. Eine originelle und liebevolle grafische Gestaltung erhöht die Attraktivität.

Von: Gott
An: Die Welt
zugestellt durch: ....

Im Kuvert befindet sich ein Briefbogen mit einem Auszug der heutigen zweiten Tageslesung (2 Kor 3, 2–3). Es ist noch viel unbeschriebene Fläche auf dem Blatt, das in der kommenden Woche mit Notizen und Mitteilungen an Gott und die Welt gefüllt werden kann. Es wird dazu eingeladen, sich einen Brief mitzunehmen und gerne auch einen persönlich ergänzten Briefbogen am kommenden Sonntag an geeigneter Stelle in der Kirche zugänglich zu machen.

9. Sonntag

Stichworte: Hartherzigkeit, Handlungsfähigkeit, Jesus zur Hand gehen
Schriftwort: Mk 2, 23–3,6

Liebe Gemeinde!
Wenn man für die eben gehörten Texte des heutigen Sonntags eine gemeinsame Überschrift suchen würde, könnte sie vielleicht heißen: »Vom rechten Handeln!« Da ist zunächst die göttliche Weisung für das endlich aus der Sklaverei entkommene Volk Israel, die wir üblicherweise als das »Sonntagsgebot« kennen. Was besagt es genau? Geht es darum, dass man sonntags in die Kirche gehen und nicht arbeiten soll? Könnten Sie den Wortlaut spontan wiederholen?

»Achte auf den Sabbat, halte ihn heilig«, heißt es am Anfang. »Sechs Tage darfst du schaffen und jede Arbeit tun. Der siebte Tag ist ein Ruhetag, dem Herrn, deinem Gott, geweiht …« und dann wird ausgeführt, dass dies wirklich für alle gemeinschaftlich lebenden Menschen und Tiere gilt. Sie sollen sich ausruhen. Und es folgt eine Rückblende als Erinnerung an die Zeit der Befreiung aus der Knechtschaft in Ägypten: »Der Herr, dein Gott, hat dich mit starker Hand und hoch erhobenem Arm dort herausgeführt.« Daran soll das Volk sich an jedem Sabbat dankbar erinnern und ihn heilig halten, das heißt, frei von der Plackerei des Alltags, frei von den Sorgen ums tägliche Brot, frei von Verpflichtungen und Geschäften. Ein Knecht, ein Sklave hat niemals frei, er ist Leibeigener, Besitztum, nicht mehr wert als ein beliebiger Gegenstand, mit dem sein Herr tun und lassen kann, was er will. Gott sagt seinem Volk mit diesem Gebot, dass er sich keine Mägde und Knechte, sondern freie Menschen wünscht, über deren Zeit nicht nur verfügt wird, sondern denen regelmäßig Frei-zeit, Frei-heit geschenkt wird.

Wir hören heraus: Da geht es um viel mehr als um Ladenschlussgesetz und Kirchenbesuch. Die Weisung ist eine Einladung. Das Gebot ist ein Geschenk. Es ist für den Menschen da.

Ein Gebot ist ein Grundsatz, ein Eckpfeiler für das Gelingen des Lebens und des Zusammenlebens. Regeln und Rituale sind »Ausführungsbestimmungen«, die dazu verhelfen sollen, das als richtig und wichtig Erkannte auch zu tun. Sonst bleibt das Gebot eine steinerne

Gesetzestafel, ein schön formuliertes Leitbild, das eingerahmt im Eingangsbereich des Betriebs hängt, ein guter Vorsatz ohne Folgen!

Oft wird übersehen, dass eine Regel nicht das Gleiche ist wie der Wert, der ihr zugrunde liegt! Wir alle kennen das: »Vor dem Tisch und nach dem Essen Händewaschen nicht vergessen!« Der Sinn dieser Regel ist klar, sie dient der Gesundheit. Aber muss man sie auch einhalten, wenn man gerade aus der Badewanne kommt? Darf man beim Picknick im Grünen nur mitmachen, wenn ein Brunnen in der Nähe ist? Bleibt ein Eis »auf die Hand« beim Spaziergang verboten, weil die Hände nicht gewaschen werden konnten? Vermutlich werden wir die Regel den Gegebenheiten anpassen und entscheiden, was in der jeweiligen Situation angemessen ist.

Genau das tun auch die Jünger im heutigen Evangelium, indem sie am Sabbat Ähren abreißen, um sich zu sättigen. Genau das tut auch Jesus, als er den Mann mit einer Behinderung im Tempel trifft. Eine »verdorrte Hand« ist eine ungenaue Diagnose – was stellen wir uns darunter vor? Ist er halbseitig gelähmt, hat er Muskelschwund, leidet er unter den Folgen einer alten Verletzung? Diese verdorrte, saft- und kraftlose Hand macht ihn hand-lungsunfähig, sie ist ein Ausschlusskriterium für hand-werkliche Berufe, ein Schönheitsfehler und nach damaligem Verständnis eine Strafe Gottes für Sünden in der Vergangenheit. Jesus stellt diesen vom Leben gezeichneten Mann in die Mitte, nicht das Gesetzbuch jüdischer Sabbatregeln. Er stellt die festgeschriebene Ordnung auf den Kopf, er stellt etwas Ungehöriges an. Er stellt eine grundsätzliche Frage: »Ist es am Sabbat erlaubt, Gutes zu tun oder Böses, ein Leben zu retten oder zu vernichten?« Diese Frage weist auf den Wert hin, zeigt auf den Sinn. Die Antwort liegt im doppelten Wortsinn »auf der Hand«! Wo Jesus ist, gibt es keine dürren Worte, keine verhärteten Glieder. Wenn Jesus handelt, schießt das Leben ein wie der Saft in die winterkahlen Bäume, selbst wenn der Kalender eine andere Jahreszeit anzeigt als den Frühling.

Die verdorrte Hand kann Jesus heilen. Der Mann, der von ihm in den Mittelpunkt gerückt wurde, kann seinem Retter die Hand schütteln, ihm mit zwei gesunden Händen applaudieren, er kann in die Hände spucken und an die Arbeit gehen. Er kann dem Beispiel Jahwes folgen und »mit starker Hand und hocherhobenem Arm« für seine Mitmenschen eintreten.

Die verstockten, vertrockneten, versteinerten Herzen der umstehenden Pharisäer kann Jesus nicht heilen. Er ist voll Zorn und Trauer, aber ihm sind die Hände gebunden. Die Entscheidungsfreiheit eines jeden von ihnen, eines jeden von uns räumt die Möglichkeit ein, am Buchstaben festzuhalten wie an einem Geländer, wie an einer Krücke, ohne die man sich nicht bewegen kann. Leben in Fülle ereignet sich nicht hinter dem Zaun von Vorschriften und Strafandrohungen. Jesus möchte uns in die Weite führen, wo ein Stück Himmelreich auf die Erde fällt – am Sonntag und an jedem Werktag. Wir sind eingeladen zu folgen. Amen.

Impuls: Nicht mehr Sklaven, sondern Freie

Sklave
der Lebensumstände
der Firmenbosse
der eigenen Leidenschaften
der Freizeitindustrie
der Medien

Pausenlos
am Limit
am Schaffen und Raffen
am Zocken und Rocken
am Saufen und Feiern
am Handy erreichbar

Atemlos durch die Nacht –
Noch eben schnell die Welt retten –
Schaffe, schaffe Häusle baue –
Wer will fleißige Handwerker sehn –
Ist da jemand – ist da jemand?

Frei werden
von selbstzerstörerischen Idealen
von beständigem Wettbewerb
von dem Druck der Gruppe
von der Angst etwas zu versäumen
von der Enge überlieferter Gesetze

durch Gottes starke Hand
durch seinen hocherhobenen Arm
durch Jesu befreiende Worte
durch Jesu heilendes Handeln
durch Gesetze, die für den Menschen da sind

nicht mehr Sklaven, sondern Freie

Zum Tagesgebet

Gott unser Vater,
deine Vorsehung geht niemals fehl.
Du hast die Freiheit für uns vorgesehen,
nicht die Abhängigkeit. Aber es ist vorhersehbar,
dass wir sie alleine nicht verwirklichen können.
Halte von uns fern, was uns schadet –
das Zuviel und Zuwenig, das Zugroß und Zuklein,
jedes Zu ist von Übel, ohne dich wiegt die Freiheit zu schwer,
gewähre uns alles, was zum Heile dient.
Darum bitten wir durch Jesus Christus,
der unsere verdorrten Herzen erquicken will.
Amen.

10. Sonntag

Stichworte: Schuld, Eigenverantwortung, Gewissen
Schriftwort: Gen 3, 9–15; Mk 3, 20–35

Liebe Gemeinde,
wir haben eben in der alttestamentlichen Lesung den Schluss der Geschichte vom Sündenfall gehört, die in Bilderbibeln zumeist detailreich ausgemalt auf den ersten Seiten zu finden ist. Ich möchte Ihnen von einem Gespräch zwischen Mutter und Kind dazu erzählen.

Der siebenjährige Junge betrachtet die bunten Bilder der Schöpfungsgeschichte und verweilt dann bei der Darstellung von Adam und Eva im Gespräch mit der Schlange. Hören wir den beiden bei ihrer Unterhaltung zu.

»Das ist eine schlimme Sache«, sagt die Mutter. »Die beiden Menschen hatten den ganzen schönen Paradiesgarten, um sich zu vergnügen und satt zu essen. Nur von dem besonderen Baum in der Mitte sollten sie die Finger lassen. So hatte es Gott ihnen gesagt. Aber gerade, weil es verboten war, fanden sie diesen Baum besonders interessant. Kennst du das? Ist dir das auch schon mal so gegangen?«

Der Junge schüttelt zuerst den Kopf, aber dann hält er inne und überlegt.
»Wie vor Weihnachten?«, fragt er dann zögernd. Die Mutter nickt. Ja, da hatte es Ärger gegeben, weil er sich den Schlüssel zum Zimmer mit den Geschenken heimlich geholt und darin herumgeschnüffelt hatte. Beinahe wäre sein Herzenswunsch deshalb nicht in Erfüllung gegangen. Es hatte ein paar harte Worte gegeben, einige Tränen und das Versprechen, es nicht noch einmal zu tun.

»Schon seit es Menschen gibt, passiert so etwas immer wieder«, sagt die Mutter. »Es ist nicht nur die Geschichte von Adam und Eva. Es ist eine Geschichte, in der wir alle mitspielen. Wir sind neugierig oder wollen immer mehr haben. Wir wollen die verabredeten Regeln nicht gelten lassen. Wir wissen, dass es richtig wäre, wegzugehen, an etwas anderes zu denken. Aber es lässt uns keine Ruhe. Und wenn dann noch jemand dazukommt und uns überredet, werden wir weich und machen Sachen, die uns hinterher leidtun. Aber nicht immer kann man sie wieder in Ordnung bringen.«

»Passiert dir das auch?«, fragt das Kind überrascht. Die Mutter nickt. »Es passiert allen Menschen. Kinder denken manchmal, die Großen wissen Bescheid und machen alles richtig. Leider ist es nicht so. Erwachsene wissen oft, was das Gute wäre, und entscheiden sich trotzdem für das Schlechte, weil es einfacher, interessanter, leichter ist oder mehr Spaß zu machen scheint. So entstehen Sünden – Streit, Gewalt, Überfälle, Kriege.«

Der Junge fährt mit dem Finger über die Windungen der züngelnden Bilderbuchschlange. »Du bist böse, du hast die zwei belogen! Sie wurden gar nicht schlau von der Frucht!«

Die Mutter sagt: »Es ist hier so gemalt, als wäre die Schlange an allem schuld. Aber diese Schlangen-Stimme, die einem einredet, das Falsche zu tun, ist nicht nur außen. Manchmal hört man sie auch, wenn niemand anders in der Nähe ist. Und sie ist lauter als die andere Stimme, die an das Richtige erinnert. Das Böse ruft dazwischen, lässt das Gute nicht ausreden. Da ist es ganz schön schwer, sich trotzdem nicht überreden zu lassen!«

»Eigentlich überredet man sich dann ja selber«, sagt der Junge. »Das kenne ich auch! Und dann redet sich jeder heraus – Eva schiebt es auf die Schlange und Adam schiebt es auf Eva. Und dann war Gott wütend und hat sie weggejagt! Du sagst doch immer, er hält trotzdem zu uns!«

Die Mutter nimmt ihren Sohn in die Arme. »Du weißt doch wie das ist – wenn man etwas angestellt hat, gibt es eine Strafe. Aber die Eltern haben ihr Kind deshalb nicht weniger lieb! Es muss lernen zu unterscheiden und sich zu entscheiden. Man kann nicht lernen, das Gute zu tun, wenn alles egal ist!«

Soweit das Gespräch. Hoffentlich setzt es sich in dieser Weise fort, wenn der Junge älter wird. Dann bleibt sein Glaube nicht bei den gutgemeinten Bildern seiner Kinderbibel stehen. Dann wird er schrittweise in die Erkenntnis hineinwachsen, dass biblische Geschichten das persönliche Leben eines jeden Menschen meinen. »Wie es war im Anfang, so auch jetzt und allezeit …«, könnte man sagen, denn die Gewissensbildung, der Umgang mit Versuchungen und die Konsequenzen menschlichen Handelns muss jeder einzelne Mensch für sich neu erlernen.

Wir haben den Vorteil, das überlieferte Wissen, das Regelwerk des Alten Testaments und die Weisungen Jesu zu kennen und brauchen deshalb nicht alle Fehler zu wiederholen, die schon unzählige Male

10. Sonntag

vor unserer Zeit gemacht wurden. Zur Zeit Jesu war das Verständnis für die Individualität des Einzelnen, seine Entscheidungsfreiheit und seinen eigenen Willen noch in den Anfängen. Man hatte ein kollektives Bewusstsein als Volk, religiöse Einheit, Clan und Familie. So war man auch im Allgemeinen der Überzeugung, dass die göttliche Strafe für eine Verfehlung sich auf ganze Generationenfolgen erstrecken könne. Man flehte um Erbarmen für die ganze Gemeinschaft, um Bewahrung für die Sippe.

Durch die Worte Jesu werden diese traditionellen Verbindungen relativiert. Er lehrt die Verantwortung eines jeden Menschen für sein Tun und Lassen. Er zeigt im heutigen Evangelium, wie Abgrenzung und Neuorientierung gelingen. Und gleichzeitig erweitert Jesus den Schutzraum und die Zugehörigkeit zur Familie auf alle Menschen guten Willens: »Wer den Willen Gottes erfüllt, der ist für mich Bruder und Schwester und Mutter.«

Niemand kann sich aus der Verantwortung für sein Handeln herausschleichen. Wir tragen als Geschenk und Bürde die gottgewollte Freiheit zur eigenen Entscheidung in uns. Neben allen Einflüssen von außen, die uns prägen und denen wir nicht immer entrinnen können, haben wir immer wieder die Möglichkeit zu einem JA oder NEIN.

Bitten wir darum, dass wir immer wieder die richtige Wahl treffen. Unsere Familienzugehörigkeit als Christinnen und Christen hilft uns dabei.

Amen.

Fürbitten

Wir gehören zur Familie Gottes und dürfen jederzeit auf sein offenes Ohr hoffen. So bitten wir:

Lass uns die Grenzen des Machbaren erkennen und das Unabänderliche akzeptieren.

Hilf uns bei allem Fortschritt der Wissenschaft, die Grenzen des ethisch Vertretbaren zu wahren.

Schenke uns die Erkenntnis, dass wir nackt sind, wenn deine Liebe uns nicht einhüllt.

Gib uns den Mut und die Demut, immer wieder bei dir anzuklopfen, wenn wir uns selber die Tür zum Paradies zugeschlagen haben.

Öffne unser Ohr für die leise Stimme des Gewissens, die uns vor dem Sündenfall und manch anderem Reinfall bewahren kann.

Mach uns zu mündigen Jüngerinnen und Jüngern, die dein Ewiges Wort ins Heute übersetzen.

Guter Gott, du schenkst uns den freien Willen und begleitest uns mit deiner Liebe, wenn wir Fehlentscheidungen treffen. Du hilfst uns immer wieder auf die Sprünge. Dafür danken wir dir und darum bitten wir dich durch Jesus, unseren Bruder. Amen.

Schuldbekenntnis

Ich bekenne Gott, dem Allmächtigen,
und allen Brüdern und Schwestern,
dass ich mich wieder einmal unter dem Baum der Versuchung verweilt habe, anstatt mich aus dem Staub zu machen,
dass ich mich überreden ließ,
anstatt mich abzugrenzen und Farbe zu bekennen,
dass ich andere mit hineingezogen habe in meine falschen Entscheidungen,
mich hinterher herausreden wollte und versucht habe, die Schuld auf sie zu schieben.
Ich weiß, dass die Sünde im Kopf beginnt, Form und Gestalt annimmt und die Stimme des Herzens übertönt,
schöne Lügen formuliert und Böses in die Tat umsetzt.
Ich bitte die Mutter Maria, die der Schlange der Versuchung den Kopf zertreten hat,
alle Engel und Heiligen, die sich mit den Verlockungen des Bösen auskennen,
und euch, Brüder und Schwestern,
für mich zu beten bei Gott, unserm Herrn.

Wir dürfen darauf vertrauen, dass sein Erbarmen größer ist als sein Zorn, seine Liebe größer als die Enttäuschung über den Missbrauch der von ihm geschenkten Freiheit. Amen.

10. Sonntag

Wie Versuchung funktioniert

versuchen
verharmlosen
verniedlichen
versüßen

überrumpeln
überreden
übertönen
überzeugen

vorgeben
vortäuschen
vorschlagen
vormachen

nachgeben
nachplappern
nachhelfen
NACHDENKEN ...
UMKEHREN

vorhersehen
vorwarnen
vornehmen
vorkehren

überlegen
überschauen
übergeben
überwinden

verstehen
verdeutlichen
vereiteln
verduften
So funktioniert Widerstehen

11. Sonntag

Stichworte: Samenkörner und Bäume, Kleines und Großes
Schriftwort: Mk 4, 26–34

Liebe Gemeinde,
ich möchte mit einer Frage an Sie alle beginnen: Haben Sie einen Lieblingsbaum?

Lassen Sie sich einen Augenblick Zeit, erinnern Sie sich an die Bäume Ihrer Kindheit, gehen Sie in Gedanken durch Ihren Garten und in den Park. Was fällt Ihnen ein?

(Je nachdem, wie vertraut man sich ist, können Einzelne zu Wort kommen)

Wer diese Frage stellt, bekommt oft sehr schöne Geschichten zu hören, die wie Bilder die Besonderheit ausgesuchter Bäume schildern. Da ist der Kirschbaum im Garten der Großeltern, in dessen Krone ein luftiges Baumhaus gebaut worden war. Dort konnte man als Kind im Frühjahr in einer schneeweißen Blütenwolke sitzen, sich im Sommer die reifen Früchte in den Mund wachsen lassen und im goldenen Oktober noch die Mittagssonne mit einem Buch auf dem Schoß genießen.

Jemand erzählt von dem großen Kastanienbaum, der wirklich aus einer einzigen blanken braunen Kastanie entstanden ist. Aus dem Ferienort in den Bergen mitgenommen, begann sie im Blumentopf zu Hause auszutreiben, wurde später ausgepflanzt und ist nun im Garten zu einem Blickfang geworden. Besonders im Frühjahr ist es immer wieder ein Höhepunkt, wenn die klebrigen Blüten sich öffnen und in wenigen Tagen die großen Kerzen emporwachsen und die Blätter, die wie Riesenhände aussehen, grün leuchten.

Kerzen, die gehören auch zum Weihnachtsbaum, einem sehr oft genannten Lieblingsbaum. Echt muss er sein, nicht »mehrjährig« aus Plastik. Es soll nach Tanne und Honigkerzen duften im Weihnachtszimmer. Die schönen filigranen Schmucksachen aus der Kiste vom Speicher gehören in die gerade gewachsenen Zweige. Dann ist es der schönste Baum – alle Jahre wieder.

Bäume sind symbolträchtig. Fest verwurzelt und weit verzweigt verbinden sie den Himmel mit der Erde. Sie sind von der Blüte bis zum Abwurf des bunten Laubs Wegweiser für die Jahreszeiten, Zeichen für Vergänglichkeit und für die Wiederkehr neuer Lebenskraft. Bäume sind zuverlässig. Sie bleiben stehen, bieten Schatten, sorgen für gutes Klima und frische Luft. Sie bieten einer Vielzahl von Lebewesen Raum und Nahrung. Sie festigen das Erdreich und verhindern Erosion und Verkarstung. Mit ihren Früchten und ihrem Holz liefern sie uns Nahrung, Bau- und Brennmaterial.

Über die persönliche Familiengeschichte berichtet man gern anhand eines Stammbaums, bei dem die Vorfahren in den Wurzeln verzeichnet sind, die Nachkommen in den Zweigen.

Das Sinn-Bild Jesu für das Reich Gottes im heutigen Evangelium ist der große Baum, gewachsen aus einem kleinen Samenkorn. Dieses Bild ist für uns verständlich und ansprechend. Wie oft plagen wir uns mit dem Gefühl der Vergeblichkeit herum, wenn unsere guten Gedanken und Worte nicht wirken, unsere Werke ignoriert werden oder unbeantwortet bleiben. Jesu Wort vom Senfkorn sagt: Auch das Kleinste hat es in sich! Unterschätzt es nicht! Achtet es nicht gering! Zertretet es nicht!

Das Kleine hat es in sich! Wird es richtig eingesetzt, an der richtigen Stelle, in gutem Boden, dann wird es groß, treibt aus und will hoch hinaus, bietet Schutz und Heimat.

Es ist wie mit unseren Genen – in jeder winzigen Zelle ist der Bauplan für das Ganze bereits enthalten und die Differenzierung gelingt wie von selbst, so dass aus Anfängen, die für das menschliche Auge zu klein sind, in wenigen Monaten etwas so Großartiges wie ein neuer Mensch entstehen kann.

Das Kleine hat es in sich! Wir Großen sollen klein werden wie die Kinder, uns auf die Anfänge besinnen, die Welt mit ihrem Blick, ihrem Staunen ganz neu wahrnehmen. Dennoch ist es unser Auftrag zu wachsen, im Glauben, in der Hoffnung und in der Liebe. Wir dürfen uns in Gott verwurzeln, in der Gemeinde der Christen guten Boden finden, uns vom Stamm des Evangeliums aus verzweigen und austreiben, Platz bieten für viele, die ein Nest brauchen, die nicht wissen, wohin sie ihr Ei legen sollen. Es mögen komische Vögel sein, die sich da auf unseren Zweigen niederlassen. Die Schöpfung Gottes ist unergründlich und unendlich. Sie bringt Variationen hervor, die wir uns nicht hätten träumen lassen – schillernde Paradiesvögel, zierliche Zaunkönige, plappernde Papageien und räuberische Raben, Kuckuckseier, die in fremden Nestern auftauchen, unermüdliche Spechte, die auf Holz klopfen und scheinbar mit dem Kopf durch die Wand wollen. Sie alle sollen in unserem Reich-Gottes-Baum einen Platz finden, der sie leben lässt.

Das kleine Senfkorn im Gleichnis ist die Saat für diesen Baum. Es gibt auch Saat-Worte, kurze Sätze, die uns in entscheidenden Momenten gesagt werden und die wir im Herzen bewahren. Solche Worte wachsen und werden groß, treiben uns an und lassen uns nicht mehr los. Für manche ist es der Taufspruch, für andere ein Gebet aus der Kindheit oder ein Zitat aus der Heiligen Schrift.

In Zeiten, in denen die Medizin noch in den Kinderschuhen steckte, schrieb man solche heilsamen Worte und Sprüche auf einen Zettel und gab sie dem Kranken. Der lernte sie nicht nur auswendig, sondern auch »inwendig«, indem er das Blatt in den Mund nahm und buchstäblich durchkaute, bis es zu Brei geworden war und er es schlucken konnte. Das ist aus der Mode gekommen. Heutzutage werden bei uns eher Tratsch und Klatsch durchgekaut und wiedergekäut. Wir sind nicht gezwungen, das mitzumachen. Wir können uns abgrenzen und uns für die kommenden Tage im Sinne des Gleichnisses vom Senfkorn vornehmen, ein Wort der Schrift auszusuchen, dass uns berührt, es zu wiederholen, damit wir es wieder hervorholen können, wenn wir es benötigen. Es wird uns vielleicht aufgehen, bedeutsam werden, wachsen und wie ein schöner Baum in der Allee unserer Lebensstraße zum Reich Gottes werden.

Amen.

Gestaltungsimpuls

Falls es einen Kreis zur Vorbereitung des Gottesdienstes gibt, können diese und weitere Senfkornworte gefunden und auf Karten geschrieben oder in Verbindung mit Fotos gestaltet werden. In einem geeigneten Bereich des gottesdienstlichen Raumes werden sie am 11. Sonntag ausgestellt. Eine entsprechende Liste kann für Interessierte ausliegen.

Es können auch Abriss-Listen wie bei Aushängen im Supermarkt angefertigt werden, auf den einzelnen Abrissen stehen anstelle von Telefonnummern Senfkornworte zum Mitnehmen.

Senfkorn-Worte (eine Auswahl)
Ich bin das Brot des Lebens – kommt und esst!
Ich bin das Licht der Welt – geht nicht im Finstern einher!
Ich bin die Tür – tretet ein und fühlt euch zu Hause!
Ich bin der Gute Hirte – keine Angst vor Mangelerscheinungen!
Ich bin die Auferstehung – niemand muss am Boden zerstört liegen bleiben!
Ich bin der Weg – wer ihn einschlägt, kommt täglich an ein Ziel!
Ich bin die Wahrheit – Schluss mit dem Selbstbetrug!
Ich bin das Leben – das Geschenk Gottes an euch!

Zum Tagesgebet:

Gott, du unsere Hoffnung und unsere Kraft,
ohne dich vermögen wir nichts.
Wir sind zwar zum Mond geflogen
und haben Schafe geklont,
aber schon die Erschaffung
eines dauerhaft friedvollen Miteinanders
überfordert uns.

Steh uns mit deiner Gnade bei,
in den Forschungszentren und Laboratorien,
in denen das Machbare noch lange nicht das Gute bewirkt,
in den Ländern der Erde mit ihren unterschiedlichen Problemen,
steh unseren Familien bei und jedem Einzelnen von uns -

damit wir denken, reden und tun, was dir gefällt.
Dir gefällt alles, was aus Liebe gemacht ist,
was dem Wohl der Menschen dient und die Schöpfung bewahrt,
was uns gesund macht an Leib und Seele,
was uns dazu verhilft, unseren Platz im Leben zu finden,
als engagierte Helferinnen und Bauleute des Himmelreichs.

Darum bitten wir durch Jesus Christus.
Amen.

Fürbitten

Seit Menschen existieren, sind sie auf der Suche nach Sinn und nach Gott. Auch wir wollen uns an ihn, den Sinn-Geber unseres Daseins, wenden:

In jedem Leben gibt es einen Baum wie bei Adam und Eva, der nicht angerührt werden darf. Stärke unsere Widerstandskraft und lass uns das Weite suchen, wenn er uns mit sanftem Rauschen und Säuseln anzieht und verlockt.
Wir bitten dich ...
Einige Bäume mit verbotenen Früchten stehen auch vor unseren Laboratorien und wissenschaftlichen Instituten. Hilf uns zu erkennen, was uns schadet, auch wenn es dem angeblichen Fortschritt dienen mag.
Wir ...
Als der Prophet Jona in der Mittagshitze auf Ninive heruntersachaute, hast du ihm einen Rizinusbaum wachsen lassen, damit er ihm Schatten spende. Pflanze auch für uns einen Baum, wenn die sengende Missgunst und andere negative Gefühle uns zu verzehren drohen.
Wir ...
Beizeiten sind wir wie Feigenbäume, verknotet, verknöchert, jahrelang unfruchtbar. Dann sei du unser Weingärtner, der die Axt noch nicht holt sondern die Erde aufgräbt, düngt und die Hoffnung hegt.
Wir ...
Manchmal sehen wir den Wald vor lauter Bäumen nicht. Lass uns den höchsten Baum finden, in dem die Vögel des Himmels nisten, und in seinem Schatten mit dir ins Gespräch kommen.
Wir ...
Du bist unser Schöpfer und unser Gärtner. Wir sind in guten Händen. Amen.

12. Sonntag

Stichworte: Glauben, Vertrauen, Handeln
Schriftwort: Mk 4, 35–41

Liebe Gemeinde,

Jesus mutet den Jüngern ganz schön viel zu, finden Sie nicht? Da gehen die Wogen hoch, die Brühe schwappt in den schaukelnden Kahn und er liegt in aller Seelenruhe auf einem Kissen und schläft. »Klar, der braucht ja keine Angst zu haben«, sagte ein kleiner Junge im Religionsunterricht, »weil er ja auf dem Wasser laufen kann!«

Aber das wäre wohl keine Lösung, die Freunde dem Untergang zu überlassen und sich mit Zauberkraft auf- und davonzumachen ... Das ist nicht Jesus und das ist nicht unser Glaube an Wunder und Zeichen.

Das lange Warten auf ein Wunder, das verzweifelte Hoffen auf ein Zeichen, das kennen viele von uns allerdings wohl zur Genüge. Da kann es schon vorkommen, dass wir den Eindruck gewinnen, Jesus würde schlafen, uns nicht hören und der Vater im Himmel hätte sein Handy stumm geschaltet. Da fällt es schwer, am Gottvertrauen festzuhalten.

Wir sind nicht in der bevorzugten Sonderstellung wie die Jünger, die den Meister in seiner irdischen Gestalt an der Seite haben, mit ihm essen und trinken, wandern und feiern und die ihn aufrütteln können, wenn er zu schlafen scheint. Und wenn uns in einer prekären Lage Hilfe zuteil wird, können wir nicht wissen, wer da die Finger im Spiel oder die segnenden Hände ausgebreitet hatte. Wir wissen nicht einmal mit Sicherheit, ob die Lösung zu unserem Besten ist oder ob sich im weiteren Verlauf des Lebens zeigen wird, dass sie zu neuen Schwierigkeiten führte? Manche dringende Bitte, die sich erfüllte, entpuppt sich später als Albtraum. Würde Jesus uns die gleiche Frage stellen wie den Jüngern im Evangelium: »Habt ihr noch keinen Glauben?« – was würden wir antworten? Herrje, so einfach ist das nicht mit dem Glauben und Vertrauen!

Es gibt eine schöne Legende, die dieses Ringen treffend beschreibt. Sie wird Tolstoi zugeschrieben und heißt: »Varenka«.

Varenka ist eine alte Frau, die in den weiten Wäldern Russlands lebt und sich dort um die Tiere des Waldes und um vorbeiziehende Wanderer kümmert. Sie führt ein einfaches und bescheidenes Leben.

Eines Tages kommen aufgeregte Menschen zu ihr und wollen sie dazu bewegen, ihr Waldhaus zu verlassen und sich mit ihnen vor einem Krieg in Sicherheit zu bringen, der nicht weit von dort ausgebrochen ist.

Varenka wünscht den Fliehenden Segen, bleibt aber zurück, um weiter ihre Aufgabe zu erfüllen.

Und schon bald kommt ein erster Hilfesuchender, der darum bittet, dass sie ihn aufnimmt. Sein Haus und Hof sind den Soldaten zum Opfer gefallen. Varenka gewährt ihm und seiner Ziege Asyl. Spät in der Nacht hört sie das Donnern der Kanonen und betet vor ihrer Ikone: »Bitte – Gott, komm und baue eine Mauer um mein Haus, damit die Soldaten uns nicht finden, wenn sie hierherkommen.« Am nächsten Morgen muss Varenka feststellen, dass keine Mauer ihr kleines Haus verbirgt. Mittags klopft ein kleines Mädchen an ihre Tür, das auf der Flucht ihre Eltern verloren hat. Am nächsten Tag findet Varenka beim Holzsammeln einen verirrten jungen Mann in einem hohlen Baum. Und immer nachts, wenn ihre wachsende Hausgemeinschaft schläft, hört sie den Kriegslärm lauter und näher. Angst ergreift sie und sie betet inbrünstig: »Lieber Gott, wenn du heute Nacht nicht kommst und eine Mauer um mein Haus baust, sind wir alle verloren!« Nur eine Eule ist zu hören und das Rascheln der Nachttiere.

Aber in der dunkelsten Stunde plötzlich ist ein feines leises Geräusch ringsum. Varenka sieht aus dem Fenster und fällt dankbar auf die Knie. Es hat begonnen zu schneien!

Am nächsten Tag ist das Haus unter einer dicken Schneedecke verschwunden. Nicht einmal der Schornstein schaut mehr hervor. Gegen Mittag poltern die Soldaten mit Gebrüll und Säbelgerassel direkt daran vorbei. Als der Lärm sich entfernt, stimmt die zusammengewürfelte Familie in der Hütte einen Dankgesang an. Sie loben Gott für die Mauer, die er um Varenkas Haus gebaut hat! Als der Schnee schmilzt, kehren die Gäste zurück in eine wieder friedliche Zukunft.

»Nun«, können kritische Zuhörer einwenden, »das war einfach Glück. Oder Zufall. Gott baut keine Mauern!« Stimmt!, könnte man antworten, zum Glück! Eine Mauer – wie sie sich Varenka in ihrer Not wünscht, hätte das Haus auch gar nicht geschützt, sondern die Feinde noch aufmerksamer gemacht. Hört Gott also unsere Bitten und bessert sie sogar noch nach?

Das lässt sich ebenso wenig beweisen wie das Gegenteil. Es kommt darauf an, wie wir die Geschehnisse deuten. Varenka hat getan, was sie konnte und sich zudem an Gott gewandt mit allem, was nicht in ihrer Macht stand.

Sie hat gehandelt, als hinge alles von ihr ab, und gebetet, als hinge alles von Gott ab. Wenn wir es ihr nachtun, werden wir Zeichen und Wunder erleben!

Amen.

Gestaltungsidee

Die Geschichte von Varenka mit Kindern vorbereiten, Bilder dazu malen oder mit einfachen Mitteln (Knetfiguren, Styropor-»Schnee« …) darstellen und fotografieren. Beim Erzählen projizieren. Beim nächsten Seniorenkreis nochmals verwenden. Auch in der Schule sehr gut einsetzbar.

Im Internet steht unter dem Stichwort »Varenka« weiteres Material und der vollständige Text zur Verfügung.

13. Sonntag

Stichworte: heilende Verbindungen, bewegende Berührungen
Schriftwort: Mk 5, 21–43

Liebe Gemeinde!
Menschen hoffen auf Wunder, das liegt in ihrer Natur. Die Wunder, von denen wir heute hören, erzählen in verdichteter Form, was der Glaube im Leben bewirken kann.

In der eben gehörten Langfassung des Evangeliums ereignen sich gleich zwei Wunder. Da ist der höchst alarmierte Synagogenvorsteher Jaïrus. Er hat einen akuten Notfall, es geht um das Leben seines Kindes. Und von Angst getrieben ergreift er den rettenden Strohhalm, Jesus, von dem man schon einiges Wunderbare gehört und gesehen hatte. Er wirft sich vor ihm hin, fleht ihn an, eilt ihm durch die zusammengeballte Menschenmenge voraus, versucht vielleicht, ihm einen Weg zu bahnen, als Jesus sich anschickt, mit ihm zu gehen.

Doch dann gibt es einen Zwischenfall, der Meister wird aufgehalten. Er bleibt mitten unter den Leuten stehen, schaut sich um, stellt eine Frage und bekommt zur Antwort, dass jemand von seinem Leiden geheilt wurde. Hat Jesus nun ganz anders als in den uns geläufigen Heilungsgeschichten gehandelt? Nein. Er hat nur etwas gespürt, eine Bewegung, Begegnung, Berührung, die sich vom Gedränge der Menge unterschied. Er hält inne und will wissen:

»Wer hat mich berührt?« Jesus scheint im wahrsten Wortsinn angefasst. Die scheue Kontaktaufnahme der Frau hat ihn ergriffen, obwohl sie sich mit dem Windhauch einer Berührung zufriedengegeben hat.

Sie hat in höchster Verzweiflung gehandelt. Zwölf Jahre, so heißt es, ist sie von Quacksalbern, Kurpfuschern und Scharlatanen behandelt worden, die ihr nicht helfen konnten. Sie ist am Ende, ausgeblutet, abgebrannt, gesellschaftlich verstoßen und allein. Sie verkraftet keine weitere Konsultation, will nicht nochmals von der Schande berichten, die hartnäckig an ihr haftet; sie befürchtet, abgewiesen zu werden. Sie ist davon überzeugt, dass es ausreicht, einen Zipfel von Jesu Gewand zu erhaschen.

Unterschiedlicher könnten die Hilfesuchenden nicht sein – hier der offensive Vater, der für sein Kind kämpft, dort die verstummte Frau, die am liebsten unsichtbar wäre. Aber eines verbindet die beiden. Sie sind zutiefst davon überzeugt, dass Jesus ihnen helfen kann. Ihr Glauben ist größer als alle Vorerfahrungen und Unkenrufe.

Als Jesus zu dem sterbenskranken Mädchen kommt, ist es nach menschlichem Ermessen zu spät. Sie atmet nicht mehr, sie ist tot.

Jesus lässt die Leute reden und ergreift die Initiative, ergreift das Wort und die Hand des Kindes. Auf seine Berührung hin steht das Mädchen auf, kommt in Bewegung. Die Verwunderung, der Jubel, das Erschrecken sind groß.

Diese Art des Heilens ist uns vertraut. Wir denken, so läuft ein Wunder Jesu für gewöhnlich ab! Er tritt in Kontakt, wendet sich zu, stellt Verbindung her, richtet auf, bringt in Bewegung. Wir hören selten von Wundern am Wegrand, am Gewandsaum. Da ist der Weg des Heilwerdens auch andersherum möglich. Die Frau hat von sich aus, im Stillen, ohne Worte, Verbindung hergestellt und Heilung erlangt. Zwei sehr unterschiedliche Berührungen haben sich ereignet. Jesus führt nicht nur heilende Berührungen aus. Er wird berührt und lässt sich anrühren von der fast unmerklichen und doch entscheidenden Geste der Frau, durch die ihrem Leid ein Ende gesetzt wird.

Es kann eine hilfreiche Übung für uns hier und heute sein, sich die Frage zu stellen, wo in der Geschichte unser persönlicher Platz ist. Haben Sie schon einmal, wie Jaïrus, für einen geliebten Menschen den Himmel bestürmt, »alle Heiligen angerufen«, wie man es früher nannte? Haben Sie alle Register gezogen, Gott und die Welt in Bewegung gesetzt? Konnten Sie an Ihrer Überzeugung festhalten, obwohl der Anschein dagegensprach und die Umstehenden Ihnen sagten, es sei zu spät?

Oder haben Sie schon einmal eine ähnliche Erfahrung gemacht wie die dauererkrankte Frau? Sind Sie von Pontius zu Pilatus gelaufen, haben Hinz und Kunz mobilisiert und trotzdem keine Verbesserung erreicht? Und durften Sie dann die Erfahrung machen, dass es die Hinwendung zu Jesus ist, die Sie erlöst?

Den Saum des göttlichen Gewandes können wir täglich bemerken und berühren – in den kleinen Details und großartigen Szenarien seiner Schöpfung, in den Gesten der Verbundenheit mit anderen Menschen, durch ein Stoßgebet oder einen Freudenschrei, ein fröhliches

Gelächter oder ein zu Herzen gehendes Gespräch. Durch all das stellen wir die Verbindung her und klinken uns ins Netzwerk »Himmelreich« ein.

Und immer wieder gibt es Situationen, in denen Gott uns nahekommt, sich bemerkbar macht, uns die Hand auf die Schulter legt, die Richtung weist, zum Aufstehen und Losgehen ruft. Alle Sakramente symbolisieren diese Nähe Gottes auf dem Lebensweg mit seinen Höhen und Tiefen. Und die persönlichen Erfahrungen vieler Menschen zeugen davon.

Wenn jemand verwundet ist, verbindet man ihn. Seelische Wunden heilen nicht durch Verbände, sondern durch Verbindung. Wir sind eingeladen, diese heilende Verbindung täglich neu herzustellen. Ein wunderbares Angebot!

Amen.

Impuls zum Evangelium: Wunder über Wunder

Eine Geschichte wie ein »Doppel-Whopper«, so ein Hamburger,
der zwischen den Brotscheiben gleich zweimal Fleisch und Würze hat,
man muss sich anstrengen, das Ganze auf einmal abzubeißen,
zu kauen, zu schlucken und zu verdauen.

Da ist Jesus unterwegs in einer ernsten Angelegenheit,
in dringender Mission, die keinen Aufschub duldet,
da gerät ihm noch ein Heilungswunder dazwischen, ganz nebenbei,
ohne sein aktives Zutun, von unten, verstohlen und doch so kraftvoll.

Die gläubige Frau, die nach ungezählten fehlgeschlagenen Versuchen
alles auf eine Karte setzt, sich das Unmögliche erhofft,
sie bringt Jesus in Kontakt mit der göttlichen Kraft, die ihn umgibt,
ausstrahlt wie ein üppiger Heiligenschein auf einem alten Gemälde.

Diese Frau ohne Namen, unrein nach dem Verständnis ihrer Zeit,
ausgeblutet, fertig mit der Welt, allein und geächtet, tief unglücklich,
sie beweist dem Gottessohn, was er kann, wenn der Glaube groß ist,
der ihm entgegengebracht wird und stumm um Hilfe schreit.

Sie ist es, die ihn berührt hat, angerührt, bewegt, nicht kaltgelassen hat,

es sind die Frauen, die Kinder, die Kranken, die Kleinen, die ihn berühren,
ihm folgen, ihn arglos umarmen, in der Mittagsruhe stören, um Segen bitten
und um eine Scheibe Brot, die nicht nur den Magen satt macht.

Jesu Gewand ist aus Liebe gewebt, mit goldenen Fäden durchwirkt,
die von der Welt bis ins Himmelreich reichen, uns Arme reich machen,
eine Verbindung schaffen, eine Brücke aus Licht, eine Leitung zum Höchsten,
Jesus trägt es, bis man es ihm entreißen und das Los darüber werfen wird.

Wir sind die Gewinner, wir Nachfolgenden haben das große Los gezogen,
seit der Taufe haben wir Christus angezogen, sind eingekleidet worden und dazu aufgefordert, sein Gewand würdig zu tragen, anziehend zu sein wie er, den Auftrag zu erfüllen und diese Würde für das ewige Leben zu bewahren.

Anstelle eines Schuldbekenntnisses

Herr – verzeih,
unsere Kleiderschränke sind vollgestopft,
die Altkleidercontainer laufen über,
die Mode diktiert häufige Wechsel:
mal kurz und knapp, dann fließend und lang,
bunt oder schwarz-weiß, klein kariert oder quer gestreift,
mal zugeknöpft, dann wieder sehr offenherzig –
schnell haben wir wegen alledem das Erste,
das Gewand des Glaubens, abgelegt und vergessen.

Der Glaube bleibt liegen,
irgendwo in einer Ecke des Zimmers,
wie ein leicht peinliches Relikt aus Kindertagen,
er ist verstaubt, zu eng,
ein uralter Stoff,

nicht attraktiv genug,
nicht schillernd und chic,
und es ist aus der Mode,
im Gewand des Glaubens eine gute Figur zu machen.

Bestärke uns in dem Entschluss, dieses Gewand,
das uns auf den Leib geschneidert ist,
gewoben von dir aus 100 % Liebe und Zuneigung,
atmungsaktiv, wetterbeständig und windhauchdurchlässig
bestickt mit guten Worten wie Perlen,
nicht den Säuen vorzuwerfen, es nicht einzumotten –
wir wollen es wieder anlegen und tragen,
hineinwachsen und es ausfüllen
und so gekleidet den Menschen begegnen, die uns brauchen.

Mit deiner Hilfe kann es gelingen. Erinnere uns. Amen.

14. Sonntag

Stichworte: Wunder, Ablehnung, Neid
Schriftwort: Mk 6, 1b-6

Liebe Gemeinde!

Da zieht Jesus nun durch sein Heimatdorf und anstatt Wunder zu wirken, erlebt er ein blaues Wunder! Man erwartet, die Leute würden ihm einen Empfang bereiten wie einem weltbekannten Olympiasieger oder einem internationalen Fußballstar. Zunächst sieht es ja auch so aus, als würde der Funke von ihm auf die Menschen überspringen – denn sie staunen über seine Weisheit, sind beeindruckt, verwundert. Die Stimmung kippt, als ihnen bewusst wird, dass er einer von ihnen ist; einer, der im selben Straßenstaub gespielt hat wie sie, der die gleichen Alltagsplagen erduldet hat wie sie, bis er sich eines Tages aufmachte und fortzog, mit unbekanntem Ziel.

Ist es der Neid, der sich im Dorf wie eine Giftgaswolke verbreitet? Oder lässt es sich einfach leichter an Wunder glauben, wenn der Wundertäter ein geheimnisumwitterter Fremder ist; eine Gestalt, die Charisma, diese besondere Ausstrahlungskraft, hat, um die sich Mythen und Legenden ranken? Muss er sich in Szene setzen, verrückte Kleider tragen, eine Show abziehen, über eine Fangemeinde verfügen bei Facebook?

Jesus lehrt am Sabbat in der Synagoge. Er ist kein Typ, der sich gut verkaufen will. Er braucht es nicht, bewundert, bestaunt, angehimmelt, erhöht, vergöttert zu werden. Seine Lehre, so dürfen wir annehmen, zielt genau in die entgegengesetzte Richtung: nicht einen Menschen zum Gott erheben, sondern Gott herunterholen zu den Menschen; nicht einen tollen Typen zur Ikone erhöhen, sondern erleben, dass Gott sich bückt und im Gesicht des Nächsten zu erkennen ist. Das ist nicht der Stoff, aus dem die Träume sind, das ist eine Aufforderung und ein Auftrag. Ein Stück Himmelreich auf die Erde zu holen – das geht nicht in der Erwartung eines Tischlein-deck-dich, es erfordert nicht den Besitz einer Wunderlampe, mit der man dienstbare Geister rufen kann. Es geht nur, »wenn das Innere wird wie das Äußere und das Äußere wie das Innere«, wenn das menschliche Bewusstsein eine umgekehrte Richtung einschlägt, wenn unser Streben nicht mehr den Lottogewinn sucht, sondern die Versöhnung mit dem verfeindeten Bruder.

Die Dorfbewohner sind enttäuscht, finden *das* verkehrt – können nicht umgekehrt denken. Sie sehen nur den Zimmermann, nicht den Balken im eigenen Auge, nicht das solide Brett vor'm eigenen Kopf.

Und wir? Jesus, der Gottessohn, einer von uns – glaubten wir das, wenn er im Bus neben uns sitzen würde oder Passanten in der Fußgängerzone zu Gesprächen einlädt? Würden wir ihn erkennen, wenn er auf dem Spielplatz bei den Kindern verweilt, deren Erziehungsberechtigte mit ihren Handys beschäftigt sind und sich nicht zum Backen von Sandkuchen aufraffen mögen? Wir würden vielleicht staunen, uns wundern. Aber, würden wir auch erkennen ... wie er auf wunderbare Weise dafür sorgt, dass ein Stück Himmel auf die Erde fällt?

Das Profil dieses Wundertäters weist drei markante Merkmale auf: Er will nicht an die Macht, er will nicht zu Geld kommen, er will niemandem als nur Gott gehorchen.

Und deshalb gibt es auch keine Plakate, die ihn ankündigen, keine organisierten Heilungsveranstaltungen, sondern Begegnungen am Wegrand und Berührungen mitten im Gemenge. Die Menschen, die durch Jesus Heilung und Befreiung erfahren, haben Leidensdruck. Sie kennen ihre wunden Punkte und schwachen Stellen, sie sehnen sich nach Veränderung, sie sind offen dafür, das Innere nach außen zu kehren, umzukehren. Denken wir an den allgemein unbeliebten Zöllner Zachäus im Baumwipfel, an den Gelähmten, der von seinen Freunden durchs Dach heruntergelassen wird. Oder an den blinden Bettler Bartimäus, der nicht mehr aufzuhalten ist, als er Jesus in seiner Nähe spürt. Bei solchen Menschen geschehen Zeichen und Wunder.

Auch heute, auch bei uns, kann Jesus Wunder wirken. Seine Worte wirken über die Grenzen von Raum und Zeit. Sein Handeln ergreift auch uns, wenn wir uns dafür öffnen. Unser ganzes Leben kann auf die wunderbare Wirklichkeit der Anwesenheit Gottes hinweisen. Und konkrete Erfahrungen mitten im Alltag können die Nähe Jesu spürbar machen. Es kommt darauf an, das Innen und das Außen zu wenden. Die Verwandlung liegt im Geheimnis der Umkehr.

In jeder Heiligen Messe feiern wir Eucharistie und als Höhepunkt die Wandlung von Brot und Wein. Mit den gewöhnlichen Sinnen können wir den Unterschied nicht wahrnehmen. Die Trans-Substanziation, die Wesensverwandlung, ist ein Geheimnis des Glaubens.

Auch unser Wesen kann sich wandeln und neu werden, wenn wir glauben. Das ist eine wunderbare Einladung! Nehmen wir sie dankbar an. Amen.

Zum Tagesgebet

Barmherziger Gott,
du bist aus der unendlichen Höhe herabgekommen
und hast in unserem Leben Gestalt angenommen
durch die Erniedrigung deines Sohnes
hast du die gefallene Menschheit wieder aufgerichtet
und aus der Knechtschaft der Sünde befreit
denn wer einen Gefallenen auf die Beine stellen
und einen in die Sünde Verstrickten befreien will
kann nicht von oben herab handeln, muss sich bücken
und das Gespinst des Bösen entschieden entwirren.
Erfülle uns mit Freude über die Erlösung
die Ent-Wicklung und Ent-Lastung unseres Daseins
und führe uns zur ewigen Seligkeit
die bereits heute ihren Glanz erahnen lässt.
Schenke uns Augen und den rechten Blick dafür.
Darum bitten wir durch Jesus Christus. Amen.

Fürbitten

GL: Lasst uns beten zum Mensch gewordenen Gott, dessen Wunder uns auch heute ein neues Leben erschließen:
L: Für alle, die mit Blindheit geschlagen sind und das Beglückende ihres Lebens übersehen – wir bitten dich:
Alle: Mach uns offen für deine Wunder.

L: Für alle, die sich verschließen, wenn das Wunder bei ihnen anklopft – wir bitten dich: …

L: Für alle, die ihre Mitmenschen mit Etiketten versehen, statt sich von ihnen überraschen zu lassen- wir bitten dich: ...
L: Für alle, die misstrauisch und neidisch werden, wenn andere etwas können, was ihnen nicht gelingt – wir bitten dich: ...
L: Für uns selbst, weil all das immer wieder passiert – dass wir uns wandeln lassen und unser Wesen sich verändert – wir bitten dich: ...
GL: Guter Gott, du traust uns zu, dass wir umkehren und dich in unserem Leben erkennen. Dich wollen wir suchen und finden.
Amen.

Für die kommende Woche

Wenn mir einer begegnet, der wie ein Postbote aussieht,
wie der Schornsteinfeger, die Zeitungsfrau und der Gärtner,
dann will ich an den Zimmermann aus Nazareth denken
und mich erinnern, dass ich ihn im Angesicht meiner Nächsten finde.

Ich will mein eingleisiges Denken erweitern,
endlich um die Ecke und über den Tellerrand hinausdenken,
an die Menschen rings um den Tisch und den Globus denken,
mich freuen über die Gnade der Wandelbarkeit.

Ich will dreifaltig und mehrdimensional denken,
den Himmel und die Erde zusammendenken,
dankbare Gedanken denken und gute Worte sagen,
und entdecken, dass ich am Wunder der Wandlung mitwirken kann!
Amen.

Wer bist du?

Übung für Gruppen und Jugendliche

Zunächst werden Paare gebildet. Sie haben die Aufgabe, jeweils für mehrere Minuten dem Partner die Frage zu stellen: »Wer bist du?«

Es verblüfft zu erleben, wie viele unterschiedliche Rollen und Funktionen jeder Mensch innehat – ein und dieselbe Person ist Mutter, Tochter, Freundin, Partnerin, Kollegin, Putzfrau, Köchin, Leseratte, Vegetarierin,

Beethoven-Fan, Joggerin usw. Der Fragende soll die einzelnen Begriffe, die sein Gegenüber für sich findet, nicht kommentieren.
Nach einigen Minuten, nicht zu schnell, wird gewechselt.

Danach hat jeder TN die Gelegenheit, auf einem vorbereiteten Blatt zu notieren, wer Jesus für ihn/sie ist. Hier ein Beispiel.

Z -ukunft

I -nspiration

M -essias

M -enschensohn

E -wiger

R -etter

M -ann

A -rzt

N -othelfer

N -achhilfelehrer

Im anschließenden Austausch kann eine Fülle unterschiedlicher Begriffe für die Bedeutung, die Jesus hat, zusammengetragen werden. Es kann verdeutlicht werden, dass weder Gott noch Mensch in wenigen Begriffen zu begreifen ist.
    Ein abschließendes Gebet kann dies nochmals aufgreifen.
    Die Gruppe steht im Kreis.
GL: Jesus, Sohn Gottes, du bist …
… alle tragen reihum die gefundenen Bezeichnungen vor … –
GL: du hast viele Namen, zeigst dich auf vielen Gesichtern,
begegnest uns an Orten, wo wir es gar nicht erwarten.
Wir bitten dich, dass du unsere Sinne schärfst und unsere Herzen öffnest, damit wir dich wahrnehmen, an dich glauben und dir zur Hand gehen.
Amen.

15. Sonntag

Stichworte: Staub von den Füßen schütteln, leichtes Gepäck
Schriftwort: Mk 6, 7–13

Liebe Gemeinde,

Jesu Anweisungen für die angehenden Wanderprediger auf ihrer ersten Tour der Bewährung sind präzise: leichtes Gepäck, keine Sicherheiten, weder Vorräte noch Waffen, keine Stiefel, sondern offenes Schuhwerk.

Das wird noch gebraucht, wie wir später hören – wenn die Jünger auf Ablehnung stoßen. »Wenn man euch aber in einem Ort nicht aufnimmt und euch nicht hören will, dann geht weiter und schüttelt den Staub von den Füßen, zum Zeugnis gegen sie.«

Erinnert Sie das auch an die lästigen Steinchen und harten Bröckchen, die wir als Kinder vorn in den Sandalen hatten, wenn wir die Füße nicht entsprechend gehoben haben? Man konnte sie kaum herausschütteln, sie saßen fest und es wurde oftmals nötig, die Riemen zu lösen und die Quälgeister herauszupicken. Staub hingegen war nicht so lästig, er wurde abends wieder abgewaschen.

Aber hier ist die Rede vom Staub, den man »zum Zeugnis« gegen Bekehrungsunwillige bei ihnen zurücklassen soll. Die Jünger sollen nicht wütend die Fäuste schütteln, nicht resigniert die Köpfe hängen lassen, sondern die Sandalen ausleeren. Den Staub zurücklassen. Was ist gemeint?

Denken wir an unsere Behausungen. Nicht immer ist dort alles frisch geputzt. Oft findet sich Staub – auf den oberen Regalbrettern, wo man im Alltag nicht so einfach hinkommt, in den dunklen Ecken, wo der Staubsauger ihn nicht erwischt, hinter den Möbeln, die nur selten abgerückt werden.

Auch auf unserem Lebenskonzept lagert solcher Staub. Auf den oberen Brettern, die wir vor dem Kopf haben, liegt der Staub vieler Jahre, in denen alles beim Alten geblieben ist. Wir haben weitergemacht wie bisher, weil es eben immer schon so war, weil uns nichts zu fehlen schien. Wenn wir bereit sind, die oberen Bretter leerzuräumen, zu entrümpeln und zu entstauben, dann haben wir auf einmal freie Fläche für Neues, das sich uns womöglich in unkonventionellen Begegnungen eröffnet.

Und die dunklen Ecken unserer inneren Behausung, die staubigen Häufchen, die wir unter den Teppich gekehrt haben, wir kennen sie alle. Weil das Licht so selten bis in diese Winkel dringt, können wir lange Zeit so tun, als wäre alles in Ordnung und vorzeigbar. Dabei wäre ein Großputz dran, bei dem die Luft sich reinigt und die Milben und haarigen Überreste entfernt werden, so dass wir befreit durchatmen können. Wie gut, wenn Helfer mit wenig Gepäck und in Sandalen auftauchen, die bereit sind, mitzuwirken beim Kehren und Umkehren der muffigen Teppiche und Läufer. Frischer Wind tut gut, es ist nötig, anzufangen und klar Schiff zu machen.

Dann sind da noch die Wollmäuse und ekligen Reste von so allerlei Eingestaubtem, das sich hinter den scheinbar unverrückbaren Möbeln angesammelt hat. Verstaubte Ansichten, uralte Vorurteile, unzeitgemäße Erwartungen, enttäuschte Hoffnungen, die doch noch immer herumliegen, Flusen von Kleidern, die uns längst zu klein geworden sind. Wenn wir das alles liegen lassen, werden wir vielleicht eine Hausstauballergie entwickeln, eine Abstoßung des Eigengeruchs, eine chronische Belastungsstörung.

Was uns helfen kann, ist eine Öffnung für die Besucher, die nicht zur Last fallen wollen, sondern einfach da sind und sich bereithalten, um Möbel zu rücken und hinter die Schränke zu schauen. Lassen wir sie ein?

Wenn wir die Boten Jesu wegschicken, bleibt unser Staub liegen und wird unmerklich zur gesundheitlichen Belastung unserer Seele. Die Botschafter der Worte Jesu können dazu beitragen, zu entstauben – aber sie nehmen die Altlasten nicht einfach mit wie ein professionelles Reinigungsunternehmen, das wir bestellen und bezahlen. Sie helfen uns bei unserer Eigentätigkeit. Was wir nicht anfassen, bleibt liegen.

Wenn wir selbst zu Botinnen und Boten mit leichtem Gepäck werden wollen, dann müssen wir daran denken, dass wir keine Staubsaugervertreter und Mitglieder von Putzkolonnen sind, sondern Helferinnen zur Selbsttätigkeit. Nur wer es lernt, regelmäßig vor der eigenen Tür zu kehren, den Staubwedel in den oberen Etagen zu schwingen und das Eckige nicht rundzuputzen, sondern sich zu bücken, kann die neue Ordnung lernen. Sie ist nicht eng, sondern kreativ. Sie riecht nicht nach Desinfektion, sondern nach Frühling und Wachstum. Sie bringt unser Leben in Beziehung zu Gott und den Menschen. Wir können befreit aufatmen. Amen.

Impuls

Hilfreiche Verhaltensstrategie

Den Staub gegen sie von den Füßen schütteln

Was soll das eigentlich heißen?
Wenn einer nervt,
mir auf die Socken geht, auf den Sender,
wenn er auf dem Schlauch steht,
mir den letzten Nerv raubt
oder mich kränkt, erniedrigt, verleumdet,
gar vertreibt und vom Platz jagt,
dann kann ich immer noch wählen, was ich tue:

heulen und mit den Zähnen knirschen,
fluchen und schimpfen,
zurücktreten oder klein beigeben,
weinen und mich mickrig fühlen,
dumm und inkompetent
über die schlechte Welt schimpfen und bemerken,
dass schließlich doch alles keinen Sinn hat –
oder den Staub von den Füßen schütteln!

Die Ablagerungen des Schlechten und Falschen,
der Staub, der das Atmen erschwert,
die Sicht trübt, die Poren verklebt,
mit Schweiß vermischt eine Dreckkruste bildet,
diesen Staub schüttle ich einfach ab,
schnicke ihn aus den Schuhen
und klopfe ihn aus den Kleidern,
wende mich um und atme frisch die Luft des Neubeginns!

Dann hemmt nichts mehr meinen Schritt,
kein Hass und keine Traurigkeit lähmen mich länger,
ich zahle nicht mit gleicher Münze heim,
erstarre nicht zur Salzsäule, brenne nicht aus,
lass mir die Tatkraft nicht rauben,
verstaube nicht wie die alten Schinken im Bücherregal,
sondern finde neuen Boden,
ein Feld, frisch zu bestellen, fruchtbar vielleicht!

Für die Woche in Anlehnung an das Tagesgebet

Gott, du bist unser Ziel,
das größte, das Fernziel, die Vision,
und das kleinste, in der nächsten Begegnung –
Du zeigst den Irrenden das Licht der Wahrheit
und fühlst auch mir auf den Zahn,
wenn ich mich herausreden will oder verrannt habe.
Gib allen, die sich Christen nennen, die Kraft,
zu meiden, was diesem Namen widerspricht
und denen beizustehen, die ihren verstaubten Idealen nachhängen
oder Meister im Unter-den-Teppich-kehren geworden sind.
Christinnen und Christen sind immer unterwegs zu dir,
und je weniger Ballast sie tragen, umso leichter ist der Weg,
der zu den Menschen führt und dich dabei sichtbar macht.
Hilf uns zu tun, was unserem Glauben entspricht.
Darum bitten wir durch Jesus Christus,
der uns ohne Rückversicherung losschickt.
Ihm zu vertrauen ist ausreichend.
Amen.

16. Sonntag

Stichworte: Rückzug und Präsenz, Mitgefühl und Selbstfürsorge
Schriftwort: Mk 6, 30–34

Liebe Gemeinde!

Welcher Satz des eben gehörten Evangeliums klingt Ihnen noch in den Ohren? Vielleicht ist es der letzte, der die vorigen wieder relativiert. Da kommen die Jünger, von deren erstem Predigt-Praktikum wir letzten Sonntag gehört haben, einigermaßen mitgenommen zu Jesus zurück. Es gibt viel zu berichten und auszutauschen. Sie sind müde und hungrig.

Der Herr schlägt vor, sich zurückzuziehen, um wieder aufzutanken. Aber es bleibt bei dieser guten Absicht, den Nächsten nicht mehr und nicht weniger zu lieben als sich selbst. Die Menge, die ihnen folgt, ist groß. Jesu Mitgefühl ist übermächtig. Denn: »Sie waren wie Schafe, die keinen Hirten haben.«

An diesem Satz bin ich hängen geblieben. Ein Bildwort aus einer Zeit und Gegend, in der die Schafe und Ziegen einer Familie zum Sichern des Lebensunterhalts eine wichtige Rolle spielten. Auch bei uns war das vor einigen Generationen in den ländlichen Gegenden noch nachvollziehbar. Denken wir an »Schwänli« und »Bärli« aus der heilen Bergwelt von Heidi und dem Alm-Öhi. Die Tiere hatten Namen und Persönlichkeiten. Sie waren dicht bei den Wohnräumen der Familie angesiedelt. Ihre Versorgung war wichtig, ihr Beitrag zur Sättigung der Menschen am Tisch unverzichtbar.

Das hat sich völlig verändert. In der hier üblichen Massentierhaltung heißt das Jungvieh unschön »Fleisch-Reproduktion« und wird mit viel Chemie in schneller Folge erzeugt und verwurstet.

Was also taugt zu einer besser verständlichen Illustration des Mitgefühls, das Jesus derart packt, dass er alles stehen und liegen lässt und sich den ihm nachgelaufenen Menschen zuwendet?

Kinder ohne Eltern – sie sind wie die biblischen Schafe ohne Hirten. Kinder sind den Einflüssen und Ausprägungen der Gesellschaft schutzlos preisgegeben, wenn sie nicht umsorgt und angeleitet werden.

Junge Menschen benötigen zuverlässige Bindungspersonen, mit denen sie ein einzigartiges, auf Dauer angelegtes, nicht zu ersetzendes und tragfähiges Verhältnis eingehen können. Fehlt so ein Angebot, werden die Kinder in den allermeisten Fällen auffällig, können keine Beziehungen halten, sind unsicher, ambivalent oder desorientiert. Sie geraten vermehrt in Konflikte. Ihre Leistungsfähigkeit ist herabgesetzt. Sie sind leicht manipulierbar und anfälliger für Suchtverhalten und Kriminalität. Sie geraten schneller als sicher gebundene Kinder auf die schiefe Bahn, wie man so sagt, wie die Schafe, die ohne Hirten und Zäune, ohne Begrenzung und Fürsorge herumirren.

Gibt es keinen Ausweg aus dieser Notlage?

Erzieherinnen und Lehrer, Nachbarn und Eltern von Schulkameraden, Gemeindemitglieder und Übungsleiterinnen im Sportverein können zu rettenden Dritten werden, die zwar die Basis nicht zu verändern imstande sind, aber einen Anker, einen Hoffnungsschimmer, eine gute unter vielen belastenden Erfahrungen vermitteln können. Das ist viel mehr als nichts!

Wir können nicht wissen, was wir bewirken, wenn unser Mitgefühl für die »Schafe ohne Hirten« uns dazu treibt, Angebote zu setzen, Einladungen auszusprechen, den Tisch für eine Person zusätzlich zu decken und an Festtagen einen Gast zu beherbergen. Weil es möglicherweise eine Hilfe sein kann, ist es richtig, das zu tun und nicht darin nachzulassen!

Jesus wendet sich mitten in seiner mitleidigen Lehrtätigkeit an uns, die wir ihm hier aus der Kirchenbank zu lauschen versuchen, und sagt:

»Die jungen Menschen brauchen euch! Wer ein Kind annimmt und ein Stück des Lebensweges begleitet, der nimmt mich auf! Ihr habt etwas zu geben – behaltet es nicht für euch! Euer Lohn wird nicht erst im Himmel groß sein!«

Und sind wir eigentlich immer in den Fußstapfen Jesu unterwegs zu den verlorenen Schafen – oder sind wir selber manchmal wie diese?

Vielleicht gehören wir zu denjenigen, denen andere an die Wolle gehen, weil wir uns dazu anbieten, ausgenutzt zu werden vor lauter Mitgefühl und Pflichtbewusstsein? Oder wir sind gutgläubig und erkennen den Wolf im vertrauten Schafspelz erst, wenn er uns an die Gurgel will? Naiv und realitätsfern – so könnte man das bezeichnen. Möglicherweise sind wir mit unserer christlichen Gesinnung ein gefundenes Fressen für Spötter und Zyniker, die sich über uns lustig machen und uns an die Wand reden.

Was mag Jesus uns dazu sagen?

»Mitgefühl ist gut, Selbstfürsorge auch! Lasst euch nicht wie dumme Schafe ins Bockshorn jagen! Seid sanft wie die Tauben, aber auch klug wie die Schlangen! Christen müssen keine Deppen sein! Zeigt Profil in einer Welt voller verschwommener Karikaturen! Keine Angst, ich bin bei euch!«

Und die Jünger, müde von ihrer Mission, die am Ende des heutigen Evangeliums enttäuscht im Gras sitzen und von ihrem Meister wieder mal nur ein Rockzipfelchen abbekommen? Jesus kommt schließlich zu ihnen zurück, setzt sich dazu, nimmt das übrig gebliebene Stück Brot, spricht den Segen und teilt es mit ihnen. Dabei sieht er jeden Einzelnen liebevoll an und nennt ihn beim Namen. Und da begreifen sie, dass er immer bei ihnen war, auf Schritt und Tritt auf diesem Weg, den sie ohne Vorratstasche und in Sandalen gegangen sind. Sie erkennen, dass er selbst dieser Weg zu den Menschen ist. Ihnen wird leicht ums Herz. Sie sind gerüstet für neue Taten. Sind wir es auch?

Amen.

Tischgebet

Komm, Herr Jesus, sei unser Gast
setz dich zu uns,
lass uns ein bisschen reden und –
stärke und erfrische uns mit deinen guten Worten.

Hilf uns, die Suppe unseres Lebens nicht zu versalzen,
uns nicht die Butter vom Brot nehmen zu lassen,
nicht mit langen Zähnen darauf herumzukauen,
nicht das halbleere Glas trübsinnig anzustarren,
sondern zu erkennen, dass es immer halbvoll ist.

Komm, Herr Jesus, sei unser Gast,
auch wenn wir die Teller abräumen,
mit deiner Hilfe wollen wir über den Tellerrand schauen
und in den Blick nehmen, was wirklich wichtig ist. Amen.

Weiterführende Idee:

Die Mitfeiernden (oder alle Gemeindemitglieder per Pfarrbrief) werden gebeten, ihre Tischgebete einzuschicken oder schön gestaltet handgeschrieben im Pfarrbüro abzugeben. Daraus entsteht ein Gemeinschaftswerk gehefteter Tischgebete der Pfarrei XX. Dieses wird an alle Interessierten verschenkt oder gegen einen Unkostenbeitrag abgegeben.

17. Sonntag

Stichworte: Brotvermehrung, Seelennahrung
Schriftwort: Joh 6, 1–15

Liebe Gemeinde,
heute und an den nächsten Sonntagen hören wir das sechste Kapitel des Johannes-Evangeliums. Es geht um Brot, zunächst um das Nahrungsmittel, das uns sättigt, dann um das tägliche Brot unseres Alltags, schließlich um das Himmelsbrot, das Jesus selber ist und das uns in Fleisch und Blut übergehen muss, damit er in uns und wir in ihm sind. Wir werden auf rätselhafte Worte stoßen, die uns befremden, vielleicht sogar abschrecken. Vielen Menschen war diese sinnbildliche Rede schon damals zu schwer zu verstehen und sie haben sich deshalb von Jesus abgewandt. Den zwölf Jüngern stellt Jesus schließlich die Frage: »Wollt auch ihr weggehen?«
Diese Frage gilt auch uns. Wir antworten mit unserem Leben.

Der heutige Evangeliumstext verleitet dazu, nur mit halber Aufmerksamkeit hinzuhören mit dem Gedanken: »Die wunderbare Brotvermehrung – das kenn ich schon. Jesus wirkt ein Wunder. Alle werden satt von einer Handvoll Lebensmittel. Schade, dass es heute nicht mehr so funktioniert. Da hätten wir auf der Welt ein paar Sorgen weniger.«
Aber was wäre das für ein Wunder, das nur ein einziges Mal den Hunger der Menge stillt? Wir alle wissen – morgen wird der Magen wieder knurren.
Der Evangelist nennt die Begebenheit auch nicht »Wunder«, sondern »Zeichen« (6,14). Jesus setzt ein Zeichen. Er geht dabei vor wie ein guter Lehrer, der seine Schüler auf die Spur setzt, damit sie die Lösung selber finden. Er hat den Mangel längst erkannt, der bei vielen Menschen herrscht. Dennoch fragt er seinen Jünger Philippus, wo Nahrung für alle herkommen könnte. Die Jünger stellen fest, dass es nur sehr wenig ist, was sie den Massen anbieten können – da ist nur der kleine Proviant eines Kindes. Und Jesus nimmt das wenige, betet und teilt – er teilt aus und alle werden satt.
Versetzen wir uns für einen Augenblick zurück oder vorwärts im Kirchenjahr:

Dann ist nicht mehr Sommer, das Bild von den Menschen, die es sich im weichen Gras gemütlich machen und picknicken, soviel sie wollen, passt dann nicht mehr in die Jahreszeit. In vier Monaten ist Weihnachten und wir sehen vor unserem geistigen Auge Stroh anstelle einer Wiese, eine Futterkrippe und darin ein kleines Kind, das die Welt nähren soll. Das ist das Programm Jesu, das ist die Aufgabe seiner Jüngerinnen und Jünger und wir haben sie geerbt.

Wenn wir die Geschichte so hören – mit der Frage, was sie bedeuten soll, wem sie heute noch gilt, was es über die eine Einzelsituation hinaus für uns zu erkennen gibt – dann wird uns klar: Es geht nicht nur darum, den Menschen den Bauch zu füllen. Als Jesus bemerkt, dass die Leute ihn zum Star erklären, weil sie genau das gerne jeden Tag von ihm hätten, nimmt er Reißaus. Er weiß wohl, sogar besser als wir Satten und Übergewichtigen, dass man hungernde Menschen nicht mit warmen Worten abspeisen kann. Aber sein Anliegen ist weitaus größer – er ist gekommen, um uns eine Speise zu geben, die unsere Seelen nährt!

Wir alle wissen, dass ein voller Magen keine Garantie für ein glückliches und erfülltes Leben ist. Wenn das so wäre, gäbe es hierzulande weitaus weniger psychische Erkrankungen und Störungen der seelischen Gesundheit, Selbstverletzungen und Suizide. Das Befriedigen existenzsichernder Grundbedürfnisse wie Nahrung und Kleidung ist vorrangig und nimmt einen Großteil unserer Zeit in Anspruch. Aber sobald diese Dinge zuverlässig vorhanden sind, streben Menschen nach anderem, ebenso Wichtigem. Sie brauchen Sicherheit, ein Dach über dem Kopf, eine Tür, die man abschließen kann, um Vorräte anzulegen und abzusichern. Weiterhin brauchen Menschen andere Menschen um sich, Sozialkontakte, eine Zugehörigkeit, ein Netzwerk, eine Familie oder Gruppe, der sie sich zuverlässig anschließen können. Als Individuen wollen wir alle dennoch nicht nur Teil einer Mannschaft sein, sondern persönlich die Anerkennung und Wertschätzung anderer erfahren. Und schließlich tragen wir das Bedürfnis nach Selbstverwirklichung in uns. Wir wollen wissen, wozu wir auf der Welt sind, welche Aufgabe auf uns wartet, wie wir ein sinnvolles Leben führen können. Wer einen Sinn in seinem Handeln sieht, kann viele Mühen ertragen ohne zu ermüden. Wer alles sinnlos findet, wirft sich womöglich vor einen Zug und auf der Beerdigung fragen sich die Trauergäste, warum das passieren musste – wo doch alles da war, was man braucht …

Wir brauchen eben mehr als nur Dinge, die unsere Grundbedürfnisse stillen. Wir brauchen einen Grund für unser Dasein. Wir wollen dem Leben auf den Grund gehen. Wenn wir uns auf Gott gründen, sind wir an der Schnittstelle des Lebens, an der das Himmelreich beginnt. Dort begegnen wir Jesus. Amen.

Impuls

Nehmt das, was da ist, egal wie klein,
bringt es mit Dank und Bitte vor Gott,
dann teilt aus, ohne ängstlich einzuteilen,
bei Gott gibt es keine Rationierung.

Vertraut seiner reichlichen, überfließenden Fülle!
Sammelt auch das übrig Gebliebene,
nichts soll verderben,
keiner soll auf der Strecke bleiben.

Wenn ihr Gott zur Hand geht,
dann habt ihr immer etwas übrig,
besonders für die, nach denen kein Hahn kräht,
gerade sie liegen ihm besonders am Herzen.

18. Sonntag

Stichworte: Himmelsbrot
Schriftwort: Joh 6, 24–35

Liebe Gemeinde,

wir brauchen mehr als nur Dinge, die unsere Grundbedürfnisse stillen. Wir brauchen einen Grund für unser Dasein. Wir wollen dem Leben auf den Grund gehen. Wenn wir uns auf Gott gründen, sind wir an der Schnittstelle des Lebens, an der das Himmelreich beginnt. Dort begegnen wir Jesus.

Mit diesem Gedanken sind wir letzten Sonntag auseinandergegangen. Vielleicht haben Sie sich in der Woche, im alltäglichen Geschäft, manchmal daran erinnert und sich gefragt, was dieser Grund ist, auf dem wir stehen, für welche Werte wir morgens aufstehen und den Tag über einstehen?

Es ist nicht so leicht, die schönen und guten und wahren Gedanken und Ideale aufrechtzuerhalten, wenn die Routine sich einschleicht oder die Erinnerung alle Kanten weichzeichnet und wir sie glorifizieren.

So wie die Israeliten, von denen die erste Lesung berichtet. Solange sie in der Knechtschaft der Ägypter standen, war FREIHEIT und SELBSTBESTIMMUNG der höchste Wert, den sie ersehnten. Mit Gottes Hilfe und unter der Führung des von ihm bestimmten Leiters, Mose, gelang ihnen der Weg aus der Sklaverei. Doch dann machen sie die Erfahrung, dass auch dieser Zustand nicht nur ein erfüllter Traum ist, sondern neue Herausforderungen mit sich bringt. Sie sind nach langer Gefangenschaft und Bevormundung nicht auf die Freiheit vorbereitet. Sie müssen ungewohnte Strapazen ertragen, Hunger und Durst aushalten. Und schon erinnern sie sich durch eine rosa Brille an die sprichwörtlich gewordenen »Fleischtöpfe Ägyptens«.

In aktuellen Stress-Situationen kommt es uns oft so vor, als sei das Alte, das wir willentlich hinter uns gelassen haben, gar nicht so schlimm gewesen! Das Belastende der Vergangenheit ist schnell vergessen, wenn die Gegenwart neue Belastungen bietet. Und schon neigen wir zum Murren, suchen nach einem Verantwortlichen und wollen uns entlasten, indem wir Schuld zuweisen.

Mose kündigt die Hilfe Gottes an. Aber Gott hilft anders als die Israeliten es sich vielleicht erhofft haben. Er lässt sich nicht auf einen Wettstreit mit dem Speiseplan der Ägypter ein, schickt keine Fleischtöpfe, schafft das Problem nicht einfach aus der Welt. Er lässt jeden Morgen etwas Feines, Knuspriges auf das Lager seiner Menschen fallen. Manche Kinder sind sich sicher, dass es wie Honig-Smacks aussah und schmeckte! Die Anweisung war, so viel zu sammeln, wie jede Familie für einen Tag braucht. Nicht mehr und nicht weniger. Die Sorge ums Auskommen, die schnell zur Gier entartet, hat die Menschen schon immer bewogen, unvernünftige Vorräte anzulegen. Denken wir nur an die Geschichte vom Reichen, der immer größere Scheunen baute und dem keine Zeit mehr blieb, sich seines Reichtums zu erfreuen oder ihn zu teilen, weil seine Tage gezählt waren. Oder – ganz aktuell – an die irrationale Hortung von Klopapier während der Coronazeit 2020.

Das Himmelbrot, das die Israeliten zu horten versuchen, so erzählt es das Buch Exodus weiter, fing an zu vergammeln und zu stinken. Himmelsbrot gibt es immer nur in der Gegenwart, nur für heute. Wir können es nicht konservieren. Es ist nicht an der Kasse des Selbstbedienungsladens erhältlich, nicht mit einer Summe guter Taten zu erhandeln. Es ist ein Geschenk, reine Gabe eines Gottes, der sich entschieden hat, für uns da zu sein. Das ist sein Name – Jahwe – Ich bin da.

Dieses Brot vom Himmel, so sagt Jesus zu den Jüngern, gibt der Welt das Leben. Die Kraft, den heutigen Tag an der Seite Gottes zu bestehen, ohne Murren und Jammern, ohne Gier und Verblendung, vor der uns Paulus in der zweiten Lesung warnt. Er fordert uns auf, den alten Menschen abzulegen, den Sklaven der ägyptischen Herren, den Sklaven der eigenen Triebe und ehrgeizigen Bestrebungen und als neue Menschen zu leben, nach dem Bild Gottes geschaffen, in wahrer Gerechtigkeit und Heiligkeit. (Eph 4,22–24)

Wir leben in der Freiheit der Kinder Gottes, wenn unsere Seelen gesund sind, gespeist durch die Worte und das Beispiel Jesu, in dem Gott selbst seinem Namen Ehre gemacht hat. Er ist da. Er geht mit. Er freut sich am Licht, das wir verbreiten, wenn es auch vielleicht angesichts der Dunkelheiten nur klein erscheint. Für ihn zählt nicht, was wir haben, sondern was wir sind.

Wir sind Licht in dieser Welt, Salz in der Suppe, die uns eingebrockt ist. Er löffelt sie mit uns aus. Gott sei Dank! Amen.

Tischgebet für die kommende Woche

Komm, Herr Jesus,
sei heute unser Gast
und löffle mit uns aus,
was du uns eingebrockt hast.

Es ist nicht leicht zu kauen,
und manchmal schwer zu verdauen,
das harte Brot der Alltagssorgen,
doch du begleitest uns auch morgen.

Du hast uns gelehrt zu teilen,
nicht beim Haben zu verweilen,
hilf uns, das nicht zu vergessen,
und segne alle, die hier essen.
Amen.

19. Sonntag

Stichworte: beharrlich beflügeln, nachhaltig nähren
Schriftwort: Joh 6, 41–51

Hinweis: Die zweite Lesung (Eph 4, 30–5.2) soll erst am Schluss der Predigt von der Lektorin vorgetragen werden.

Liebe Gemeinde,
wieder geht es in den heutigen Schrifttexten ums Essen. In der gesamten Bibel kommt das Wort »essen« 416-mal vor, von Brot ist 376-mal die Rede, von Wein sogar 543-mal. Auf ein Jahr verteilt ist das öfters als einmal pro Tag! Essen und Trinken hält Leib und Seele zusammen, so sagen wir, und wer je richtig gehungert oder Durst ausgehalten hat, kann bestätigen, dass der Mangel persönlichkeitsverändernde Wirkung hat.

Elija, der kriegerische Prophet aus dem Buch der Könige, ist ein Beispiel dafür. Er steckt sowieso schon in einer tiefen Krise. Er hat für die Ehre seines Gottes gekämpft und dabei so ziemlich alles falsch gemacht. Die Tatsache, dass er Baalspriester erschlagen hat, gereicht ihm in Gottes Augen nicht zur Ehre. Er muss fliehen, kommt mit knapper Not davon und liegt nun erschöpft, hungrig und durstig unter einem Ginsterstrauch in der Wüste. Wüst – so hat er sich benommen, so ist sein Gemütszustand. Er wünscht sich den Tod, weil er erkennt, dass er versagt hat.

Da schickt Gott ihm einen Engel, der ihn anrührt und ihm ein schlichtes Mahl bereitstellt. Kein Himmelsbrot, kein Wein der Freude – einfache Fladen, am Lagerfeuer zubereitet, und Wasser. Elija isst und trinkt – immerhin. Dann haut es ihn wieder um. Aber der Engel ist beharrlich, er kommt ein zweites Mal und erinnert ihn ans Aufstehen, denn der Weg, sein Weg der Erkenntnis, ist noch weit. Er wird Elija durch Tage und Nächte führen, bis er endlich im sanften Säuseln vor der Höhle versteht, dass Gott so völlig anders ist, als er sich das vorgestellt hat. Kein kriegerischer, starker, herrischer Gott, der mit Pauken und Trompeten angekündigt wird, keiner, der sich mit Getöse bemerkbar macht.

Elija, noch am Beginn der Offenbarungs-Geschichte Gottes mit den Menschen, begreift, dass er sich geirrt hat.

Mit all unseren Vorstellungen von dem, was Gott ist oder will, irren wir uns immer wieder. Das müssen wir alle begreifen. Das muss die Menschenmenge begreifen, die hinter Jesus her ist, um von ihm das Rundum-Sorglos-Paket, die zuverlässige Sättigung zu erhalten. Das müssen die Juden begreifen, die empört sind, weil der ihnen seit dem Sandkasten bekannte Jesus auf einmal den Anspruch erhebt, göttlicher Herkunft zu sein. Maria, die Mutter Gottes, muss begreifen, dass dieser Sohn immer anders als erwartet sein wird, besorgniserregend, risikobehaftet.

Jesus sagt rätselhafte Worte, die aufschrecken und verstören:
»Das Brot, das ich geben werde, ist mein Fleisch, ich gebe es hin für das Leben der Welt.« (Joh 6,51b)
Gott und Fleisch, wie passt das zusammen?
»Gott ist im Fleische, wer kann dies Geheimnis verstehen? Hier ist die Pforte des Lebens nun offen zu sehen. Gehet hinein, eins mit dem Kinde zu sein, die ihr zum Vater wollt gehen« – so heißt es im GL 251, einem Weihnachtslied.

Gott hat Fleisch angenommen – so formuliert das große Glaubensbekenntnis die Menschwerdung Gottes.

Das Brot, das ich geben werde, ist mein Fleisch. Kann es übersetzt bedeuten:
»Die Nahrung für das neue Leben im Geist Gottes ist mein Mensch-sein«?
Ich gebe es hin für das Leben der Welt. Kann es so viel heißen wie:
»Ich schone mich nicht, ich verschenke mich, damit in dieser Welt das Himmelreich anbricht.«

Das Leben des Gottessohnes für das Leben der Welt. Er riskiert sich, damit die Menschlichkeit das letzte Wort hat, die Auferstehung den Tod überlebt.

Elija und wir müssen es verstehen lernen: Der Gott des Alten Testamentes überbietet sich selbst in seiner Zusage, immer für uns da zu sein, indem er in Jesus menschliche Züge angenommen hat. Er ist einer von uns geworden, wie die Juden kopfschüttelnd feststellen und nicht glauben wollen.

Paulus, der heute in der zweiten Lesung zu Wort kommt, macht konkret, was das für uns, für jeden Christen, jede Christin, in der Nachfolge heißt:

Hier soll der kurze Text der zweiten Lesung aus dem Epheser-Brief gelesen werden (Eph 4, 30–5.2).

Das ist der Auftrag – Gott nachahmen, Jesus ähnlich werden, jede Art von Bitterkeit, Wut, Zorn, Geschrei und alles Böse aus dem Herzen verbannen.

Machen wir uns an die Arbeit. Amen.

Impuls

Göttliche Aufforderung

Mach's wie Gott, werde Mensch!
Nicht nur ein atmender Organismus,
nicht nur eine berechenbare Masse an Molekülen,
nicht nur ein hoch entwickeltes Produkt der Evolution.

Mach's wie Gott, werde Mensch!
Unterscheide dich von der Masse der Primaten,
wachse über den Keulen schwingenden Urmenschen hinaus,
beherrsche die kriegerischen Triebe aus der Steinzeit.

Mach's wie Gott, werde Mensch!
Ein auf Wachstum und Reife angelegtes Wesen,
das imstande ist, sich wirklich weiterzuentwickeln,
Werte zu entwickeln, die ihm Orientierung geben.

Mach's wie Gott, werde Mensch!
Werde ein Mensch, der die Schwachen schützt,
die unter die Räuber Gefallenen aufhebt und versorgt,
ein guter Mensch, der sich nicht schont, sondern das Richtige tut.

Mach's wie Gott, werde Mensch!
Er ist Mensch geworden und es ist unser Auftrag,
ihn nachzuahmen, mit beiden Beinen auf dem Boden,
mit dem Herzen bei den Menschen und dem Kopf in den Wolken!

20. Sonntag

Stichworte: Blutsbruderschaft, Gotteskindschaft, Leibspeise
Schriftwort: Joh 6, 51–58

Liebe Gemeinde,
das heutige Evangelium beginnt mit dem gleichen schwer verständlichen Vers, mit dem es letzten Sonntag endete:
»Das Brot, das ich geben werde, ist mein Fleisch, ich gebe es hin für das Leben der Welt.«

Wenn in den alten Schriften vom Fleisch die Rede ist, sind nicht immer Rinderbraten und Gänseschmaus gemeint. »Alles Fleisch« ist ein Ausdruck für alles Geschöpfliche, Irdische, Sterbliche. Die eheliche Vereinigung wird beschrieben als Vorgang, bei dem Mann und Frau »ein Fleisch« werden.

Vom Wort Gottes wird gesagt, dass es »Fleisch geworden ist aus Maria der Jungfrau und unter uns gewohnt« hat.

Auch in unserem Sprachgebrauch existieren Begriffe, die mit dem Lebensmittel Fleisch nichts zu tun haben. Etwa das Adjektiv »eingefleischt«. Es bezeichnet eine tief verwurzelte Gewohnheit oder Haltung, die mit dem Menschen, der sie erworben hat, untrennbar verbunden ist – ein eingefleischter Junggeselle wird niemals heiraten. Wir sprechen davon, dass uns etwas in Fleisch und Blut übergeht – uns so selbstverständlich wird, dass es wie gewachsen, wie verkörpert, als ein Teil unseres Wesens zu uns gehört. Noch vor wenigen Generationen warnte man die Jugend vor der »Fleischeslust«, womit alle körperlichen Freuden, insbesondere sexueller Art, gemeint waren. Gebräuchlicher ist heute das Wort »Natur«. Eine Einstellung oder eingeübte Gewohnheit kann jemandem zur zweiten Natur werden.

Körperliche Lust und Genussfähigkeit sind in unserer Natur verankerte Eigenschaften.

Der biblische Begriff »Fleisch« steht häufig im Zusammenhang mit Untugend und Sünde. Denken wir an die schlafenden Jünger im Ölgarten, von denen Matthäus erzählt: »Das Fleisch ist willig, doch der Geist ist schwach.«

Geist ist der positive Gegenpol des Fleisches. Geist ist die Kultur, die unsere anfällige Natur zu kontrollieren hilft. In der Bibel ist es Gottes Geist, der alles zum Leben erweckt und beseelt.

»Das Brot, das ich geben werde, ist mein Fleisch, ich gebe es hin für das Leben der Welt.«

Jesus lässt sich ganz auf uns ein, mit Haut und Haar, Fleisch und Knochen. Er macht nicht nur schöne Worte, hält nicht nur geistig hochstehende Predigten, sondern ist wahrer Mensch, aus dem vergänglichen Material, das uns zeitliche Grenzen setzt, schmerzempfindlich, anfechtbar, verletzlich. Er begibt sich in die Körperlichkeit, um ganz bei uns zu sein. Kein Gott, der von oben herab, unantastbar und unerschütterlich über die Menschen wacht und regiert, sondern ein echter Mensch. Er zeigt uns, wie wir über die Grenzen unserer Natur hinauswachsen können, indem wir den Geist Gottes in uns lebendig werden lassen. Er zeigt, verheißt und schenkt uns den Heiligen Geist, damit wir nicht Sklaven unserer Natur, unserer Körperlichkeit bleiben, sondern uns entwickeln können und frei werden von Gier und Geiz, Gewalt und Großtuerei, Geldsucht und Geltungssucht.

Wenn wir uns auf ihn, sein Wort und sein Wirken einlassen, ihm hinterhergehen, werden wir eine neue Art zu leben entdecken. Die Wichtigkeiten verändern sich. Werte treten an die Stelle von Wertgegenständen. Gute Werke folgen aus Dankbarkeit, als Antwort auf die Erkenntnis, in Gott geborgen und zugehörig zu Jesus zu sein. Ihm angehören, so dass er uns zur zweiten Natur wird, das ist die Einladung in seiner Rede vom Brot, das sein Fleisch ist. Gott will uns in Fleisch und Blut übergehen, Jesus will unser Blutsbruder sein. Blutsverwandte halten zusammen. »Blut ist dicker als Wasser«, weiß der Volksmund. Wir gehören zur Familie Jesu, unser gemeinsamer Nachname leitet sich von Jesus Christus ab. Wir sind als Christinnen und Christen untereinander weltweit verbunden, ein Leib und ein Geist in Jesus. Wir dürfen uns fühlen wie neugeboren! Amen.

Impuls

Essen
einnehmen
in sich aufnehmen

kauen und verdauen
sich sättigen
davon zehren
wachsen
bei Kräften bleiben
stark werden

Trinken
die Hände eintauchen
schöpfen und füllen
an die Lippen setzen
schlucken, schlürfen
durch die Kehle rinnen lassen
erfrischen, auffüllen
neue Reserven haben
belastbar werden

für Leib und Seele
Kalorien
Kohlehydrate
Mineralien
Spurenelemente
Spuren des Göttlichen
unser tägliches Brot
Wasser des Lebens
Wein der Freude

mit Herz und Verstand
auftanken
Gott danken
abgeben
Gemeinschaft leben
ein Segen werden
den Himmel erden
auf Gott bauen
den Himmel schauen

21. Sonntag

Stichworte: Rrttende Worte, heilende Sätze
Schriftwort: Joh 6, 60–69

Liebe Gemeinde,
die vielen schwer zu begreifenden Worte vom Brot des Lebens, das Fleisch geworden ist, werden jetzt auch den Jüngern zu bunt. Sie murren und nennen die Rede Jesu »unerträglich«. Sie fragen sich: »Wer kann das anhören?«

Viele, so heißt es, zogen sich zurück, zogen nicht mehr mit ihm herum. Sie hielten ihn für einen Spinner, er hielt nicht, was sie sich von ihm versprochen hatten.

Da steht Jesus, das Mensch gewordene Gotteswort, der Menschensohn, allein mit dem Häufchen der letzten Zwölf und fragt sie:

»Wollt auch ihr weggehen?«

Und da, in diesem sensiblen Moment, in dem viel auf dem Spiel steht, hat Simon Petrus, der sonst jeden Fettnapf trifft, einen seiner lichten Momente.

Er spricht aus, was seit jener Zeit zu jeder Zeit für uns und für alle Gläubigen gilt:

»Herr, zu wem sollen wir gehen? Du hast Worte des ewigen Lebens!«

Zu wem gehen wir nicht alles, um die Probleme und Fragen unserer Existenz zu diskutieren? Manche schwören auf ihren Homöopathen, andere haben eine wunderbar verständnisvolle Lebensberaterin, machen Aufstellungen oder Verhaltenstherapie, warme Wickel oder kalte Umschläge.

Von der Lachtherapie bis zur tagelangen Meditation im Stockdunkeln gibt es alle möglichen Wege, die uns näher zu uns selbst bringen sollen.

»Wer heilt, hat recht«, sagt der Volksmund. Aber Heilung ist nicht so einfach.

Oftmals bringen die vielfältigen Versuche nur vorübergehende Linderung bei schmerzlichen Sorgen und Fragen.

Zu wem sollen wir also gehen? Christinnen und Christen sind Menschen, die sich entschieden haben, immer wieder zu Jesus zu gehen, sein Wort aufzunehmen, es im Herzen zu bewegen und auf ihr Leben anzuwenden.

»Du hast Worte des ewigen Lebens«, sagt Simon. An welche Worte seines großen Lehrers mag er gedacht haben?

An welche Worte Jesu denken Sie, wenn Sie diesen Satz des Jüngers hören?

Mir fallen spontan die Worte ein, die uns im Zusammenhang mit Heilungswundern begegnen.

»Was willst du, dass ich dir tun soll?«, so fragt Jesus in vielen Begegnungen mit Menschen, die ihn aufsuchen. Eine wichtige, grundlegende, ewig wiederkehrende Frage. Eine Frage, die Respekt vor der Freiheit und zugleich Anfrage an die Ernsthaftigkeit des anderen zum Ausdruck bringt.

Wenn er sich einem Menschen zuwendet, wird er knapp und präzise, formuliert Anweisungen und Regeln, die dazu dienen, den Worten Ewigkeits-Charakter zu verleihen. Sie gelten nicht nur für die eine Situation, in der sie gesprochen wurden. Durch die ganze Heilsgeschichte gelten sie weiter, auch hier und heute. Weil sie unabhängig von den Moden und Meinungen ihrer Zeit sind, gelten sie als ewig. Unsterbliche Worte Jesu haben wir zusammengestellt, ohne Anspruch auf Vollständigkeit.

Auf vorbereiteten Blättern finden Sie Jesusworte, die Ihnen teilweise vertraut sind. Sie können die Aufzählung auch noch ergänzen. Suchen Sie sich das Wort aus, das Sie heute und in der kommenden Woche begleiten soll. Kommen Sie, wenn Sie gewählt haben, mit Ihrem Bank-Nachbarn ins Gespräch. Erzählen Sie einander, was Ihnen »Ihr« ausgewähltes Wort bedeutet, welche Geschichte sich für Sie persönlich damit verbindet. Ist es ein Hoffnungs-Wort? Eine Verheißung? Eine Mahnung? Ein Denkanstoß? Was macht dies Wort zu einem ewigen Wort?

Ich sage dir, steh auf! – Nimm deine Trage und geh nach Hause! – Geh und sündige nicht mehr! – Hat keiner dich verurteilt? Ich verurteile dich auch nicht! – Effata, öffne dich! – Wer ohne Sünde ist, werfe den ersten Stein auf sie! – Wenn ihr nicht umkehrt und werdet wie die Kinder, werdet ihr nicht ins Himmelreich kommen! – Ihr seid das Salz der Erde und das Licht der Welt! – Alles, was ihr von anderen erwartet, das tut auch für sie!

Nach etwa 10 Minuten, in denen ein reges Murmeln zu erwarten ist, wird die Gemeinde wieder zusammengeführt. Wenn eine kleine Gemeinschaft versammelt ist, kann es sich anbieten, einzelne Beiträge zu hören.

Wir sind unterwegs mit Jesus und gleichzeitig bei ihm zu Hause.
    Er will unser Leben begleiten, eins mit uns werden. Er ist ein Geschenk des Leben spendenden Gottes. Daran wollen wir uns an jedem Tag erinnern.
    Amen.

Gestaltungshinweis:

Gemeinsames Beten des heutigen Antwortpsalms
(Ps 34, 2–3, 16, 18–21, 23).

Die Verse über die Vernichtung der Frevler und Bösen sind ausgelassen.
    Dazu werden vorbereitete Blätter verteilt, die als Gebetsanregung für die kommende Woche mitgenommen werden können.

22. Sonntag

*Stichworte: Vorschriften und Regeln, Reinheit außen und innen
Schriftwort: Mk 7, 1–8. 14–15. 21–23*

Liebe Gemeinde,
» ... nach dem Klo und vor dem Essen Händewaschen nicht vergessen!«
Diese einfache Regel hat man uns so oder ähnlich eingeprägt. So oder ähnlich geben wir sie an unsere Kinder weiter. Das hat durchaus seine Berechtigung. Es geht dabei um Gesundheit und Tischkultur. Der Regel vom Händewaschen können wir noch viele weitere hinzufügen, an die Eltern ihre Kinder täglich erinnern und ihnen hoffentlich auch vorleben. Je höher eine Gesellschaftsform sich entwickelt, desto komplizierter wird das allgemein gültige Regelwerk. Regeln helfen beim harmonischen Zusammenleben einer Gruppe. Je größer die Gemeinschaft ist, die zusammenlebt, umso unverzichtbarer sind genau definierte und verbindliche Regeln.

Regeln sind nützlich. Von Zeit zu Zeit sollte man sie allerdings auf ihre Bedeutung hin überprüfen. Wenn sich die Struktur und Dynamik einer Gruppe verändert, müssen auch die Regeln sich ändern, wenn sie sinnvoll bleiben sollen. Es gibt eine kleine Geschichte, die das verdeutlicht:

Eine Katze störte allabendlich das Gebet der Mönche, weil sie durch die Reihe der Betenden streunte.
Deswegen ließ der Abt sie während der Gebetszeit am Pfosten des Tempels anbinden.
Nach dem Tode des Abtes wurde die Katze weiterhin jeden Abend festgebunden, wie man es inzwischen gewohnt war.
Als jedoch auch die Katze starb, besorgten die Mönche sich im Dorf eine andere Katze, um sie weiterhin allabendlich für die Zeit des Gebets am Pfosten des Tempels anzubinden.
Drei Generationen später erschien ein gelehrtes Buch, das sich ausführlich über die Wichtigkeit und Notwendigkeit der Katze für ein geordnetes Gebetsleben der Mönche ausließ.

Ein Gebet ohne Katze am Pfosten des Tempels wurde für ungültig erklärt. Eine weitere Generation später wurde jeder wie ein Sünder angesehen, der sich nicht vor der Katze tief verbeugte, bevor er den Tempel betrat oder verließ. Und als schließlich ein Mönch die Notwendigkeit der Katze für die Anbetung laut infrage stellte, wurde er als Ketzer auf dem Scheiterhaufen verbrannt. Seither wagte es kein gläubiger Mensch mehr, Zweifel an der Bedeutung der Katze für Kult und Religion zu haben
(www.sankt-elisabeth.org/glauben/texte/Falsche-Tradition.)

Vielleicht kannte Jesus diese Geschichte oder er beobachtete ein ähnliches Verhalten bei den Pharisäern, die ihn auf die Essgewohnheiten seiner Jünger angesprochen hatten. Ganz sicher geht es ihm in seiner Antwort nicht darum, die Sinnhaftigkeit des Händewaschens zu hinterfragen.

Sein Einwand geht in die Tiefe und beleuchtet verschmutzte und verseuchte Stellen, bei denen Wasser und Seife nicht ausreichen.

Regeln sind die Ausführungsbestimmungen von Normen. Normen sind gesamtgesellschaftlich verbindliche Vorstellungen vom »richtigen«, also funktionierenden und guten Leben. Sie werden in Gesetzen formuliert und Übertretungen der Gesetze werden mit Strafen belegt.

Es ist eine lohnende Frage, welcher Wert unseren Gesetzen, Normen und Regeln zugrunde liegt. Bei Reinlichkeitsbestimmungen geht es um den hohen Wert der Gesundheit.

Jesus bezieht sich in seiner Rede ebenfalls auf Gesundheit. Ihm geht es um die Gesundheit des Geistes und der Seele. Die innere Reinheit ist ihm wichtig, die Säuberung von bösen Gedanken, schlechten Handlungen, hinterlistigen Plänen und rücksichtsloser Gier. Aus Gedanken werden Worte und Werke. Das Böse beginnt im Kopf.

Vielen Menschen ist die Geschichte »Der kleine Prinz« ein Begriff. Sie handelt von der Begegnung eines in der Wüste gestrandeten Piloten mit einem – vielleicht seinem eigenen inneren – Kind. Dieses Kind, der kleine Prinz, stellt ihm viele Fragen und erzählt, als die beiden sich näherkommen, auch von seinen Lebensthemen und Grundsätzen. Eine wichtige Regel für den kleinen Prinzen, der einen eigenen winzigen Planeten bewohnt, ist es, täglich den Boden nach neuen Trieben des Affenbrotbaumes zu untersuchen. Diese Art Pflanze ist gefährlich, weil die Triebe harmlos und klein beginnen, anderen Pflanzen zum Verwechseln ähnlich sind, aber rasch zu wachsen beginnen und dann den ganzen Planeten durchwuchern und zuletzt sprengen.

Wir alle haben in unserem persönlichen Universum solche Triebe, die entarten und zu wuchern beginnen, wenn wir nicht sorgsam auf sie achten und sie im Keim ersticken.

Jesus plädiert dafür, der Reinheit im Inneren die größte Bedeutung beizumessen. »Außen hui und innen pfui« – so nennt der Volksmund das gepflegte Auftreten und Erscheinungsbild von Leuten, die ihre negativen Seiten gut zu tarnen wissen. Ihnen kann man nicht über den Weg trauen, von solchen sollte man sich fernhalten.

Als Christinnen und Christen sind wir nur Zehn Geboten verpflichtet, die ausreichen, um uns ein reines Herz und einen guten Geist zu erschaffen. Jesus hat das Grundgesetz Gottes nochmals zusammengefasst im Doppelgebot der Liebe. Die heutige zweite Lesung ermahnt dazu, die Worte des Herrn nicht nur zu hören, sondern ins Herz zu lassen und danach zu handeln. Am besten sofort. Amen.

Dringende Bitten

Lasst uns Jesus bitten, uns bei unseren Reinigungsvorschriften auf die Finger zu schauen:

»Bleib sauber«, sagen Eltern ihren jugendlichen Kindern, wenn die Wochenend-Fete mit Alkohol und Übernachtung im Grünen ansteht. Sauberes Verhalten ist dabei wichtiger als ordentliche Kleidung – auch, wenn die Party zu Ende ist.
V: Erschaffe uns, Gott, ein reines Herz. – *A:* Wir bitten dich, erhöre uns.

»Mach dir die Finger nicht dreckig!«, raten uns Freunde, die finden, dass wir uns in die Angelegenheiten Dritter zu sehr einmischen. Aber Einmischen kann manchmal den Weg weisen und Leben retten.
V: Erschaffe uns, Gott, ein reines Herz. – *A:* Wir bitten dich, erhöre uns.

»Trag deine weiße Weste!«, sagen uns manche, die wissen, dass unser Auftritt unser Schicksal werden kann und dass es darauf ankommt, sich gut zu verkaufen. Aber vor Gott zählt das Herz, das unter der Verkleidung schlägt.
V: Erschaffe uns, Gott, ein reines Herz. – *A:* Wir bitten dich, erhöre uns.

»Lass dich nicht runterputzen!«, werden wir ermuntert, uns zu wehren, wenn einer uns dumm kommt. Vielleicht ist er auch mit einem gelassenen freundlichen Wort zu entwaffnen?
V: Erschaffe uns, Gott, ein reines Herz. – *A:* Wir bitten dich, erhöre uns.

»Ein jeder kehre vor der eigenen Tür!«, ist die Anweisung eines Sprichwortes, das dem Tratsch und der üblen Nachrede wirksam entgegentritt. Mit der Rede vom Balken im eigenen Auge zielt Jesus in die gleiche Richtung.
V: Erschaffe uns, Gott, ein reines Herz. – *A:* Wir bitten dich, erhöre uns.

Guter Gott, du gibst uns ein Herz aus Fleisch, das warm ist und pulsiert. Lass uns am Puls der Zeit deine Botschaft in die oft kalte Welt bringen. Amen.

23. Sonntag

Stichworte: hören, gehören, gehorchen
Schriftwort: Mk 7, 31–37

Liebe Gemeinde,
heute geht es im Evangelium um einen unserer fünf Sinne, den wir manchmal in seiner Bedeutung unterschätzen – das Hören. Es ist der Schlüssel zur Kommunikation, Grundlage unserer zwischenmenschlichen Beziehungen.
Welche Sätze über das Hören fallen Ihnen spontan ein?
(Nach Möglichkeit Gemeindemitglieder zu Wort kommen lassen.
Folgende Beispiele für den Fall, dass die Gemeinde sich nicht beteiligt:)
Über manche Mitmenschen sagen wir, dass sie das Gras wachsen und die Nachtigall trapsen hören. Sie haben eine besondere Sensibilität, Ereignisse zu erahnen, bevor für den Durchschnitts-Hörer etwas Konkretes wahrzunehmen ist.
»Auf dem Ohr höre ich schlecht!«, bedeutet, dass ich auf eine versteckte Forderung oder einen Appell nicht reagieren werde.
»Da rein – da raus«, mit der entsprechenden Handbewegung, macht unserem Gegenüber unmissverständlich klar, dass wir uns von seinen Worten nicht treffen lassen.

Wer nicht hört, wird auch nicht gehorchen. »Es hört nicht auf mich!«, sagen Eltern in der Erziehungsberatungsstelle, wenn ihr Kind sich ausdauernd taub stellt und auf die Worte der Erwachsenen nicht reagiert. Gemeint ist aber nicht ein Organversagen, sondern die Weigerung, einer Aufforderung Folge zu leisten.
»Horchen« ist ein anderes Wort für intensives, konzentriertes Hören. Wir hören uns eine Zeitlang gelangweilt eine Rede an, bis ein Wort gesprochen wird, das uns auf-horchen lässt. Wenn eine Botschaft uns wirklich erreicht, werden wir ihr ge-horchen. Und wenn wir uns für ein Lebensmodell, eine Aufgabe oder einen Menschen entschieden haben, dann ge-hören wir zu ihr, zu ihm.
Die Bibel erzählt viele Geschichten von Menschen, die Gott gehört haben, hellhörig wurden, ihm gehorcht haben und sich entschieden haben, für immer zu ihm zu gehören. Ein Beispiel ist die Erzählung

vom jungen Samuel, der Tempeldienst bei Eli, einem der ehrwürdigen Priester, tut. Dreimal, so wird erzählt, wachte Samuel in der Nacht auf und wusste noch nicht, wessen Stimme ihn da aus dem Schlaf gerissen hatte. Dreimal ging er daraufhin ans Lager seines Herrn und fragte, was er von ihm wünsche. Beim dritten Mal erkannte Eli, dass es kein Geringerer als Gott selber ist, der Samuel beim Namen ruft und damit zeigt, dass er ihn für eine besondere Aufgabe auserwählt hat. Er sagt dem aufmerksam hörenden Jungen, was er antworten soll, wenn der Ruf wieder an ihn ergeht:

»Rede, Herr, dein Diener hört!«

Das ist ein Satz, der auch uns gilt, den Christinnen und Christen von heute. Wir alle stehen im Dienst. Unser ganzes Leben soll ein Zeugnis sein, eine Verkündigung des Evangeliums im Alltag, in der Art, wie wir leben, mit anderen umgehen und Prioritäten setzen. Es ist nicht leicht, aus dem vielen Lärm, der uns umgibt, aus den vielen Wichtigkeiten und Nichtigkeiten ringsum die leise Stimme Gottes zu hören. Auch Samuel hört ihn nicht tagsüber, sondern nachts, als alles um ihn herum ruhig ist.

Haben wir in unserem Ablauf täglich einen Moment, nicht nur zufällig, sondern fest eingeplant, in dem wir innehalten um zu hören? Gelingt es uns, das Vielerlei zum Schweigen zu bringen, das uns so sehr im Griff hat, dass uns manchmal Hören und Sehen vergeht? Dann funktionieren zwar noch unsere Organe, aber das, was nach innen, ins Herz durchdringen soll, bleibt auf halbem Wege stecken oder wird einfach übertönt.

»Rede, Herr, dein Diener, deine Dienerin hört!«

Wir sind es nicht gewohnt, uns als Dienerinnen und Diener zu bezeichnen. Es kommt uns vielleicht erniedrigend vor, als wären wir ferngesteuert, Leibeigene ohne eigene Meinung und eigene Ideen. Das ist ein Missverständnis. Gott will keine Sklaven, sondern freie Menschen, erwachsene Töchter und Söhne, die sich mit seinem Ruf auseinandersetzen, wenn sie ihn empfangen haben. Dann ist der Dienst eine ehrenvolle Aufgabe, die wir mit Herz und Verstand, so gut und kreativ wie möglich, annehmen dürfen. Dienen ist keine niedrige Arbeit. Auch der König dient, wenn er sein Amt richtig versteht, seinem Volk. Der Papst ist der erste Diener der Kirche. Die Messdiener stehen ganz vorn und übernehmen Verantwortung. Ärztinnen und Krankenpfleger, Busfahrerinnen und Sicherheitskräfte haben Tagdienste und Nacht-Dienst, und Gott sei Dank sind sie sich nicht zu fein dazu!

Der Taubstumme im heutigen Evangelium erhält eine jesuanische Intensivbehandlung. Er wird vom Heiler, vom Heiland, beiseite genommen, berührt und mit göttlichen Enzymen behandelt. Fast könnte man meinen, Jesus legt ihm nicht nur die Hände auf, sondern sogar neue Worte in den Mund. Die Trockenheit, die Dürre in der Mundhöhle endet, als die Benetzung mit Jesu Speichel erfolgt. Der Same eines neuen Lebens, eines neuen Hörens, einer neuen Sprache geht auf. Wer Ohren hat, zu hören, der kann auch reden – nicht irgendeinen belanglosen Stuss, auf den die Welt verzichten kann, sondern richtige, wichtige Worte. Es heißt, der Geheilte konnte »richtig reden«. Kein Herumgedrucks und Gestammel, keine Nebensächlichkeiten und Ausreden, sondern Klartext.

Salomo, der große Weise des Alten Testaments, hat bei Gott einen Wunsch frei. Und er wünscht sich nicht Gold und Geld, nicht Macht und Erfolg, sondern ein hörendes Herz, damit er den schweren Aufgaben, die er zu erfüllen hat, gerecht werden kann.

Ein hörendes Herz, das wünsche ich uns allen, mit diesem Wunsch gehen wir in die kommende Woche. Denn der Glaube kommt vom Hören. Amen.

Meditation

Hören
die sanfte Stimme der Mutter
die fröhlichen Rufe der Geschwister
die vielen Geräusche der Umgebung
und den eigenen Namen
Horchen
auf die Melodie der Sprache
auf die Betonung der Worte
auf die Botschaft zwischen den Zeilen
und aufhorchen beim eigenen Namen

Gehören
zu einer Familie
zu einer Gruppe
zum Treffen Gleichgesinnter
und zu dem, der dich beim Namen ruft

Gehorchen
nicht jedem Befehlshaber
nicht dem, der am lautesten brüllt
nicht dem Chef, um ein Lob einzuheimsen
sondern der leisen Stimme Gottes im hörenden Herzen
Amen.

24. Sonntag

Stichworte: Nachfolge und Leidensbereitschaft
Schriftwort: Mk 8, 27–35

Liebe Gemeinde,
wie wäre uns zumute, wenn wir zur Gruppe der Jünger und Jüngerinnen Jesu gehören würden und dabei gewesen wären?

Da stellt Jesus wieder einmal eine seiner schwierigen Fragen, die niemand in einem Satz beantworten kann. »Für wen haltet ihr mich?«

Simon, der ein flottes Mundwerk hat, wagt die Volltreffer-Antwort: »Du bist der Messias!«

Was würden wir antworten? Der Sohn Gottes, der Heiland, der Retter, der Herr, der Held, der Gekreuzigte, der Auferstandene, der Erlöser?

Viele Begriffe kommen in unseren Gebeten und Kirchenliedern vor. Aber was fühlen wir für Jesus? Können wir uns vorstellen, ihn zu kennen, mit ihm unterwegs zu sein, mit ihm zu reden, von ihm zu lernen?

Wenn Sie die Chance hätten, eine in den Evangelien geschilderte Situation live mitzuerleben, welche würden Sie wählen?

Wären Sie gerne bei der wunderbaren Brotvermehrung satt geworden? Oder wollten Sie mit eigenen Augen sehen, wie der blinde Bartimäus seinen Mantel wegwirft und auf Jesus zu rennt, weil er weiß, dass es ums Ganze geht? Würden Sie sich zu Maria und Marta in die Küche wünschen, wo man lernen kann, dass es Zeiten gibt, in denen die Arbeit liegen bleiben kann und wir den besseren Teil wählen dürfen? Möchten Sie Ihre Kinder zu ihm tragen, vorbei an den mürrischen Jüngern, damit er sie segnet?

Was immer Sie sich aussuchen würden – die Geschichte von heute wäre es bestimmt nicht! Da ist zunächst diese schwierige Frage, von der man nicht so recht weiß, was man davon halten soll. Und kaum hat Simon richtig geantwortet, da bekommt er einen eiskalten Dämpfer:

»Weg mit dir, Satan, geh mir aus den Augen! Denn du hast nicht das im Sinn, was Gott will, sondern was die Menschen wollen.«

Peinlich, geradezu erschütternd – die dabeistehen, ziehen die Köpfe ein wie Geschwister, wenn einer ausgeschimpft wird. Da ist man froh, selber nicht im Zentrum der Aufmerksamkeit zu stehen, und möchte sich unsichtbar machen. Sie kommen uns ungerecht vor, die harten Worte, mit denen Jesus den Simon abkanzelt. Dessen Einwände gegen die Leidensankündigung waren doch nur zu verständlich und gut gemeint! Ein guter Freund versucht, drohendes Unheil abzuwenden. Würden wir uns trauen, Einspruch zu erheben, dem Simon beizustehen und Jesus zu fragen, warum er ihn ausschimpft?

Vielleicht würde er antworten, nicht unverständlich und mit verklärtem Blick, sondern schlicht und einfach, von Mensch zu Mensch?

»Auch Ratschläge sind Schläge, mein lieber Simon! Du wünschst dir, dass alles so bleibt, wie es ist. Aber dazu sind wir nicht unterwegs! Mein Weg ist kein Spaziergang, sondern ein bahnbrechendes Ereignis! Ich bin bereit, alles dafür zu geben, alles auf eine Karte zu setzen, alles zu riskieren. Ich bin auf die Welt gekommen, damit die Welt göttlich wird. Ich werde Neid, Macht, Bosheit und Gier nicht ausrotten, sondern auf mich nehmen und ertragen, damit etwas Neues beginnt. Wer sich verdrückt, wenn es eng wird, ist kein Zeuge, sondern ein Feigling. Merk dir das, Simon. Zugegeben, das mit dem Satan war hart – was ich sagen wollte, war das: Geh mir aus den Augen und stell dich hinter mich! Das ist der richtige Platz für einen Jünger, für eine Jüngerin, hinter mir her! Von dort aus kannst du mir beistehen, den Rücken stärken, den Weg mitgehen und in meinen Fußstapfen treten. Willst du das?«

Können wir nicht förmlich sehen, wie Simon eifrig nickt und versichert, dass er jederzeit und gern dem Herrn folgen will, zur Not bis in den Tod? Wir wissen auch, dass dennoch der Hahn dreimal krähen wird, wenn er wieder scheitert, hinter seinem Wort zurückbleibt und leugnet.

Sind wir nicht alle mit diesem Simon verwandt? Er ist begeisterungsfähig und doch schwach, übereifrig und vorschnell, manchmal hellsichtig und dann wieder voller Angst. Es ist tröstlich, dass Jesus ihn zum Chef und Nachfolger ernennt, trotz aller dieser Mängel und Zweifel. Wir dürfen davon ausgehen, dass er auch uns nicht ausmustert, sondern uns Großes zutraut.

Die Platzanweisung ist klar – wir sollen hören und folgen. Jesus zeigt den Weg, er ist selbst der Weg. Ein Weg, auf dem mancher Verlust sich in einen Gewinn wandelt. Auf dem Lebensweg hinter Jesus her können wir entdecken, dass in jedem Verlust auch ein Gewinn liegt. Wer sein Leben einsetzt, wird zeitloser Wahrheit begegnen, eine ganze Ewigkeit lang. Amen.

Zweifelndes Credo

Ich glaube, du bist der Messias,
auf den wir schon so lange warten,
der die Welt retten wird,
für Gerechtigkeit und Frieden sorgt
und das Böse endgültig ausmerzt,
damit der Himmel endlich zur Welt kommt.

Ich glaube, ich habe mich verhört –
sagtest du eben, dass du sterben wirst,
keinen Heldentod auf dem Feld der Ehre,
sondern am Kreuz wie ein schändlicher Verbrecher,
verraten und verkauft, verspottet und verhöhnt,
und danach willst du dann auferstehen?

Ich glaube, du bist mir böse, wenn ich einwende,
dass ich mir das Kommen des Himmelreichs anders vorstellte,
siegreich, ruhmreich, erfolgreich, segensreich
und ich mittendrin, an deiner Seite,
und jetzt scheuchst du mich wirklich weg,
weist mich in die Schranken und hinter dir her.

Ich glaube, das ist nicht zu schaffen,
wir Menschen können das nicht,
aus Bösem etwas Gutes machen
und die Fülle aus dem Nichts,
ich vertraue darauf, dass du mich lehrst,
eines Besseren belehrst und ich will dir folgen.
Amen.

25. Sonntag

Stichworte: Kinder in die Mitte, umgekehrte Proportionen
Schriftwort: Mk 9, 30–37

Liebe Gemeinde!

Ich wäre gerne dabei gewesen, als Jesus das Kind in die Arme nahm und in die Mitte stellte. Das war seine anschauliche Antwort auf die eifersüchtige Diskussion der Jünger, wer unter ihnen der Größte sei.

Jesus stellt keine Reihenfolge her, hebt niemanden von den Erwachsenen hervor, verteilt keine Pokale, kürt nicht die Schönste im Land und veranstaltet keinen Song-Contest. Er geht den umgekehrten Weg, die göttliche Skala der Wichtigkeiten stellt unsere Maßstäbe wieder einmal auf den Kopf. Heute und an den folgenden Sonntagen geht es um Kinder.

Wir erleben einen Jesus, der Kinder zu den wichtigsten Menschen der Welt erklärt, eine Kinderschutzverordnung aufstellt und sie segnet und zum Zeichen des Segens erklärt.

»Wenn du ein Kind siehst, begegnest du Gott auf frischer Tat«, so oder ähnlich hat Martin Luther es ausgedrückt. Im Verlauf der Kirchengeschichte hat die Rede von den »Kindlein« einen unangenehmen Beigeschmack bekommen. Das Reden vom Kind in der Verniedlichungsform erinnert gar zu sehr an Schäfchen, die naiv und willig überallhin folgen, wohin der Hirte sie führt. Und die Hirten sind nicht immer gut gewesen – viele haben sich auf traurige Weise entpuppt. Es ging lange darum, die Menschen dumm und gefügig, ungebildet und ausgeliefert zu halten. Das Wort Gottes zu lesen war den Hirten vorbehalten, die Auslegung in ihre Hände gelegt. Die »Kindlein« – das waren die von Angst und schlechtem Gewissen handlungsunfähig gemachten einfachen Christinnen und Christen. Es ist noch nicht lange her, da fürchteten sich viele Gläubige vor Gott, anstatt ihn als guten und barmherzigen Vater anzunehmen.

»Wenn du ein Kind siehst, begegnest du Gott auf frischer Tat.« Ob der Lehrer das verstanden hat, der – in einem Witz – die kleine Anna im Kunstunterricht beobachtet? Sie ist ganz bei der Sache, schwelgt in Farben, mischt und übermalt, schafft und strahlt dabei.

»Na, Anna, was malst du denn Schönes?« fragt der Lehrer die eifrige kleine Schülerin. »Ich male den lieben Gott!«, sagt Anna.

»Aber Anna, den lieben Gott kann man doch nicht malen. Wir wissen doch gar nicht, wie er aussieht!«, sagt der Lehrer milde lächelnd.

»Warten Sie noch fünf Minuten«, sagt Anna fröhlich, »dann wissen Sie's!«

Schauen Sie genau hin, wie das Kind malt, dann wissen Sie es bereits im gleichen Moment, möchte man hinzufügen. Die Hingabe an den Moment, das Glück kreativen Schaffens, die Absichtslosigkeit, Fantasie und Ergebnisoffenheit im kindlichen Spiel ist ein Bild für die schöpferische Energie Gottes. Die unzähligen Spielarten und Variationen in der Natur erzählen von ihm. Gott ist kein Veranstalter von Wettbewerben, um das »Survival of the Fittest« zu ermitteln. Er bejaht unsere Prozesse, nicht nur unsere Ergebnisse. Er hat uns Menschen dazu größtmöglichen Freiraum gewährt. Die Grenze des Erlaubten ist immer definiert durch die Freiheit und Sicherheit des Nächsten. »Liebe – und dann tu, was du willst!«, so hat es Augustinus formuliert.

An einem der nächsten Sonntage werden wir mit dem Doppelgebot der Gottes- und Nächstenliebe konfrontiert, das Jesus uns als Zusammenfassung aller anderen Gebote, Weisungen und Gesetze an die Hand gibt. Kinder können uns das vormachen. Sie sind – wenn man sie nicht schon in früher Zeit zugrunde richtet, vertrauensvoll und offen. Sie erwarten das Gute und lernen am Vorbild, es auch zu tun. Gott zeigt sich für sie in allem Positiven, was sie entdecken und erleben. Die Eltern sind die ersten Stellvertreter Gottes für das junge Kind. Weitere Bezugspersonen und der erweiterte Radius der Welterfahrung öffnen den Horizont. Dieser kindliche Horizont ist noch offen für den Blick in eine heile Welt, in der alles richtig ist und zusammengehört. Wenn es in stabilen Verhältnissen aufwächst, macht das heranwachsende Kind erst im Lauf der Zeit die Erfahrung von tiefem Kummer und Schmerzen, für die es keinen einfachen Trost gibt. Es begreift nach und nach, dass die Eltern auch nur Menschen mit engen Grenzen sind, dass das Leben böse Überraschungen bereithält und endlich ist.

Der Kinderglaube an die Allmacht und den unbedingten göttlichen und elterlichen Schutz kommt in die Krise. Der Glaube, das Weltbild verändert sich. Es kann dazu führen, dass der Kinderglaube, wie im Sprichwort das Kind selbst, mit dem Bade ausgeschüttet wird. Er kommt abhanden und an seine Stelle tritt ein kritischer Realismus.

»Wenn jeder an sich selber denkt, ist an alle gedacht!« Der Egoismus, der Wunsch, zu den Besten zu gehören, liegt uns in den Genen. Manchmal ist das auch gut so, schützt davor, ausgenutzt zu werden, und bringt uns voran. Aber die Grundhaltung zum Leben, zum Lieben und zur Verbindung mit dem Himmelreich ist eine andere.

Wir können sie wieder neu erlernen, wenn wir uns mit Kindern auf Augenhöhe begeben, denen noch kein Haar gekrümmt, noch kein Zahn gezogen wurde. Wir können diese Verbindung neu entdecken, wenn wir dem Kind zuhören, das wir selber einmal waren. Diese Stimme ist noch immer tief innen zu vernehmen.

Jesus umarmt dieses Kind und rät dazu, es anzunehmen, es in die Lebensplanung aufzunehmen. Dann ist auch er ganz bei uns. Der Wettkampf um den ersten Platz ist gelaufen. Mit Jesus an der Seite haben wir schon gewonnen. Amen.

Gestaltungsidee:

Die Kinder, die an diesem Gottesdienst teilnehmen, kommen nach vorn. Alle Mitfeiernden, die dazu bereit sind, bilden einen dichten Kreis um sie. Sie fassen sich an den Händen und singen mit der ganzen Gemeinde ein Segenslied für die Kinder, z. B. GL 490 »Segne dieses Kind und hilf uns, ihm zu helfen ...« oder GL 850 (Regionalteil LM) »Herr, wir bitten, komm und segne uns ...« oder GL 405: »Nun danket alle Gott«. Danach bilden die Erwachsenen ein Tor an einer Stelle des Kreises. Die Kinder treten einzeln durch dieses Tor aus der Mitte heraus und werden durch die GL oder von dazu bereitstehenden Eltern mit Weihwasser gesegnet. Sie erhalten ein Segensbild

www.supercoloring.com/de/ausmalbilder/jesus-segnet-die-kinder

zum Ausmalen und Mitnehmen.

26. Sonntag

Stichworte: Kinderschutz, Opferschutz, Missbrauch, Gewalt, Urteil
Schriftwort: Mk 9, 38–43. 45. 47–48

Liebe Gemeinde!

Am vergangenen Sonntag haben wir gehört, wie Jesus auf die heimliche Frage der Jünger geantwortet hat, wer der Größte sei. Er hat ein Kind in die Mitte gestellt, es umarmt und damit deutlich gemacht, wie die Größenverhältnisse bei Gott gemessen werden. Es ist gerade das gläubige Vertrauen, das Jesus hervorhebt und als einzig gültige Eintrittskarte ins Himmelreich proklamiert.

Im heutigen Evangelium schickt Jesus eine harte Warnung hinterher, die den gewalttätigen »Großen« ohne Umschweife klarmacht, wie es um die Verantwortung für ihr schuldhaftes Handeln an den »Kleinen« steht. Gemeint sind alle diejenigen, die durch Überredung, Verlockung, sanfte Gewalt und Handgreiflichkeit das Vertrauen und die Hilflosigkeit, die Gutgläubigkeit Schwächerer ausnutzen.

Menschen, die vertrauen, sind potenzielle Opfer. Sie grenzen sich nicht knallhart ab. Sie kümmern sich nicht nur um sich selbst und das eigene Wohlergehen. Sie binden sich, sie setzen auf Beziehung. Von der Liebe heißt es bei Paulus, dass sie alles erträgt, alles glaubt und alles hofft. Wer liebt, liefert sich dem Gegenüber aus, macht sich verletzlich.

Die Kleinen, die Kinder, sind auf Bindung und Beziehung hin angelegt. Sie können gar nicht anders. Sie sind ihren Bezugspersonen auf Gedeih und Verderb ausgeliefert. Kinder und solche, die im Herzen kindlich geblieben sind, können leicht beeinflusst werden. Sie fallen häufiger als Hartgesottene und Durchsetzungsfähige auf die Wölfe im Schafspelz herein und erkennen zu spät, dass ihre Zuneigung missbraucht wurde.

Jesus redet Klartext. Er unterscheidet kompromisslos zwischen Recht und Unrecht. Im Bild vom Mühlstein um den Hals des Verführers und Kinderschänders ist von Verständnis und Fürsorge für den Täter nichts zu spüren. Wir haben eine Kultur des Verständnisses und der Erklärungen für Fehlverhalten und Gesetzesübertretungen entwickelt, die manchmal richtig und falsch zu einer untrennbaren

Masse verquirlt. In einem Witz über die Berufsgruppe der Sozialpädagogen werden die professionellen »Täter-Versteher« aufs Korn genommen: Zwei von ihnen stehen mit den Händen in den Hosentaschen am Straßenrand bei einem blutüberströmten, verwundeten und ausgeraubten Menschen und stellen fachlich fest: »Also, dem, der das getan hat, müssen wir unbedingt helfen!«

So nicht! Das wird in den heutigen harten Bildern glasklar. Jesus sagt: »Wenn du im Begriff bist, Hand anzulegen an einen unschuldigen Mitmenschen, wenn du ihn niedertrampelst oder mit gierigen Blicken erniedrigst, dann pack diese bösen Triebe in dir bei der Wurzel, reiß sie aus, hack sie ab, geh mit äußerster Entschlossenheit vor. Verbiete dir die Gier. Sie ist die Wurzelsünde für Übergriffe, die unentschuldbar sind.«

Die Geschichte der Menschheit und die Kirchengeschichte ist ein trauriger und erschütternder Tatsachenbericht in Fortsetzungen, der von sexueller Gewalt und Lustbefriedigung auf Kosten der Schwachen, insbesondere der Schutzbefohlenen, handelt. Dieses Böse schreit zum Himmel. Unbegreiflich, dass Gott es erträgt, ohne Blitze zu schleudern und dreinzuschlagen. Vielleicht liegt ein Hinweis in dem Wort »ertragen«. Gott schafft das Unerträgliche nicht in einem himmlischen Gerichtsakt ab. Er erträgt es – am eigenen Leib. Er ist selber Mensch geworden, ein liebender, sich ausliefernder Mensch. In der Begegnung mit ihm hat auch der Täter noch eine Chance, seine Tat zu erkennen, sich zu ihr zu bekennen und sie zu bereuen. Jesus ist ganz auf der Seite der Geschädigten und Geschundenen. Er unterscheidet messerscharf zwischen Recht und Unrecht und duldet keinen unappetitlichen Brei aus beidem. Aber er trennt ebenso den Täter von seiner Tat. Selbst am Kreuz lässt Lukas ihn sagen: »Vater, vergib ihnen, denn sie wissen nicht, was sie tun.« Und der zur Rechten Jesu gekreuzigte Verbrecher nutzt die letzte Gelegenheit zur Reue und darf sich sagen lassen: »Heute noch wirst du mit mir im Paradies sein.«

Es ist nicht unsere Aufgabe zu entscheiden, wieviel ein Täter darüber weiß, was er tut. Aber für jede und jeden von uns gilt, dass wir unser Tun zu verantworten haben.

Zu Beginn unseres Gottesdienstes beten wir im Schuldbekenntnis, dass wir Gutes unterlassen und Böses getan haben. Die Sünde, die Abkehr von Gott, der die Liebe ist, beginnt im Kopf. Es sind unsere bösen Gedanken, die Worte und Taten nach sich ziehen.

Die Schwächsten in unserer Gesellschaft sind am allermeisten auf Verständnis, gute und heilende Worte und hilfreiche Taten angewiesen. Sie stehen unter Gottes besonderem Schutz! Indem wir wegschauen, werden wir der Unterlassung schuldig. Wir schulden ihnen Solidarität, deutliche Worte und beherztes Handeln. Mitwisser sind Mittäter.

Christlich orientierte Menschen sind Bürgen für den Glauben und das Vertrauen auf Gott und ins Leben. Und wer auch nur mit einem Schluck Wasser die Nächstenliebe wahrmacht, dessen Glas ist bei Gott halbvoll.

Amen.

Impuls: Mühlstein

angetrieben durch Wasserkraft
gedreht durch Windmühlenflügel
Runde um Runde bewegt von Zugtieren

zerreibt das Korn zu Mehl
sorgt für das tägliche Brot
Frucht der Erde und der menschlichen Arbeit

ausrangiert ist er ein wirkungsvoller Dekoartikel
eignet sich als wetterfester Gartentisch
ein Relikt aus Zeiten der Handarbeit

aber wehe dem Täter, der sich vergreift
die Hände und Augen nicht unter Kontrolle hat
und am Mühlstein auf den Meeresgrund gerissen wird

von wo es kein Entkommen mehr gibt
keine Rettung und keine Gnade
es sei denn, Jesus käme übers Wasser bis in die Tiefe.

Vielleicht ist er deshalb hinabgestiegen
in das Reich des Todes und der Todsünde,
damit auch der Letzte noch die Chance hat, umzukehren.

27. Sonntag

Stichworte: Minderheitenschutz, Würde des Menschen
Schriftwort: Mk 10, 2–16

Liebe Gemeinde,

»Frauen und Kinder zuerst!« Das ist ein Verhaltenskodex an Bord sinkender Schiffe, der durch den Untergang der Titanic bekannt wurde. Erstmals im Jahre 1840 hat zuvor schon ein beherzter Passagier auf einem in Brand geratenen Schiff diese Weisung durchgesetzt und eine wohlgeordnete Evakuierung erreicht. Alle an Bord befindlichen Personen konnten gerettet werden. Ob er die Stelle des Markusevangeliums im Herzen bewegte, als er in einer Situation höchster Anspannung diesen Satz prägte und in die Tat umsetzte?

Wohlgeordnet – das ist ein Wort, das an die Schöpfungsgeschichte erinnert, in der Gott sein Werk sieht und befindet, dass es gut ist, sogar sehr gut. Aber die Grundidee Gottes ist kein statischer Dauerzustand. Seit die Welt sich dreht, muss immer wieder neu Ordnung hergestellt werden. In der gesamten Evolution und insbesondere, seit menschliche Wesen den Planeten bevölkern, gibt es Schwierigkeiten damit. Die Ordnung der Natur sieht eine klare Aussonderung schwacher und funktionsgestörter Variationen einer Art vor. Zwar wird der schutzbedürftige Nachwuchs hoch entwickelter Säugetierarten im Verbund der Herde während des Aufwachsens geschützt. Kranke und alte Tiere werden jedoch als Risiko für die Sicherheit der Gemeinschaft ausgemustert und zurückgelassen.

Erst der Mensch brachte die Idee zur Welt, das Schwache und Schutzbedürftige dauerhaft zu hegen und zu pflegen. Erst die Gesetzesentwürfe der letzten Jahrzehnte in Deutschland bringen zum Ausdruck, dass dies kein Gnadenakt ist, sondern ein Grundrecht, dem in allen Bereichen des Lebens Folge geleistet werden muss.

»Frauen und Kinder zuerst« – Jesus hat diese Regel zum Schutz der Schwachen und Minderheiten schon vor zwei Jahrtausenden vorgelebt. In einer Zeit, in der die Frauen als rechtlos und als Besitz ihres Mannes galten, war es für die Jünger klar, dass man sie abwimmeln muss, wenn sie mit ihrer lauten und nervigen Kinderschar den Messias belästigen wollen. Aber der Meister hat eine ganz andere Haltung –

wie so oft. Immer wieder zeigt er es den Jüngern und uns, hält keine klugen Reden, verabschiedet keine Ausführungsbestimmungen zu umständlich formulierten Gesetzen. Er lebt es uns einfach vor: Die Kinder in die Mitte, das Kleine schützen, Frauen und Müttern den Vortritt lassen, Kranken unverzüglich helfen; Traurige nicht nur vertrösten; Regeln, wenn nötig, außer Kraft setzen; das Gute und Wahre durchsetzen; sich mit festgefahrenen Gesetzeshütern auseinandersetzen; mit Zöllnern und Sünderinnen ungeniert zusammensitzen; Zeichen setzen.

Das ist die Vorgabe Jesu.

Wenn wir die Zeitung aufschlagen, müssen wir feststellen, dass sie Tag für Tag missachtet wird. Frauen und Kinder leiden zuerst und bis zuletzt, sind den Gewalttaten und der Willkür von Männern weithin gnadenlos ausgeliefert, werden benutzt, beschmutzt und ihrem Schicksal überlassen. Unmenschlich – so nennen wir die Gräueltaten, von denen wir Kenntnis erlangen. Aber leider sind sie alle von Menschen verübt und somit menschlich. Aber sie sind eines Menschen nicht würdig. Seit Jesus ist die »Menschlichkeit« definiert und eindeutig: Schutzbedürftige haben Vorfahrt. Es gibt kein unwürdiges Leben und keine Ausnahme von dieser mit göttlicher Autorität ausgesprochenen Grundregel.

Hierzulande sind absurde Widersprüche an der Tagesordnung. Der Anreiz, Kinder in die Welt zu setzen, wird durch staatliche Gesetze erhöht. Für die einen sind Kinder dennoch weiterhin ein Armutsrisiko, ein Hemmschuh auf der Karriereleiter und – wenn nicht makellos, hübsch und intelligent – auch eine persönliche Beleidigung. Für andere ist es das Ziel ihrer Träume, ihrem Leben durch Kinder einen Sinn zu geben, und sie bezahlen dafür – in Kliniken, die der Fruchtbarkeit auf die Sprünge helfen sollen, und durch eine große Einschränkung ihrer Freude am unbekümmerten Leben und Lieben.

Frühgeborene werden in immer extremeren Stadien ihrer embryonalen Entwicklung durchgebracht, nicht selten mit lebenslänglichen schweren Beeinträchtigungen. Und auf einer anderen Station des gleichen Krankenhauses werden gleichzeitig gesunde Föten abgetrieben, weil sie nicht ins Lebenskonzept ihrer Eltern passen. Ungeborene mit der Diagnose »Downsyndrom« können bis zu den Eröffnungswehen im Mutterleib zunächst abgetötet und danach durch die Einleitung der Geburt ausgetrieben werden. Gleichzeitig sitzen Adoptionsbewerber-Paare auf dem Jugendamt und erklären ihre Bereitschaft, ein Kind mit Behinderung aufzunehmen. Wie passt das zusammen?

Die Entscheidungen, die wir heute zu treffen imstande sind, stellen erhöhte Anforderungen an unser Gewissen. Durch liberale Gesetze und medizinischen Fortschritt haben wir Entscheidungsfreiheiten, die vor hundert Jahren noch völlig undenkbar waren. Immer stärker können wir das Schöpfungsgeschehen beeinflussen. Denn wir sind Teil davon, die Schöpfung ist noch nicht zu einem guten Ende gekommen. Sie braucht immer neu den Segen Gottes, damit sie gut wird.

Jesus hat die Jünger gerügt und die Kinder und Mütter gesegnet. Mehr als alles andere brauchen wir den Segen Gottes für unsere Entscheidungen im Großen und Kleinen. Mehr als je zuvor sollen wir selber ein Segen sein – für alle Kleinen, Schwachen, Hilfebedürftigen, für die Nervensägen und Mauerblümchen, die Durchbrenner und Sitzenbleiber. Bitten wir Gott im Namen Jesu, uns dafür auszustatten mit einem täglichen warmen Segen-Regen von höchster Stelle. Amen.

Gebet für die kommende Woche

Guter Gott,
ein Sprichwort sagt: Sich regen bringt Segen,
es ist ein Satz für Faulpelze und Auf-morgen-Verschieber,
aber zu manchen Momenten des Lebens passt er nicht.

Es gibt die Sternstunden, die verdichteten Augenblicke,
wo die Zeit stehen bleibt und die Ewigkeit aufleuchtet,
da heißt es, sich nicht regen, sondern segnen lassen.

Da will ich stillhalten und die Chance nutzen,
dir nahe zu sein, mich nicht abdrängen lassen
und deinen Segen aufnehmen, damit ich wieder aufblühen kann.
Amen.

28. Sonntag

Stichworte: Arme und Reiche, Himmelreich
Schriftwort: Mk 10, 17–30

Liebe Gemeinde,
»Eher geht ein Kamel durch ein Nadelöhr, als dass ein Reicher in das Reich Gottes gelangt.« So sagt Jesus nach der Begegnung mit dem wohlhabenden Mann zu seinen Jüngern, die darüber bestürzt sind. Wenn schon sie bestürzt sind, obwohl sie doch ihr Hab und Gut zurückgelassen haben, um ihm zu folgen – wieviel mehr müssen wir hier und heute bestürzt sein? Es kann als sicher gelten, dass wir zu den Reichen dieser Welt gehören. Ist das Reich Gottes deshalb für uns unerreichbar? Wir alle hier leben im Sozialstaat, mit einem soliden Dach über dem Kopf, einem Ausbildungsplatz, einer Arbeitsstelle oder einer Rente, mit einer Versichertenkarte der Krankenkasse und einem Kühlschrank, der nicht leer ist. Wir sind reich, auch wenn wir vielleicht manchmal finden, dass wir arm dran sind. Woran liegt das?

Arm und Reich – das sind keine feststehenden Größen. Wir entscheiden, wer arm oder reich ist, indem wir Vergleiche ziehen. Und wir vergleichen uns nicht mit den zehn Reichsten der Weltrangliste, sondern mit Leuten unserer näheren Umgebung und Bekanntschaft. Etwas mehr zu besitzen und sich Teureres leisten zu können als die Nachbarn, das fühlt sich an wie reicher sein. Das schickere Auto, die zweite Urlaubsreise im Jahr, modisch up to date – das ist ein messbarer Unterschied.

Reich ist nach gängiger Auffassung, wer sich außer dem Nötigen auch teure Annehmlichkeiten leisten kann.

Aber wir wissen auch, dass es nicht allein darauf ankommt. »Reiche sind manchmal Arme mit viel Geld!«, so fasst es Bischof Kamphaus in Worte.

Ist es denn das Geld, das uns arm macht? Menschen am Existenzminimum würden diese Frage zynisch finden. Natürlich ist das Leben leichter, wenn unsere Grundbedürfnisse gesichert sind und wir uns manches Schöne leisten können. Man muss nicht arm wie eine Kirchenmaus sein, um Gott finden zu können.

Wenn unser Besitz an die erste Stelle in unserem Leben rückt,
wenn er unsere Aufmerksamkeit bindet,
wenn er uns unsensibel für die Verhältnismäßigkeiten macht,
wenn wir uns vorgaukeln lassen, alles sei käuflich,
wenn wir nicht mehr abwarten und uns auf etwas vor-freuen können,
wenn es keine Ziele mehr gibt, für die es sich zu warten lohnt,
wenn immer schon alles da ist, bevor wir es uns richtig wünschen –
dann sind wir arm dran.

Denken wir an Kinder, die zu jedem Festanlass im Jahr von Eltern, Verwandten und Freunden großzügig beschenkt werden. Man weiß schon gar nicht mehr, was man ihnen noch geben soll, weil alles schon in mehreren Ausführungen vorhanden ist. Werden diese Kinder glücklicher, wenn sie noch ein weiteres Päckchen aufreißen und den Inhalt zu den vielen anderen Dingen im Regal stellen, wo er verstaubt? Werden diese Kinder ärmer, wenn sie aus dem Berg ihrer Sachen etwas Schönes und Unbeschädigtes auswählen und schön eingepackt an der Sammelstelle für einen Transport in rumänische Kinderheime abgeben? Finden sie es schöner, sich im Café gut zu benehmen, oder backen sie lieber Plätzchen?
»Reich ist, wer etwas zu verschenken hat!«
Manchmal sagen wir, dass wir uns »reich beschenkt« fühlen. Da geht es um Beziehungen und günstige Fügungen, tragfähige Freundschaften, die gut verlaufende Geburt eines Kindes, Genesung nach einer ernsten Erkrankung. Das, was es mit Geld nicht zu kaufen gibt, macht uns vielleicht reich, obwohl unser Kontostand gerade einen Tiefpunkt erreicht hat.
»Reich ist, wer etwas Schönes erlebt, das nicht mit Geld zu bezahlen ist.«

Welche Art von Reichtum ist es, die uns den Zugang zum REICH GOTTES verwehrt? Gemeint ist wohl die Besessenheit, die ein Besitz auslösen kann. Wer viel zu verwalten hat, muss sich ständig mit dem Vermögen befassen, es schützen, anlegen, mehren, investieren und Rücklagen bilden. Die meisten von uns könnten sich jetzt wahrscheinlich entspannt zurücklehnen und sich sagen – na, so reich sind wir ja nicht. Aber ist das so? Sind wir wirklich frei vom Raffen und Schaffen, Sammeln und Sorgen? Wieviel Zeit verbringen wir täglich damit, unsere Existenz zu sichern, den Besitzstand zu wahren, die Gegenstände, die uns umgeben, zu erhalten und zu vermehren?

Vermögen wir uns immer wieder von unserem Vermögen zu lösen?

Sind wir frei für den Augenblick?
- Wir brauchen den dankbaren Blick nach oben,
  er verbindet uns mit dem Göttlichen und verhilft zum guten Überblick.
- Wir brauchen den mitfühlenden Blick nach rechts und links durch den Tag,
  er stellt uns an die Seite Jesu und unserer Nächsten.
- Wir brauchen den Rückblick am Abend, der nicht nur ins Visier nimmt, was es uns gebracht hat, sondern vor allem, was uns geschenkt wurde und was wir zur Welt bringen konnten.
- Wir brauchen bei allen Äußerlichkeiten, die unsere Aufmerksamkeit auf sich ziehen, den Blick nach innen, der uns für die Werte sensibilisiert, die nicht für Geld zu haben sind.

Wir sind eingeladen, an der Seite Jesu in einem Zustand zu verweilen, in dem wir ganz bei uns selber und dicht an Gottes Schöpfungsidee sind. Das Reich Gottes ist nicht weit weg. Wir finden es auf dem Grund unserer Seele, wenn der Weg dorthin nicht verstellt ist von lauter Sachen, die zuletzt rosten und von Motten zerfressen werden. Wenn wir es täglich üben, uns von den vielen Dringlichkeiten und Forderungen der Umgebung immer wieder frei zu machen, Ballast abzuwerfen, durchzuatmen und auszurichten am Reichtum des Himmelreichs, werden wir durch das Nadelöhr passen. Amen.

Schuldbekenntnis

Ich bekenne Gott, dem Allmächtigen,
der das Himmelreich für uns geplant hat,
für alle Heiligen, mich und euch, Brüder und Schwestern
dass ich mit allem, was an mir hängt, zu umfangreich war,
um durch die enge Tür, das Nadelöhr, hineinzukommen.

Ich habe nicht gepasst, nicht durch den Spalt, nicht ins Konzept,
weil ich verfangen war in all den Netzen,
die mich im täglichen Wirrwarr verstrickt hielten.
Ich habe sie noch nicht abgeworfen wie die Jünger,
die den Ruf hörten und sich der Schlingen entledigten, die sie fesselten.

Ich will ernsthaft aufräumen in meinem Leben,
die vielen angeblichen Unverzichtbarkeiten testen,
indem ich eine Zeitlang auf sie verzichte
und herausfinde, ob ich dadurch ernsthaft ärmer werde –
womöglich so arm, offen und frei, dass ich den Durchgang schaffe?

Ich brauche dazu Beauftragte und qualifizierte Ratgeberinnen,
denn alleine ist es zu schwierig, diese Art von Armut zu üben,
die reich macht, nicht steinreich, sondern leichtreich, himmelreich sogar!
Ich bitte den heiligen Franziskus und die heilige Elisabeth
und euch, Brüder und Schwestern, ein gutes Wort für mich einzulegen.
Amen.

29. Sonntag

Stichworte: Herrschen und Dienen, beste Plätze
Schriftwort: Mk 10, 35–45

Liebe Gemeinde,
Diener aller – kein besonders attraktiver Posten! Die Jünger, die im Stillen ein Auge auf die Plätze rechts und links von Jesus geworfen hatten, wollten bestimmt nicht die »Diener aller« werden! Sie hatten eine gute Stellung vor Augen, eine Karriere für besonders Engagierte, einen Aufstieg in eine Führungsposition.

So sind wir Menschen gestrickt und das ist ja auch ganz natürlich. Es hat mit Selbsterhaltung zu tun. Wir wollen zu den Siegern gehören, nicht zu den Verlierern. Wir wollen bestimmen, nicht folgen. Wir wollen was zu sagen haben, nicht nur gehorchen. Wir wollen hoch erhobenen Hauptes auftreten, nicht buckeln und dienen.

Wenn wir das Fotoalbum Jesu aufschlagen könnten, würden wir sehen, wer rechts und links von ihm steht: Da ist zuerst das kleine Kind zwischen seinen Eltern, die ihn rechts und links an der Hand halten. Maria und Josef, stellvertretend für alle fürsorglichen Mütter und Väter, die Entwicklungshelfer ihrer Kinder sind, ihnen das Laufen beibringen und ihren Weg ins Leben flankieren. Einige Seiten weiter kommt ein Foto vom zwölfjährigen Jesus im Tempel. Die Eltern sind nicht mehr an seiner Seite – rechts und links von ihm sitzen die Schriftgelehrten – und der Heranwachsende mitten unter ihnen wächst gerade in seine Berufung hinein – den Menschen das Wort von Gott zu bringen als eine erlösende Botschaft.

Wenn wir die etwas unscharfen Bilder der nächsten Jahre anschauen, verblichene Aufnahmen in schwarz-weiß, meinen wir ihn zwischen den Leuten in Nazaret zu erkennen, rechts und links fleißige Arbeiter wie er selbst, die mit Balken und Brettern ihre Zimmermannsarbeit erledigen.

Es folgt ein Bild von Jesus im Jordan, rechts von ihm Johannes der Täufer, zur Linken ist Gott zu erahnen – über ihnen der Heilige Geist in Gestalt einer Taube. Dann kommen scharfe und farbige Aufnahmen – Jesus inmitten der Jünger, es ist gar nicht genau auszumachen, wer rechts und links am dichtesten an ihm ist. Das Gedränge der Menschen, die ihn hören und sehen, ihn berühren wollen – von allen Seiten kommen sie, umringen ihn. Rechts, links, vorn und hinten sind Leute, die ein gutes Wort und eine befreiende Botschaft brauchen wie das tägliche Brot.

Es folgt ein Bild von Jesus zwischen Zachäus und dessen Frau, bei denen er sich zum Essen eingeladen hat. Weiter sehen wir Momentaufnahmen von Menschen am Boden, zu denen Jesus sich hinabbückt, auf die Knie geht, Blickkontakt herstellt. Es scheint, als ob ein Platz an der Seite des Meisters für Ersthelfer und Krankenschwestern frei ist? Die Jünger stehen ringsum und schauen zu. Hätten sie begriffen, was sie sehen, würden sie die Frage nach den Plätzen zur Seite des Meisters nicht stellen. Dann würden sie die Antwort schon kennen.

Wir stoßen auf das Bild vor der Grabhöhle, in der Lazarus liegt, ein guter Freund, schon seit Tagen tot. Rechts und links von Jesus stehen die Schwestern des Verstorbenen, Marta und Maria. Marta, von Jesus dazu aufgefordert, legt gerade ihr Glaubensbekenntnis ab. Und Jesus zeigt ihnen und der versammelten Menge, dass das Himmelreich schon heute beginnt und dass für Gott das scheinbare Ende noch lange nicht der Schlussstrich ist.

Bei der Tischszene im Abendmahlssaal sitzt man im Kreis. Die rechts und links von Jesus Platz genommen haben, werden erleben, dass er nicht den ganzen Abend gemütlich mit ihnen sitzen bleibt, sondern aufsteht, sich eine Schüssel greift und ihnen reihum einen Dienst erweist, der als niedrige Sklavenarbeit gilt.

Es folgen schreckliche Bilder, wie Zeitungsausschnitte mit Fotos einer Katastrophe – die Verhaftung Jesu, er ist flankiert von Soldaten. Seine Verurteilung zwischen Pilatus und den Hohepriestern, die Geißelung, sein Kreuzweg. Da ist er allein. Rechts und links nur die johlende, gaffende Menschenmenge, die weinenden Frauen, römische Soldaten mit unbewegten Mienen.

Schließlich sehen wir das Bild des Gekreuzigten. Rechts und links von ihm hat man zwei Verbrecher platziert. Von den Jüngern ist weit und breit nichts zu sehen.

Die folgende Doppelseite im Fotobuch ist eine Aufnahme aus Licht und Schatten, Geröll und strahlendem Sonnenglanz. Rechts und links vor dem offenen Eingang einer Felsenhöhle sieht man die Umrisse von zwei Menschen, die mit einer Gebärde der Ratlosigkeit nach oben, ins Licht, schauen.

Die letzte Seite ist noch frei. Wir sind eingeladen, ein eigenes Bild, eine persönliche Aufnahme von uns mit Jesus hinzuzufügen. Wie wird dieses Bild uns zeigen? Wo stehen wir?

Die Plätze rechts und links neben Jesus sind keine Thronsessel. Rechts und links von Jesus gibt es gar keine behagliche Sitzgelegenheit, die zum Verweilen einlädt. Rechts und links von Jesus setzt man sich auseinander – mit Religionslehrern und Politikerinnen. Und man setzt sich zusammen – mit Pennbrüdern und leichten Mädchen, Zöllnern und Pharisäern.

An der Seite Jesu ist man viel unterwegs, unermüdlich auf den Beinen und häufig auf den Knien. Und wenn es hart auf hart kommt, hängt man mit ihm am Kreuz – mitgegangen, mitgehangen.

Die Jünger haben noch zu begreifen, was es heißt, Jesus zur Seite zu stehen und ihm zur Hand zu gehen. Auch wir müssen darüber nachdenken und unseren Platz finden. Jeden Tag von Neuem. Also los! Amen.

Impuls

Rechts sein
auf rechtem Weg
aufrecht
richtig
richtig konservativ?

Links sein
linkshändig
link und hinterhältig
linkslastig
oppositionell?

In der Mitte
Mittelpunkt
Mittler
Miteinander
Mediator?

Ringsum stehen
herumlungern
unentschlossen
die Seite wechseln
das Fähnchen nach dem Wind hängen?

Hinterher sein
auf den schauen, der den Weg kennt
der selber der Weg ist
der ans Ziel gekommen ist
und uns die Richtung weist!

30. Sonntag

Stichworte: neuer Mantel, Stoff der Zukunft, sehend leben
Schriftwort: Mk 10, 46–52

Liebe Gemeinde,
 ich lese Ihnen einen Brief an den blinden Bettler von Jericho vor, von dem das Evangelium heute berichtet.

Lieber Bartimäus!
 Deine Geschichte gehört zu den besonders schönen im Neuen Testament. Wann immer sie vorgelesen wird, stelle ich mir vor, wie es gewesen sein muss, als dir die Augen aufgingen und sich die Welt endlich dreidimensional und farbig vor dir ausgebreitet hat. Wie gut, dass du alles auf eine Karte gesetzt hast, als du gespürt hast, dass deine Chance auf Heilung ganz nah ist! Wie gut, dass du nicht auf die Ratschläge und Einschüchterungsversuche der Umstehenden gehört hast! Hören konntest du ja gut, vermutlich sogar besser als alle anderen, Sehenden. Es heißt ja, wenn einer unserer fünf Sinne ausfällt, schärfen sich die anderen besonders, um es auszugleichen. Und vermutlich konntest du nicht nur gut hören, sondern auch, im übertragenden Sinn, gut gehorchen! Was blieb einem Menschen mit Behinderung auch übrig, als sich anzupassen und auf die Gnade der Gesunden zu hoffen?! Die Lebenshilfe-Werkstätten waren noch nicht erfunden. Wer nicht allein zurechtkam, war ausgeliefert.
 Aber als Jesus vorüberging, da hast du dich nicht länger gefügt, bist aufgesprungen, hast deinen Mantel weggeworfen und dich auf die Socken gemacht! Blind loszurennen, das würde ich mich nicht trauen! Es war wohl dein siebter Sinn, der dich da geleitet hat. Und dieser Mantel – immer, wenn erwähnt wird, dass du ihn weggeworfen hast, denke ich darüber nach. Warum wohl hast du ihn weggeworfen? War er so schwer, dass er dich am Laufen gehindert hat? Er muss ja wichtig sein, wenn er eigens in der Bibel erwähnt wird. Er hat eine Bedeutung, ist ein Sinnbild für etwas, das zu dir gehörte wie eine zweite Haut, wie ein Schneckenhaus, in dem du dich verkriechen konntest. Wie ein grau-schwarzer Kokon muss er dich umhüllt haben, da am Straßenrand, im Staub, arm, hilflos und preisgegeben.

Dann also sind dir die Augen geöffnet worden. Das erste Gesicht, das du gesehen hast, gehörte Jesus! Das muss schön gewesen sein, unvergesslich, unwiderruflich, wie bei einem Neugeborenen, das von der ganzen Welt drum herum zuerst nur die Mutter wahrnimmt!

Und ich stelle mir vor, dass Jesus dich liebevoll angeschaut hat, dich, den unrasierten, ungepflegten ehemaligen Bettler – und dass er dir seinen Arm um die Schultern gelegt hat und sagte:

»Bartimäus, jetzt geh sehenden Auges durch die Welt und tu das Gute. Du brauchst jetzt einen neuen Mantel! Schau, es ist bereits einer für dich vorbereitet, ein Patchwork-Stück aus Vergangenheit und Zukunft.

Die bunten Stoffstücke sind vom Mantel, den Jakob damals seinem Lieblingssohn Josef anfertigen ließ. Denk dran: Auch du bist ein Lieblingssohn Gottes, selbst wenn das Leben dich bisher stiefkindlich behandelt hat! Damit ist jetzt Schluss. Schau, die Regenbogenfarben erinnern an das glückliche Ende der Sintflut und an die Zusage Gottes, es immer wieder neu mit der Menschheit zu wagen.

Weil es bei Gott die Grenzen dieser Welt nicht gibt, ist bereits enthalten, was in der Zeit noch bevorsteht. Das weiche rote Stück Stoff ist von einem Soldatenmantel, der dazu verwendet werden wird, einen Bettler vorm Erfrieren zu bewahren. Das erinnert dich an deine Vergangenheit, ebenso wie das schwarze Teil mit den drei gelben Punkten. Die Blindenbinde brauchst du nicht mehr.

Und die blauen Stücke mit Sternenmuster stammen vom Schutzmantel meiner Mutter Maria – unverwüstlich und schier unendlich. Sie gibt dir gerne ein Stück ab, damit stehst du unter ihrem persönlichen Schutz und sollst auch andere beschützen.

Die Kapuze ist aus einzelnen Stücken meines Gewandsaumes zusammengesetzt. Wenn du sie überziehst, wird es fast so sein, als würde ich dich berühren. Lass dich berühren vom Schicksal der Menschen, die du jetzt sehen kannst! Nutze deinen neuen Seh-Sinn, um ihnen Lebens-Sinn zu geben und den Weg zu zeigen. Du bist kein Opfer mehr – werde ein Täter! Ein Wohl-Täter, ein tätiger Jünger!«

Liebe Gemeinde, wenn wir ein Kind taufen, wird ihm ein besonderes Kleid überreicht und der Pfarrer sagt: »Du hast Christus angezogen. Bewahre diese Würde für das ewige Leben.« Es ist wie mit einer Raupe, die sich entpuppt und zum Schmetterling wird. Wir können uns entwickeln, herauskommen und fliegen lernen. Wir können die Kleider und Verkleidungen, die Uniformen und Kostüme des Lebens

abgelegen und Christus anziehen. Wir sind dazu gerufen, anziehend zu sein – für die Menschen, die uns begegnen.
Amen.

Gestaltungshinweis:

Wenn es in der Gemeinde einen Handarbeitskreis oder andere Motivierte und Begabte gibt, kann eine Decke in der beschriebenen Art hergestellt werden und von Kindern gezeigt oder getragen werden.
Die Decke kann die Altarstufen schmücken. Auch ein mosaikartig gelegtes Bodenbild aus bunten Tüchern kann ein Blickfang und Ruheort für die Augen sein.

Im Kindergottesdienst kann eine »Bartimäus-Übung« gemacht werden. Die Geschichte wird lebendig erzählt. Danach besteht die Möglichkeit einer Einfühlens-Übung. Dazu sitzt ein Kind mit verbundenen Augen und altem Kartoffelsack als Umhang zusammengekauert an einem Ende des Raumes oder ganz hinten im Mittelgang der Kirche. Die GL gibt ein Zeichen, auf das hin alle anderen Kinder rufen: »Da kommt Jesus!« Das Kind in der Rolle des Bartimäus springt auf, wirft den Sack ab und folgt der Stimme der GL nach vorn. Rechts und links flankieren die anderen den Weg, damit es keine Unfälle gibt. Vorn angekommen nimmt die GL ihm die Binde ab, umarmt es und legt ihm den bunten Mantel um. Diese Erfahrung kann mehrfach wiederholt werden.

Impuls: Bartimäus, zieh dich warm an!

(Zum Verteilen nach dem Gottesdienst als Erinnerung für die Woche, kann in der Tür des Kleiderschranks aufgehängt werden)

Jetzt hast du es geschafft, hast den alten Mantel weggeworfen,
diesen Bettlermantel, der dich zum blinden Opfer degradiert hat –
jetzt kannst du dich umschauen, frei bewegen und bewähren in der Welt
aber ich sag es dir gleich: Es gibt nicht nur Schönes zu sehen!

Nachdem dir jetzt endlich die Augen aufgegangen sind,
kannst du sie nicht mehr verschließen vor alledem,
was zum Himmel schreit wie auch du es getan hast.
Du stehst nun mit geschärftem Blick auf der anderen Seite!

Es wird nicht einfach sein, vom untätigen Opfer zum Täter zu werden, zum Wohltäter, Beistand und Begleiter, der die Dinge durchschaut, einordnen kann, sinnvoll handelt und hilft. Zieh dich warm an, ein rauer Wind weht denen um die Nase, die sich einsetzen!

Schau, hier liegt ein neuer Mantel für dich bereit, ein Stück Patchwork in bunten Farben – ein ganzes Kirchenjahr in einem Stück, ein Regenbogen!
Sankt Martin hat die Hälfte seines ehemaligen Soldatenmantels gespendet,
und die Mutter Maria hat ein gutes Stück Schutzmantel beigesteuert.

Die Ecke dort, gelb mit drei schwarzen Punkten, ist zu deiner Erinnerung,
die eingearbeitete Armbinde, die dich als hilflos auswies, in der alten Zeit.
Und schau nur, der weiche Kragen zum Hochschlagen ist gefüttert mit einem Stück aus dem Gewandsaum des Herrn, höchste Qualität!

Das Innenfutter ist aus dem ganz durchgewebten Kleid Jesu,
um das die Häscher damals gewürfelt haben, du trägst es auf der Haut,
hast »Christus angezogen«, wie es im Tauf- Ritus heißt, du folgst ihm sehenden Auges und wirst Jünger dabei, siehst nicht mehr alt aus, bist neu.

Wie neugeboren bist du in dem schönen neuen, neutestamentlichen Mantel,
er steht dir gut zu Gesicht und verändert dein Auftreten,
wie seinerzeit Veronika in ihrem Schweißtuch ein Abbild des Herrn erhielt,
so soll dein Angesicht leuchten und seine Züge tragen, Hoffnungsbild sein.

30. Sonntag

31. Sonntag

Stichworte: Gott in allem finden und lieben
Schriftwort: Mk 12, 28b-34

Liebes Mitglied dieser christlichen Gemeinde,
»Du sollst den Herrn, deinen Gott, lieben mit ganzem Herzen und ganzer Seele, mit all deinen Gedanken und all deiner Kraft.«
Ich frage mich und euch, jeden Einzelnen der hier Versammelten, wie das geht?
Liebe ich, liebst du Gott? »Liebst« du ihn nicht nur aufgesetzt und abgenutzt, wie man seine Lieblingsteesorte oder das beliebte Schnellrestaurant »liebt«? Liebst du ihn mit ganzem Herzen? Was genau bedeutet das überhaupt, mit »ganzem Herzen und ganzer Seele« lieben? Liebst du Gott mit all deinen Gedanken und all deiner Kraft?
Wenn wir ganz von etwas oder Jemandem erfüllt sind, dann lieben wir von Herzen und kraftvoll. Wenn wir morgens als Erstes und abends als Letztes an dieses Eine denken, diesem Menschen einen Gedanken widmen, dann sind wir mit Herz und Seele dabei. Wenn wir Einsatz dafür bringen, es zu erleben, ihn oder sie zu treffen, uns auszutauschen, in Bildern festzuhalten, was und wie es war – die Reise an den Sehnsuchtsort, die Wanderung bis auf den Gipfel der Träume, der Weg an der Seite des Menschen, der zu den wenigen Wichtigsten gehört, für die man dem Teufel vor die Türe und durchs Feuer ginge ... dann sind wir mit Herz und Verstand, mit Leib und Seele beteiligt. Das, was uns fasziniert, was im Hintergrund unseres alltäglichen Handelns immer mitläuft wie eine Melodie, ein anderer Film, ein warmes Grundempfinden – das lieben wir wirklich, aufrichtig und ohne Wenn und Aber.
Ohne Wenn und Aber – aber hier stolpere ich schon über ein Aber. Gott ist kein Ort, er ist kein Reiseziel und kein Mensch. Er ist viel weniger greifbar und konkret als alles, wonach wir uns ausstrecken, wofür wir uns anstrengen. Wie soll man ihn lieben? Wenn wir uns auf eine Reise durchs Alte und Neue Testament machen, lernen wir viele Facetten von ihm kennen, die ihn uns vielleicht näherbringen.

Welchen Gott lieben wir von ganzem Herzen und von ganzer Seele?

Ist es der Schöpfer, der im Garten Eden modelliert und baut, mit der ungeteilten Hingabe, die wir nur bei Kindern und Künstlern vorfinden, die Essen und Trinken vergessen, weil sie so sehr in ihr Werk vertieft sind? Gott denkt sich die Welt aus dem Material, das ohne seine Fantasie nur Chaos und Sperrmüll bleiben würde, und findet sein Ergebnis gut, sehr gut sogar. Er stellt die Verbindungen her, fügt die Teile zusammen und gibt allem einen Namen. Er setzt uns Menschen ein, als wichtigste Figuren in seinem Lieblingswerk, und legt es uns ans Herz. Wenn wir seine Schöpfung auf uns wirken lassen, in den atemberaubenden Landschaften und kleinsten Details, wenn uns das Herz weit wird beim Anblick des Meeres und beim Duft einer schönen Blume, dann lieben wir damit auch ihn, dem wir die Wunder dieser Welt verdanken. Wenn wir uns mit unserer Kraft und guten Gedanken einsetzen: für den Schutz von allem, was kreucht und fleucht, für den Erhalt der Artenvielfalt, für ungewolltes und angeblich nicht mehr lebenswertes Leben an seinem Beginn und Ende, dann lieben wir Gott, den Geber.

Welchen Gott lieben wir? Ist es der gerechte Herrscher, der die Bösen mit sieben Plagen schlägt und die Unterdrückten mit fester Hand und großer Macht errettet? Oder lieben wir die weiche, weibliche Seite an ihm, die auch dem letzten Bösewicht noch nachgeht und eine Verbindung mit ihm sucht?

Lieben wir Gott, der den Jona auf seine Berufung hin verpflichtet und unbeirrt genau da hinbringt, wo er ihn haben will? Der ihm ein kaltes Bad im eisigen Meer verschafft und ihn anschließend mit einem großen Fisch wie mit einem Taxi nach Ninive abholt und ihm Bedenkzeit im Dunkeln verordnet? Schlägt unser Herz für den Gott, der die große Stadt dann freudig verschont, weil man sich dort aufgrund der Predigt des störrischen Propheten gebessert hat? Verstehen wir den Gott, der dem Jona eine Rizinusstaude wachsen lässt, um ihm Schatten zu spenden? Schmunzeln wir verständnisvoll und zwinkern Gott zu, als er dem Jona die Staude durch einen Wurmstich wieder verwelken lässt? Denn den Jona wurmt es, dass Gottes Barmherzigkeit größer ist als seine Gerechtigkeit. Was für ein sinniges Zeichen der große Gott da setzt, um seinen kleinen Propheten zur Besinnung zu bringen! Einfach liebenswert, oder?

Lieben wir Gott aufgrund seines Namens? »Ich bin der Ich-bin-da«! Denken wir an die Erfahrungen, die wir im Laufe der Zeit schon gemacht haben, wenn die Wogen hoch gingen und kein Land mehr in Sicht war. Wie wohltuend und unvergesslich, wenn dann ein Freund, eine Freundin im Namen dieses Gottes einfach sagte: Ich-bin-da! Wie stärkend, beruhigend, wunderbar ist die Gewissheit, unterstützt zu werden, nicht allein sein zu müssen – beim Gebären und Sterben, in Krankheit und Elend, durch Liebeskummer und Umzugs-Stress ... Der Gott, der Ich-bin-da heißt, zeigt sein Gesicht, wenn Menschen seinen Namen zu einer Wirklichkeit werden lassen. In ihnen gibt er sich zu erkennen, durch solche Menschen bietet es sich an, ihn zu lieben. Wirklich liebenswürdig!

Vielleicht sind wir in Gedanken und kraftvoll mit dem Gott verbunden, der schließlich nicht mehr in der himmlischen Höhe bleiben will, sondern herunterkommt zu den Heruntergekommenen, für die Handlungsunfähigen handelt, sich für die Gelähmten auf die Beine macht, zum Arzt für die Kranken wird, schlafende Hunde weckt, Selbstgerechte aufschreckt und Tote erweckt? Dann lieben wir ihn in der Gestalt von Jesus, sind mit Herz und Geist durch ihn mit Gott verbunden. Jesus ins Herz zu schließen ist leichter, als Gott, den Unendlichen, zu lieben – aber vielleicht ist das gar kein Gegensatz?

Ein Weg zur Gottesliebe führt über die Freude am Leben in all seinen Ausprägungen. Ein weiterer Zugang ist durch die Bibel gelegt. Das Wort Gottes ist eine Liebeserklärung an uns Menschen. Wir können darauf antworten. Der direkte Draht zu Gott ist durch Jesus gespannt. Er ist eins mit dem Vater, zeichnet dessen Bild, verkündet dessen Verheißungen. Der Weg zum Vater ist Jesus selbst. Wer ihn ins Herz geschlossen hat, liebt auch Gott.

Und die Nächstenliebe ist nichts weiter als die Folge daraus und die logische Konsequenz. Amen.

Gott lieben

Gott sei Dank, lieber Gott,
du zeigst dich in vielerlei Gestalt,
bist ja selbst der Gestalter aller Prozesse ringsum,
willst dich uns zeigen, hoffst, dass wir dich erkennen.

Es ist wie in dem Spiel der Kinder:
Ich sehe was, was du nicht siehst,
es ist fröhlich, bunt, ungewöhnlich, abwechslungsreich
und farbenfroh – einfach göttlich!

Auf einmal ist es ganz leicht,
dich zu lieben, denn du bist ja überall,
nicht eingesperrt im Tabernakel,
nicht in Dogmen gepresst und in Enzykliken eingelegt.

Du bist da wo wir sind,
denn du magst uns Menschen trotz allem,
willst mit uns gehen, dich sehen lassen,
und egal, was wir sehen – du siehst uns. Danke!

32. Sonntag

Stichworte: alles geben, Perspektivwechsel
Schriftwort: Mk 12, 38–44

Der Gestaltungsimpuls ist in die Predigt integriert.

Vorbereitung: *einen verschlossenen Karton mit einem Schlitz und mit der Aufschrift »Opferstock« versehen und am Altar platzieren, rechteckige und runde Moderatorenkärtchen in verschiedenen Farben und Stifte für alle Mitfeiernden bereithalten.*

Liebe Gemeinde,
ein Scherflein beisteuern, das sagt man so, wenn man meint, dass jemand eine Kleinigkeit zu einer großen Sache dazugibt. Wer zum Beispiel seiner Staatsbürgerpflicht nachkommt und wählen geht oder sich mit einer kleinen Spende an einem wohltätigen Projekt beteiligt, trägt sein Scherflein bei.

Die Witwe, die uns heute im Evangelium begegnet, tut etwas ganz anderes. Sie gibt alles. Das ist im alltäglichen Leben den Extremen, den Heiligen und den Hochleistungssportlern vorbehalten – ALLES zu geben. Wir »normalen« Menschen teilen ein und sorgen vor, bilden Rücklagen und investieren in Fonds. Alles zu geben wäre ja auch unvernünftig. Man kann ja nicht wissen, wer uns etwas zurückgibt! Selbst Jesus und sein Evangelist können das nicht gemeint haben. Was also sagt uns diese Erzählung?

Die Witwe mit ihrem Scherflein begegnet uns im Markusevangelium fast unmittelbar hinter dem Schriftgelehrten, der Jesus nach dem wichtigsten Gebot fragt. Die Antwort klingt uns vielleicht noch vom vergangenen Sonntag in den Ohren: Wir sollen Gott aus tiefstem Herzen und höchster Seele lieben, mit aller Kraft und all unseren Gedanken. Wir sollen alles auf diese Karte setzen. Uns ganz darauf gründen. Unsere Hoffnung darauf setzen. Unsere Ziele dahingehend definieren. Der ganze Rest ist zweitrangig.

Stellen wir uns vor, das Scherflein wäre kein Geldstück, sondern eine andere Währung. Vielleicht BE-WÄHRUNG? Wir sind aufgefordert, uns im Glauben zu bewähren, in der Nachfolge alles zu geben, nicht nur ab und zu eine milde Gabe zur Erbauung und Beruhigung des eigenen Gewissens.

Alles geben – das ist ein hohes Ziel und bleibt es wohl lebenslänglich. Wir denken an Mutter Teresa und Albert Schweitzer, an die vorbildlichen Heiligen, die, auf Glas gemalt, unsere Kirchenfenster schmücken und damit ebenso schön wie unerreichbar sind. Wer von uns würde schon alles verkaufen und verlassen und ihrem Beispiel folgen?

Vermutlich niemand hier. Und es ist auch gar nicht nötig. Jesus kennt uns. Er erwartet auch kleine Gaben der BE-WÄHRUNG. Er setzt auf die vielen kleinen Münzen der Nächstenliebe, die zusammen die große Gottesliebe ergeben. Es ist vielleicht wie ein Mosaik aus vielen kleinen farbigen Aufmerksamkeiten und Liebesdiensten. Wir lieben Gott, indem wir den Nächsten lieben wie uns selbst. Wir geben ihm die Ehre, indem wir jedes Leben schützen. Wir dienen ihm, indem wir uns zu anderen Menschen herunterbeugen, um ihnen die Füße zu waschen, zu massieren und ihnen so den weiteren Weg zu erleichtern. Jede kleine Geste ist ein Scherflein im Opferstock, eine Traube am Weinstock.

Ein wunderbarer Parallel-Effekt dieser Gaben ist die Umkehr-Wirkung, die sie haben. Die ganze Bibel weist auf diese Umkehr-Wirkungen hin. Die Armen sind himmel-reich, aus Letzten werden Erste, die Geber werden Beschenkte. Blinde sehen und Lahme springen über Mauern. In der ersten Lesung des heutigen Sonntags hören wir ebenfalls von einem solchen segensreichen göttlichen Effekt. Wieder ist es eine Witwe, eine Person am Rand der Gesellschaft, arm und ausgeliefert, die bereits ihr letztes Stündlein schlagen hört. Unverschämt, denken wir, was Elija ihr mit seiner Aufforderung zumutet, sie möge ihn versorgen. Indem sie seiner Bitte folgt, geschieht die Umkehrung der Verhältnisse: » … ihr Mehltopf wurde nicht leer und der Ölkrug versiegte nicht.« Wer im Vertrauen auf Gott alles gibt, erhält immer genug zurück. Gott knausert nicht. Bei ihm ist die Fülle. Darauf können auch wir uns verlassen.

Hier vor dem Altar ist ein Opferstock aufgebaut. Sie erhalten jetzt Stifte und Papier, das Sie gestalten können wie Spielgeld, wie ein Scherflein. Tauschen Sie sich mit Ihren Banknachbarn aus oder kommen Sie mit sich selber ins Gespräch. Wo können Sie sich engagieren, etwas einzahlen, Zeit opfern oder sich zur Verfügung stellen, um Gott die Ehre zu geben und den Menschen Gutes zu tun? Wo tun Sie es bereits? Es zählen auch kleine Dinge, denn sie machen einen großen Unterschied. Die freundliche Geste an der Supermarktkasse gehört dazu, das aufmerksame Beobachten von Notsituationen und das beherzte Einmischen, wenn es nötig erscheint, Zivilcourage und Beteiligung bei Umweltaktionen, Nachbarschaftshilfe und Ehrenamt. Es zählen auch große Dinge – ein Patenschaftsprojekt in anderen Teilen der Welt, ein Arbeitseinsatz anstelle des Jahresurlaubs, eine satte Spende anstelle eines schicken Zweitwagens. Wenn Sie dann öfters radeln, anstatt CO_2 auszustoßen, und Kalorien verbrennen, anstatt sie einzulagern, ist die Umkehrwirkung gleich mehrfach ersichtlich. Alles, was wir geben, kehrt verwandelt zu uns zurück.

Es heißt, dass Undank der Welten Lohn ist. Gottes Lohn kommt von der anderen Seite der Welt und zeigt sich im Unsichtbaren.

Wenn Sie die Münzen und Scheine mit Ideen und Anregungen, mit Ihren Vorhaben und Vorsätzen beschriftet haben, kommen Sie nach vorne und legen sie in den Opferkasten. Wir erstellen eine Ideenbörse und veröffentlichen sie im nächsten Pfarrbrief. Dann können Ihre Impulse ansteckend sein. Geben zahlt sich aus. Geben wir alles! Amen.

33. Sonntag

Stichworte: Leben nach dem Tod, Endzeit, Zeichen der Zeit
Schriftwort: Mk 13, 24–32

Liebe Gemeinde,
die biblischen Texte am Ende des Kirchenjahres klingen ernst, düster, fast unheilverkündend. Sie beschreiben das, was wir die Endzeit nennen. Sie deuten an, dass sich am Ende entscheiden wird, wo es hinführt, dieses schwierige, von unlösbaren Fragen geprägte Leben.

Immer wieder wurde und wird dies unter Christinnen und Christen so ausgelegt, als käme es auf dieses Leben an, damit **am Ende** alles gut wird. Will Gott, dass wir beten, den Gottesdienst besuchen, die Gebote halten, Almosen geben, damit wir zum Schluss, nach all diesen anstrengenden Übungen, die Eintrittskarte in den Himmel ergattern?

Die aufgeklärten und abgebrühten, coolen und modernen Jugendlichen in der Firmvorbereitung empfinden diesen Grundtenor genauso intensiv wie alle Generationen vor ihnen. Sie stellen die Frage, um die es sich dreht:

»Wie ist das mit dem Leben nach dem Tod?«

Darf man darauf hoffen? Wie soll man sich das vorstellen? Muss man es sich als Christ verdienen? Womit kann man rechnen? Oder ist es doch nur ein schön erfundenes Märchen, ein Ausdruck der Sehnsucht aller Menschen nach Ewigkeit?

Sie gehen auf das Gedankenspiel ein, das Blaise Pascal mit seiner »Wette« angestoßen hat. »Was wäre, wenn du nach christlichen Werten lebst und am Ende ist nur der Tod und sonst nichts mehr? Hast du dann verloren? Und wenn du dich für ein Leben ohne Religion und Glaube entscheidest, und am Ende bestätigt sich deine Vermutung, dass der Tod das Letzte ist, hast du dann gewonnen?«

Die Mädchen und Jungen diskutieren hitzig. Eine sagt: »Also, wenn ich wüsste, dass alles mit dem Tod aus ist, dann würde ich doch nicht als Christin leben! Das würde sich doch dann gar nicht lohnen. Dann würde ich alles ganz anders machen!«

Mehrere andere murmeln zustimmend. Das Herumplagen mit den Geboten und der Nächstenliebe, wozu? Wenn man nur dieses Leben hätte, dann sollte man es sich so schön und leicht machen wie möglich! Dann hat man keine Zeit zu vertrödeln. Dann muss jeder sehen, dass er zu seinem Recht kommt.

»Wenn jeder an sich selber denkt, ist an alle gedacht!« Mit diesem Spruch fasst die Wortführerin zusammen, was im Raum steht.

Ist das so? Ist an alle gedacht, wenn jeder an sich denkt? Sind dann alle glücklich und zufrieden? Ist das Christsein ein schweres Los, das man nur auf sich nehmen kann, wenn am Ende eine Belohnung winkt? Müssen Christinnen und Christen mit einem schweren Kreuz auf dem Buckel ihrem Herrn folgen?

Ein Junge, der bisher nur zugehört hat, wendet jetzt etwas ein:

»Ich kümmere mich um die minderjährigen Flüchtlinge in der Wohngruppe gegenüber. Das hilft ihnen und mir macht es auch Spaß! Es ist doch eigentlich ein schönes Gefühl, wenn man merkt, dass man wichtig für jemand anderen ist! Egal, ob der Himmel auf mich wartet oder nicht!«

Jetzt trauen sich auch einige andere, ähnliche Beispiele zu bringen.

»Nächstenliebe ist auch Liebe und nicht nur ein Opfer!«, fassen sie ihre Erfahrungen zusammen und sie formulieren ein neues Motto:

»Wenn jeder für einen anderen mitdenkt, gibt es weniger Gedankenlosigkeit!«

Die Vertreter der ersten Fraktion werden nachdenklich. Sie müssen zugeben, dass sie alle gern wichtig sind – zumindest für die Menschen, die sie lieben.

»Wer nur an sich denkt, ist allein. Wer nicht hofft, dass er etwas bewirken kann, langweilt sich mit Computerspielen tot!« Viele nicken dazu.

Stellen wir uns vor, wir würden alles meiden, was anstrengend ist und uns abfordert, die Bedürfnisse anderer Menschen zu beachten. Was bliebe übrig? Was könnten wir noch aus ganzem Herzen tun? Wo bliebe die Liebe?

Im Innersten geht es beim Christsein immer nur um die Liebe. Nicht um den abgestandenen und abgegriffenen Liebesbegriff in kitschigen oder schlüpfrigen Filmen, nicht um den eigenen Spaß bei unverbindlicher Intimität. Es geht um diese Liebe, die sich auf das **Du** bezieht. Die Liebe, die sich selbst zurücknimmt, damit es dem Kind, dem Freund, der Partnerin, den alt gewordenen Eltern, dem verwirrten Nachbarn gut geht. Diese Liebe gibt etwas, ohne sich etwas zu vergeben. Nehmen und geben gleichen sich aus, ohne dass man miteinander abrechnet. Die Firmbewerber finden Beispiele dafür – Gott sei Dank!

Christliche Maßstäbe mindern nicht die Lebensqualität. Christen sind keine Spaßbremsen. Sie können aber wissen, wo die Grenze ist, und die Grenze des anderen achten. Sie bringen sich ein und weichen nicht aus. Sie gehören zu einer Gemeinschaft. Und sie dürfen glauben, dass sie nicht allein sind, noch nicht einmal, wenn menschliche Bindungen zerreißen. Sie gewinnen schon während des Lebens. Egal, was sie dann noch erwartet.

Ist es also nichts anderes als vernünftig, sich für ein Leben im Glauben zu entscheiden? Kann man sich einfach sagen: »Okay, es ist in jedem Fall besser, an etwas zu glauben und eine Richtung im Leben zu haben. Ich will es!«?

Oder gibt es Anzeichen, bemerkbare Spuren, Ahnungen, die unserem Glauben eine Basis geben und ihn nähren?

Im Evangelium wird das Bild vom Feigenbaum gewählt, an dem man erkennen soll, was bevorsteht. Hierzulande sind die Feigenbäume rar gesät. Aber vielleicht können wir auch einen Kirschbaum anschauen. Die kahlen Äste im Winter lassen uns den Frühling herbeisehnen. Die ersten braunen Ansätze der Knospen wecken in uns das Bild von zartem Grün und schneeweißen Blütenwolken. Wenn Bienen in den Zweigen summen, denken wir an die saftigen Früchte des Sommers. Das fallende Laub braucht uns nicht in depressive Stimmung versetzen. Die Vergänglichkeit im Jahreskreis ist der Übergang zu einem neuen Beginn. Wir dürfen uns überraschen lassen. Amen.

Impuls zum Tagesgebet

Gott, du Urheber alles Guten,
du schickst nicht Prüfungen und Leid,
unser menschliches Elend lässt dich nicht kalt.
Du bist unser Herr.
Aber wir sind nicht deine Sklaven und Dienerinnen,
keine Spielfiguren zu deinem Zeitvertreib.

Lass uns begreifen, dass wir frei werden,
wenn wir uns deinem Willen unterwerfen -
Es ist nicht die Freiheit, die in die Anarchie führt,
wo jeder macht, was er will – ohne lang zu fragen,
sondern die Freiheit zu einem Leben in Liebe,
die Freiheit, auf manches zu verzichten, ohne zu verlieren.
und dass wir die vollkommene Freude finden,
wenn wir in deinem Dienst treu bleiben.
Wir finden sie nicht erst am Ende eines entbehrungsreichen Lebens
sondern schon heute, hier und jetzt, bei dir und ganz bei uns.
Darum bitten wir durch Jesus Christus,
dafür bedanken wir uns an jedem neuen Tag.
Amen.

Idee für die kommende Zeit

Den Brauch des Schneidens von Barbara-Zweigen vorverlegen.

Die Ministrantengruppe oder den Kindergottesdienstkreis zur Vorbereitung einbeziehen. Tonpapier in Form von Vögeln, Blüten und Blättern ausschneiden. Aufhänger befestigen.

Kirschzweige mit einem vorbereiteten Etikett versehen, mit einem leicht abgewandelten Satz aus dem Evangelium:

»Sobald seine Zweige saftig werden und Knospen treiben, wisst ihr, dass der Sommer nahe ist.«

Die Mitfeiernden erhalten einen Zweig und einige Aufhänger mit der Einladung, in den nächsten Tagen Momente der Freude, der Freiheit und Nächstenliebe darauf zu notieren. Der Zweig trägt so bereits »Früchte«, während er in der Vase allmählich aufblüht.

Christkönigssonntag

Stichworte: Feigheit und Mut
Schriftwort: Joh 18,33b-37

Liebe Gemeinde,
geht es uns nicht auch oft wie Pilatus? Da wird einer vorgeführt, durch den Kakao gezogen, verraten und verkauft. Wir sind gefragt, Stellung zu beziehen. Wir haben sogar das Recht und die Pflicht, etwas dazu zu sagen.

Wir finden nichts Negatives, können keine Schuldzuweisung nachvollziehen, und dennoch eiern wir herum, suchen nach faulen Kompromissen, verbünden uns mit denen, die das große Wort führen und verschließen Augen und Ohren vor himmelschreiender Ungerechtigkeit.

Was mögen Jesus und Pilatus noch gesprochen haben, bevor der verängstigte Machthaber das starke Opfer geißeln ließ?
Hören wir den beiden zu.

P: Dann bist du also doch ein König?
J: Du sagst es. Ich bin ein König und auch du könntest einer sein. Du müsstest dich nur ändern, die Seite wechseln, umkehren.
P: Was soll das heißen? Hast du den Verstand verloren? Siehst du nicht, wer hier das Sagen hat, du Häufchen Elend?
J: Dein bisschen Macht ist nur Windhauch. Du bist ein Spielball, ein Handlanger für die, die noch etwas mehr Macht abbekommen haben. Du zitterst vor Angst vor ihnen. Du bist ihr Sklave. Und die wiederum sind heute die hohen Herren und morgen mausetot.
P: Ach – aber du bist davon nicht betroffen? Du bleibst am Leben? Meinst du vielleicht, du lebst ewig?
J: Ewig? Weiß Gott – vielleicht. Die Wahrheit lebt ewig.
P: Gib ordentliche Antworten! Sonst bläuen dir meine Männer Respekt ein!
J: Ja, das könnt ihr. Draufhauen. Dreinschlagen. Damit könnt ihr das Königreich, das ich meine, nicht vernichten. Es ist genau umgekehrt. Es wächst mit jedem Machtverzicht. Es schrumpft mit jeder Gewalttat.

Es blüht auf, wenn der Friede einkehrt. Die Grenzen gehen auf, weiten sich bis ins Unendliche, wenn Schwerter und Lanzen endlich zu Pflugscharen umgeschmiedet worden sind.

P: Du bist ein Narr und ein Träumer. Ich werde dich laufen lassen. Ich finde keine Schuld an dir. Spinnerei ist schließlich nicht strafbar.

J: Aber Feigheit ist strafbar. Aus ihr wächst Gewalt, der niemand Einhalt gebietet. Feigheit kann man nicht abwaschen, auch nicht, wenn man es in aller Öffentlichkeit versucht. Sie ist eingebrannt. Du wirst ein König, wenn du der Hetze standhältst, wenn du Lügen entlarvst, wenn du Unrecht verhinderst. Kannst du das?

P: Die Wahrheit sagen und verteidigen? Ihr zu ihrem Recht verhelfen? Ich hoffe doch, dass ich das kann! Das ist schließlich meine Aufgabe!

Ich werde zu diesem Pöbel da draußen sprechen und dich freilassen, du kleiner König des Friedens! Das ist eine meiner leichtesten Aufgaben. Ich bin dazu ermächtigt.

J: Es ist die allerschwerste Aufgabe. Immer wieder werden Menschen an ihr scheitern. Wenn es eng wird, ist jeder sich selbst der Nächste. Deshalb werden Unschuldige geopfert und Verbrecher freigelassen. Denk an meine Worte, Pilatus. Umgekehrt wirst du ein König im Reich Gottes …

Die Worte Jesu gelten bis heute, auch jedem von uns. An jedem Tag begegnen uns Menschen, die Opfer sinnloser Verfolgung und Gewalttat wurden oder davon bedroht sind. Wir gehören an ihre Seite. Wir können uns nicht unschuldig stellen und die Verantwortung anderen zuschieben. Wir sind mit dem Wasser der Taufe zu Königen und Königinnen, Priestern und Prophetinnen geworden. Wir verwalten und verteidigen einen Reichtum und ein Reich, dass nicht von dieser Welt ist. Mit unserem Tun kann es Wirklichkeit werden und diese Welt verändern. Das feiern wir heute. Das sollen wir leben. Amen.

Meditation

König der Juden –
so hast du schreiben lassen,
Pilatus, du schwacher Machthaber,
ohne Linie und Rückgrat, ein Fähnchen im Wind.

Was hast du dir gedacht
bei diesem Schild, dem INRI,
das seit zweitausend Jahren steht,
ein Hinweisschild auf Feigheit und Lüge.

König des Friedens
hätte da stehen können,
König einer neuen Zeitrechnung,
König der Menschen guten Willens.

Dann wäre das Kreuz leer gewesen,
kein geschundener Körper daran,
nur das Schild mit der Wahrheit,
ausgesprochen von dir, dem Umgekehrten.

Das wäre zu schön gewesen,
um wahr zu werden, zu schwer –
sich dem Johlen und Kreischen der Menge entziehen
das Richtige erkennen und mutig daran festhalten.

Wir hier und heute kennen die Geschichte
und alle Kapitel, die danach geschrieben wurden
und wir können wählen wie einst du, Pilatus, und andere nach dir,
ja, wir können wählen,
auf wessen Seite wir gehören und mit wem wir gehen.

Gib Gott, dass wir neue Schilder schreiben,
Hinweisschilder der Nächstenliebe,
Wegweiser der Herzlichkeit und der Hilfe
für alle, denen Unrecht droht und widerfährt.
Amen.

V.
Herrenfeste und Feste im Kirchenjahr

Dreifaltigkeitssonntag

Stichworte: Dreiklang, ins Gotteslob einstimmen
Schriftwort: Mt 28, 16–20

Liebe Gemeinde,

der Dreifaltigkeitssonntag, den wir heute feiern, ist wie der Schlussakkord der besonderen Zeit, die hinter uns liegt, und leitet über in den Rhythmus des ruhiger dahinfließenden Jahreskreises. Nach den Wochen der Fastenzeit und der Schwere der Kartage haben wir den Osterjubel gefeiert. Mit der erwachenden Natur haben die Evangelien uns an sieben Sonntagen die Botschaft der Auferstehung nahegebracht. Wir haben von der Angst und den Zweifeln der Jünger gehört, in die sich die Hoffnung mischt. Die Jünger waren nicht innerhalb weniger Stunden oder Tage vom Trauma der Kreuzigung befreit. Von Golgota bis zum Osterjubel war es ein tastender Weg für sie, auf dem mehr Fragen lagen als Antworten. Mehr als einmal werden sie das Gefühl gehabt haben, im Trüben zu fischen, auf der falschen Seite ihr Netz auszuwerfen und im Dunkeln Richtung Emmaus zu tappen. Erst allmählich und durch viele Erfahrungen wuchs bei ihnen die Erkenntnis, dass Jesus lebt und immer bei ihnen ist.

In der Apostelgeschichte wird erzählt, wie die Apostel und die Frauen aus Angst vor der feindlich gesonnenen Welt da draußen hinter verschlossenen Türen saßen. Sie konnten noch nicht herausrücken mit ihrer froh machenden Botschaft. Die Frohe Botschaft gilt nicht nur für ein kleines Häufchen Frommer, nicht nur für die »Freunde Jesu allzugleich«. Gottes Zusage, die in Jesus Fleisch und Blut angenommen hat, gilt unterschiedslos allen Menschen.

»Nun freut euch, ihr Christen, singet Jubellieder und kommet, oh kommet nach Betlehem« … so beginnt eines unserer lieb gewonnenen Weihnachtslieder. Für Gott ist das noch zu wenig. Alle Nationen und Religionen, alle Glaubenden und Suchenden, alle Menschen sollen sich freuen. Der Erdkreis ist aufgefordert, einen Lobgesang anzustimmen.

Gemeinsamer Gesang der ersten Strophe von GL 411: »Erde singe …«

Erde, singe,
dass es klinge,
laut und stark dein Jubellied!
Himmel alle,
singt zum Schalle
dieses Liedes jauchzend mit!
Singt ein Loblied eurem Meister!
Preist ihn laut, ihr Himmelsgeister!
Was er schuf, was er gebaut,
preis ihn laut!

Dieses Lob- und Danklied, das wir gern an Fronleichnam und zum Erntedank singen, war ursprünglich ein Weihnachtslied und enthielt einige Strophen, in denen die Mächte der Natur aufgefordert werden zu schweigen und den Schlaf des göttlichen Kindes nicht zu stören. Gewissermaßen ist der Liedtext mit dem Krippenkind herangewachsen. Jesu Leben und Wirken darf nicht verschlafen und verschwiegen werden. Die aufblühende Natur, die keimt und Früchte trägt, wird zum Sinnbild unseres christlichen Auftrages.

Gemeinsamer Gesang der zweiten Strophe von GL 411: »Erde singe …«

Kreaturen
auf den Fluren,
huldigt ihm mit Jubelruf!
Ihr im Meere
preist die Ehre
dessen, der aus nichts euch schuf!
Was auf Erden ist und lebet,
was in hohen Lüften schwebet,
lob ihn! Er haucht ja allein
Leben ein.

Die zweite Strophe erweitert den Kreis der Empfänger der guten Nachricht: Auch die »Kreaturen auf den Fluren«, die ganze Schöpfung ist eingeschlossen, wie es im Loblied heißt. Das mussten die Jünger begreifen, das müssen wir immer wieder neu begreifen. Das ist Pfingsten, das Fest des Heiligen Geistes, der in unserer gespaltenen Welt so oft fehlt.

Die Herrschaftssysteme unserer Welt, die Regierungen und Leitungen, die Vorstände großer Konzerne brauchen Heiligen Geist. Wir alle benötigen ihn jeden Tag aufs Neue in unseren Funktionen, in denen wir sowohl Anweisungen erteilen als auch befolgen. In Gott ist Jesus unserem menschlichen Lebensweg gefolgt und hat ihn neu gebahnt. Wir dürfen glauben, dass wir keiner Einbahnstraße der Vergänglichkeit folgen, sondern in Erwartung der ewigen Freude leben.

Gemeinsamer Gesang der dritten Strophe von GL 411

Nationen,
die da wohnen
auf dem weiten Erdenrund,
Lob lasst schallen,
denn mit allen
schloss er den Erlösungsbund.
Um uns alle zu erretten,
trug er selber unsre Ketten,
ging durch Tod die Himmelsbahn
uns voran.

Liebe Gemeinde, wir sind erlöst. Wir sind nie allein. Wer Gott im Herzen hat, ist überall zu Hause und hat eine Heimat, die ihm niemand nehmen kann. Gott ist in vielerlei Weise mit uns, um uns und in uns. Wir feiern heute das Fest der Dreifaltigkeit. Ein altes, ein für viele schwieriges Bild für die Allgegenwart Gottes, seine unterschiedlichen Erscheinungsformen in der Welt und im Leben jedes Einzelnen. Wie können drei Wesen zugleich eins sein?

Das Dreifaltigkeitsfest ist wie der Schlussakkord einer großartigen und zu Herzen gehenden Komposition. Ein Akkord besteht aus drei Tönen. Jeder für sich genommen hat einen eigenen Klang, zusammen bilden sie ein wohltönendes Ganzes, das eine Erwartung erfüllt, eine anwachsende Melodie abschließt, eine Tonart vorgibt.

Aus einem Akkord wird eine vollständige Harmonie, wenn der Grundton eine Oktave höher als Oberton hinzukommt. Das könnte unsere persönliche Tonlage sein, mit der wir unsere Zustimmung bekunden. So können wir alle im Dreiklang der göttlichen Dreifaltigkeit mit unserer eigenen Lebensmelodie einstimmen.

Die uns Christinnen und Christen vorgegebene Tonart, die zutiefst christliche Tonart, ist der Klang des Lobens und Dankens.

Gott ist um uns – in der Schönheit der Schöpfung und Natur. Er ist in allem, was lebt, was uns erfreut und nährt.

Jesus ist mit uns – durch sein Wort und Leben, das uns in der Heiligen Schrift überliefert ist, können wir ihm folgen. Er hat bis in die letzte Konsequenz die Ketten der Vergänglichkeit, die Fragen und Lasten, die uns bedrücken, auf sich genommen und uns ein Beispiel gegeben. An ihm können wir uns orientieren. Auf ihn können wir uns verlassen. Mit ihm können wir reden, von Mensch zu Mensch und von Mensch zu Gott.

Der Heilige Geist ist in uns – wenn wir uns öffnen und ihn einlassen, wird er uns wandeln. Durch ihn kann unsere Ratlosigkeit sich in Weisheit wandeln. Unsere Angst kann zu Mut werden. Unsere Zweifel werden Klarheit. Unsere Hoffnung wird Glaubensgewissheit. Unsere Liebe wird immer neu. So will Gott bei uns sein im Geheimnis der Dreifaltigkeit – als harmonische Tonart der Musik unseres Lebensliedes. Ich wünsche uns allen, dass wir einstimmen können und ihn durch unser ganzes Dasein zum Klingen bringen. Amen.

Gemeinsamer Gesang der vierten Strophe von GL 411

Jauchzt und singet,
dass es klinget,
laut ein allgemeines Lied!
Wesen alle
singt zum Schalle
dieses Liedes jubelnd mit!
Singt ein Danklied eurem Meister,
preist ihn laut, ihr Himmelsgeister.
Was er schuf, was er gebaut,
preis ihn laut!

Im Anschluss an den Gottesdienst ist die ganze Gemeinde zu einem Imbiss oder Umtrunk eingeladen. Mit vorbereiteten Blättern (weiß oder farbig) im Din A 4 -Format (rechteckig) werden alle Gemeindemitglieder zum »Dreifaltigkeits-Falten« eingeladen. Geschickte Helferinnen und Helfer sollten schon einige Modelle vorbereitet haben und

Anleitung sowie Unterstützung geben. Durch einfache Vorgänge, die seit dem Kindergarten allen bekannt sind und wieder einfallen, entstehen Hüte, Schiffe oder für die Könner: Tauben oder Flieger. Wer alle drei Formen zustande bringt, hat ein schönes Sinnbild für die Dreifaltigkeit:

»Durch Gottvater gut behütet, mit Jesus sicher in einem Boot, beflügelt durch den Heiligen Geist«.

Auch jüngere Kinder werden sich eifrig beteiligen. Die entstandenen Modelle können entsprechend beschriftet und als Dekoration oder Mobile mit nach Hause genommen werden.

Hier ein Link zur Anleitung für Tauben:

https://www.geo.de/geolino/basteln/18227-rtkl-origami-anleitung-so-bastelt-ihr-einen-origami-vogel

Fronleichnam

Stichworte: Wandlung, Teilen, Leib

Liebe Gemeinde,
wir feiern das Hochfest des Leibes und Blutes Jesu Christi. Der traditionelle Name dieses Feiertages, Fronleichnam, klingt nicht einladend, riecht nach Tod und Verwesung – und meint doch genau das Gegenteil! Auf Mittelhochdeutsch bedeutet er »Herrenleib«. Was also feiern wir eigentlich heute? Es hat mit Leiblichkeit zu tun, soviel ist klar. Essen und Trinken hält Leib und Seele zusammen. Es geht um das Herrenmahl, diese Mahlzeit für Leib und Seele.

Erinnern wir uns an den Gründonnerstag, den wir vor ziemlich genau zwei Monaten gefeiert haben. Jesus sitzt mit den Freunden zusammen, sagt und zeigt ihnen nochmals sein Programm für Liebe, Gemeinschaft und Verbundenheit, wäscht ihnen die Füße und segnet nach diesem Liebesdienst das Brot und den Kelch, bevor er seine Henkersmahlzeit mit allen teilt.

Dienen, Danksagen, Segnen und Teilen sind die wesentlichen Elemente der Liebe, die Gott mit den Menschen verbindet.

Am Gründonnerstag ist die Tischgemeinschaft mit Jesus bereits überschattet durch die bevorstehende und sich schon andeutende Passion. Eine fröhliche Feier kommt nicht infrage. Doch das Vermächtnis Jesu ist uns so wichtig, so zentral bedeutsam, dass wir dem Anlass seit dem dreizehnten Jahrhundert im Frühsommer einen eigenen Festtag widmen. Hochfest des Leibes und Blutes Christi, das ist heute.

Erinnern wir uns an den Gründonnerstag 2020. Da stand die Pandemie durch Covid 19 im Mittelpunkt der allgemeinen Aufmerksamkeit und strikte Maßnahmen waren durch die Regierung veranlasst worden, um die Ausbreitung einzudämmen. Es gab eine wochenlange Kontaktsperre, die alle öffentlichen Veranstaltungen betraf, auch die Gottesdienste. Ein Schock, ein Gefühl, als ob Ostern ausfallen müsste …

Dann entwickelten sich viele kreative Alternativen, Vorlagen für häusliche Feiern, Internetübertragungen und Beiträge zum Mitfeiern vor dem Bildschirm. Das war viel besser als nichts. Ein tröstliches Gefühl, nicht allein zu sein, stellte sich ein, dennoch war es kein Ersatz für die leibliche Erfahrung einer echten und hautnahen Zusammenkunft. Es fehlte die Gemeinschaft, die Verbindung vieler Stimmen zu einem Gebet, einem Chor, der Geruch von Weihrauch, der Vollzug der Fußwaschung, und ganz besonders der Mitvollzug der Wandlung und der Empfang der Kommunion. Es fehlte das leibliche Erleben.

Wir HABEN nicht nur einen Leib, mit dem wir zufrieden sein müssen und mit dessen Begrenzungen wir zurechtkommen müssen – wir SIND unser Leib. Unser Leib ist der Sitz aller Sinne und Gefühle und der Ausdruck unserer Empfindungen. Die virtuelle Wirklichkeit kann die leibhaftige Welt nicht ersetzen.

Durch viele Jahrhunderte galt der Leib als das Gefängnis der Seele, ging man in Klöstern und kirchlichen Einrichtungen sehr schlecht mit ihm um, kasteite ihn und wollte ihn am liebsten loswerden, um endlich rein und von Bedürfnissen und Versuchungen befreit vor Gott zu stehen. Junge Frauen ließen sich Jahrzehnte lang in ein winziges Verließ einmauern, um ein Leben fernab der bösen Welt nur für Gott zu führen. Was für ein Missverständnis der Botschaft Jesu! Das Fest Fronleichnam gibt der Leiblichkeit einen herausragenden Platz! Unser Leib ist ein Geschenk Gottes! Ohne leibliche Erfahrungen verarmt unser Leben. Wir brauchen Gerüche und Geschmack, Gefühle und Gemeinschaft, um uns vollwertig und verbunden zu fühlen.

Das wurde im vergangenen Jahr durch den Ausnahmezustand im ganzen Land, in der ganzen Welt, überdeutlich.

Jesus weiß das. Er hat die Zeichen seiner bleibenden Gegenwart so gewählt. Nicht nur den Emmausgängern gingen die Augen auf und brannte das Herz, als er ihnen das Brot brach und den Segen sprach. Auch wir brauchen diese Gemeinschaft immer wieder, damit er in unserer Mitte gegenwärtig ist.

Die katholische Lehre von der Transsubstantiation besagt, dass aus einer Sache etwas ganz und gar anderes und völlig Neues werden kann. »Wesensverwandlung« ist die ungefähre passende Übersetzung. Das Wesen von Brot und Wein verwandelt sich in den Leib und das Blut Christi, wenn wir uns gläubig versammeln und die Konsekration mitvollziehen.

Diese Wesensverwandlung gilt nicht nur für die eucharistischen Gaben – sie gilt auch für unser eigenes Wesen, für meine eigene Persönlichkeit und Seele. Menschen können sich wandeln, sich entscheiden, Verantwortung übernehmen, Unrecht bereuen und wiedergutmachen, das Richtige und Wichtige erkennen und entsprechend handeln.

Das ist eine befreiende Botschaft! Wir dürfen glauben, dass wir veränderbar sind, dass die Welt sich verbessern kann und Reich Gottes wird! Wir tragen auf der Fronleichnamsprozession den »Himmel« mit – ein Sinnbild für das Himmelreich, das überall da beginnt, wo Wandlung geschieht. Wo Jesus gegenwärtig ist, wird das Himmelreich Gegenwart. Aber dieser Zustand ist flüchtig, nicht ein für allemal zu erschaffen, nicht zu halten. Wie der Auferstandene sich zeigt und sich dann wieder entzieht, so scheint der Himmel auf und verdunkelt sich wieder. Es braucht unsere Geistes-Gegenwart, um die Gegenwart Jesu mitzunehmen in den Tag, den Alltag mit seinen vielen Herausforderungen. Und ebenso, wie wir aufgrund unserer Leiblichkeit jeden Tag von Neuem Hunger und Durst und viele andere Bedürfnisse spüren und stillen müssen, so brauchen wir auch die seelische Nahrung durch das Wort Gottes und die Eucharistie, damit wir uns wandeln, auf dem Weg Jesu wandeln und dadurch die Wirklichkeit verwandeln.

Dann empfangen wir den Leib Christi und werden miteinander dieser Leib Christi, der Leib der Kirche. Wir sind ein Leib und viele Glieder, wie es im Lied heißt – ein Weinstock und viele Reben, ein Brot aus vielen Körnern. Alle sind wichtig. Alle sind würdig – nicht aufgrund ihrer Vorleistung, sondern weil Gott uns allen eine unzerstörbare Würde geschenkt hat. Vor dem Empfang der Kommunion beten wir: »O Herr, ich bin nicht würdig« – nicht aus mir selbst, nicht aus eigenem Vermögen, aber durch deine Zusage.

Wenn wir wieder zurückkehren in die Niederungen des Lebens, dann können wir als Geschenke des heutigen Tages mitnehmen:

Dienen, Danken, Segnen und Teilen bewirken Wandlung – an jedem Ort, an dem wir einander begegnen. Jesus ist gegenwärtig. In jedem Menschen, der uns über den Weg läuft. Er begleitet unsere Prozession und unseren Prozess.

Amen.

Dritter Freitag nach Pfingsten: Heiligstes Herz Jesu

Stichworte: Feindesliebe, Versöhnung
Schriftwort: Joh 19, 31–37

Liebe Gemeinde,

am dritten Freitag nach Pfingsten hat das Herz-Jesu-Fest seinen Platz. Es wird freitags gefeiert und soll die Erinnerung daran wachhalten, dass der Karfreitag ein besonderer Tag des Heils für die Welt geworden ist. Früher war es üblich, freitags auf den Genuss von Fleisch zu verzichten. An jedem ersten Freitag im Monat wurde in besonderer Weise das Herz Jesu verehrt. Die Gemeinschaft der Gläubigen betete einen schmerzhaften Rosenkranz im Gedenken an den Erlösungstod am Kreuz, bevor Eucharistie gefeiert wurde.

Die alten Traditionen werden immer seltener gelebt. Unser Lebenstempo hat sich verändert, ebenso wie unser Bewusstsein für die kirchlichen Feiern und Festanlässe. Die Darstellungen des strahlenumkränzten Herzens auf der Brust Jesu muten viele Menschen befremdlich an.

Worum geht es am Fest des heiligsten Herzens Jesu?

Natürlich, es geht um das Herz als Bild für die Liebe, das Herz als Sitz tiefer und bewegender Gefühle, das Herz als Zeichen für Leidenschaft und Leidensbereitschaft. Dieses Symbol hat keineswegs ausgedient, es scheint nie aus der Mode zu kommen und ist international verständlich. »Von Herzen«, »herzliche Grüße«, »in Liebe«, »für immer verbunden« … das und noch viel mehr kann ein Herz bedeuten.

Jesus hat uns gezeigt, was es heißt, mit ganzem Herzen zu lieben, offenherzig auf Menschen zuzugehen, sein Herz zu verschenken. Er hat es uns in seinem Wirken gezeigt, im Umgang mit seinen Freunden und denen, die ihn brauchten. Und er zeigte es der Welt in seinem Leiden und Sterben.

Wir kennen viele Beispiele aufopferungsbereiter Nächstenliebe unter den Heiligen vergangener Jahrhunderte und der Gegenwart. Sicherlich kennen Sie auch einfache und unbekannte Frauen und Männer, die in Treue und uneigennütziger Liebe einen Dienst tun, über den keine Zeitung berichtet und niemand ein Wort verliert – und der doch die Welt an der Stelle, an der sie tätig sind, zu einem besseren Ort macht.

Nur wenige kennen die Geschichte der palästinensischen Familie Khatib. Sie ereignet sich im Jahr 2005. Der Vater, Ismael, wohnt mit Frau und sechs Kindern in einem Flüchtlingslager in Jenin. Täglich kommt es zu bewaffneten Konflikten zwischen Palästinensern und Israelis. Gewalt ist längst zur Gewohnheit geworden. Dennoch ist es ein entsetzlicher Schock, dass der zwölfjährige Sohn Ahmed beim Spielen mit Freunden von Israelis erschossen wird. Er habe eine Plastikwaffe bei sich gehabt, die aus der Entfernung wie eine Kalaschnikow aussah, heißt es in einer Stellungnahme der Soldaten, die geschossen haben. Der Junge wird in eine Klinik gebracht, wo man seinen Hirntod feststellt. Sein Herz schlägt noch.

Die Eltern sind an seinem Bett und versuchen noch zu begreifen, was da mit ihrem Sohn geschehen ist, als man eine Bitte an sie heranträgt: Ob sie bereit seien, die Organe des palästinensischen Jungen an sechs todkranke Kinder zu spenden? Israelische Kinder?

Den Eltern bleiben zwölf Stunden Bedenkzeit. Sie beraten sich mit dem Imam ihrer Gemeinde. Und sie sagen JA. Ein unfassbarer Akt der Liebe, der Versöhnung und des Friedens mitten im Krieg.

Zwei Jahre später besucht der Vater von Ahmed fünf der Kinder, in denen sein Sohn weiterlebt. Ein Kamerateam begleitet ihn. Einige der Kinder lernen wir im Film kennen:

Der Beduinensohn Mohammed fährt mit seiner neuen Niere in der Wüste Fahrrad. In Samah, der Tochter einer Drusenfamilie, schlägt nun Ahmeds Herz. Und dann gibt es die jüdisch-orthodoxe Familie Levinson, deren Tochter Menuha wegen Ahmeds Niere nicht mehr zur Dialyse muss.

Und Ismael, der nicht immer ein Friedensstifter war, sondern als junger Mann Molotowcocktails in die feindlichen Häuser geworfen hat?

Er leitet jetzt das Cuneo-Zentrum in Jenin, eine Begegnungsstätte für Jugendliche, finanziert mit dem Geld einer italienischen Stadt, die von seiner Tat begeistert war. Denn er hat durch Ahmeds Tod gemerkt, dass die Kinder auf der Straße nicht sicher sind, sie brauchen einen anderen, geschützteren Platz zum Spielen. Frieden ist jetzt sein Beruf.

Wir dürfen sicher sein, dass der muslimische Familienvater und der Jude Jesus Freunde geworden wären, wenn sie zeitgleich auf dieser

Welt gelebt hätten. Zum Glück sind derart große und schwere Taten der Liebe nicht für jeden von uns an der Tagesordnung. Die Liebe in kleiner Münze können aber auch wir an jedem einzelnen Tag im Leben in den Opferkasten legen. Sie wird sich auszahlen, denn die Liebe vermehrt sich, wenn man sie verschenkt.

Amen.

Gestaltungsidee für ein weiterführendes Treffen nach dem Gottesdienst:
Der Dokumentarfilm »Das Herz von Jenin« wird gemeinsam angeschaut. Er ist auf DVD erhältlich und in vielen Religionspädagogischen Ämtern auszuleihen.

Im Anschluss besteht bei einem Imbiss Gelegenheit, ins Gespräch darüber zu kommen.

https://youtu.be/USMUuL8p6c8

29. Juni: Hochfest der Apostel Petrus und Paulus

Stichworte: Tradition und Innovation, Fehlerfreundlichkeit Jesu
Schriftwort: Gal 1, 11–20; Joh 21.1. 15–19

Liebe Gemeinde,
  wir feiern heute das Fest der Apostel Petrus und Paulus. Ihre Namen rufen Assoziationen in jedem christlichen Ohr wach. Petrus, der Fels, auf dem Christus seine Kirche aufbaut. Paulus, der eifrige Briefeschreiber, der weitgereiste Missionar. Sie sind zwei große Männer der ersten Stunde unserer Kirchengeschichte.

  Petrus und Paulus – unterschiedlicher geht es kaum noch. Der Erste ist vor seiner Berufung ein einfacher Fischer, Simon mit Namen. Simon folgt dem Ruf Jesu von Anbeginn seines Wirkens. Das Evangelium berichtet, dass er die Netze wegwirft, die ihn bisher daran gehindert haben, ein sinnerfülltes Leben zu finden, und ohne Zögern Jesus folgt. Er wird »Menschenfischer«, soll künftig Rettungsnetze spannen, Nichtschwimmer an Land ziehen und solche aus dem Sumpf ihrer persönlichen Abgründe angeln, die es aus eigener Kraft nicht schaffen. Wir sehen ihn auf vielen Abbildungen mit dem Schlüssel zum Himmelreich, der ihm als Türhüter und Türöffner anvertraut ist.

  Nicht immer hat er sich in Jesu Fußstapfen mit Ruhm bekleckert. Wir kennen einige Begebenheiten, die ihm vielleicht bis heute die Schamesröte ins Gesicht treiben würden, wenn er nicht längst bei Gott und vollendet wäre. »Kleingläubig« nennt ihn der Meister, als er ihn aus dem Wasser zieht, über das er ihm übereifrig entgegengehen wollte und dabei den eigenen Mut und das eigene Vertrauen überschätzt hat.

  Er spuckt gleich in die Hände und will drei Hütten bauen, als er mit zwei anderen aus dem Jüngerkreis auf dem Berg der Verklärung steht und von dort gar nicht mehr in die Niederungen des Alltags hinabsteigen will.

  Er muss erleben, dass »gut gemeint« das Gegenteil von »gut gemacht« ist, als er mit den anderen Jüngern die Frauen und Kinder daran hindern will, zu Jesus vorzudringen und um den Segen zu bitten.

»Weg von mir, Satan!«, schnauzt Jesus ihn an, als er ihm Vorhaltungen macht, weil er die drohende Trennung vom besten Freund abwenden will.

Sein großartiges Versprechen, dem Herrn immer und überallhin zu folgen, bricht er fast unmittelbar nach der Fußwaschung, bei der er ebenfalls durch voreiliges und vorlautes Verhalten auffällt. Zuerst verschläft er die Not des betenden Jesus im Ölgarten und dann verleugnet er ihn während der Verurteilung. Das ist wohl das erschütterndste Versagen gewesen und er wird den Hahnenschrei zeitlebens nicht vergessen haben.

Der zweite Namensheilige des heutigen Festtages ist ein gebildeter Pharisäer aus gutem Hause. Saul nennt man ihn dort. Er ist ein im Glauben erzogener und fest verwurzelter Jude. Er hasst die neue Sekte der Christen, hält ihre Mitglieder für Gotteslästerer und verfolgt sie mit fanatischem Eifer. Erst der Sturz vom hohen Ross und ein gewaltiger Schlag auf den Kopf rückt ihm denselben zurecht und eröffnet ganz neue Perspektiven. Er stellt fest, dass er auf der falschen Seite gekämpft hat. Er wechselt die Perspektive, macht eine Wandlung durch, vollzieht eine Wende.

Er erkennt einen neuen Weg für sich, einen Auftrag, eine Berufung. Ab diesem Zeitpunkt setzt er seine gesamte brennende Energie für die Sache Jesu ein. Den hat er persönlich nie kennengelernt. Aber er brennt für die Botschaft, für die ihm die Augen erst aufgingen, als er vorübergehend blind war.

Er ist nicht mehr zu bremsen. Hunger und Durst, Hitze und Kälte, Feuer und Eis können ihn nicht von der Liebe Gottes trennen. Er predigt, reist, schreibt, wirbt, schlichtet, besucht, rügt und ermutigt, lenkt ein und trägt aus. Er vermittelt ein sympathisches Bild von Kirche. Er ist dicht bei den Menschen mit ihren Anliegen, Sorgen, Fragen und Schwächen. Und vielleicht gerade weil er Jesus nicht persönlich als Jünger gefolgt ist, kann er sich von der Tradition und Überlieferung ein Stück weit lösen und die Heiden und Ungläubigen annehmen. Er erspart ihnen die äußerlichen Zeichen der Zugehörigkeit zum Judentum als Zugang zu Jesus: die Beschneidung. Er schafft ab, was den Juden heilig war, und setzt eine neue Heiligkeit dagegen: »Ihr seid der Tempel Gottes«, schreibt er im ersten Brief an die Korinther.

Paulus steht für Innovation. Petrus hält nicht viel davon. Für ihn ist klar, dass man Jude sein muss, um Christ zu werden. Er hält an der Tradition fest. Bestimmt hätte es manches heftige Streitgespräch der beiden zwischen dem Missionsgebiet und der Zentrale gegeben, wenn das Telefon schon erfunden gewesen wäre.

Die Kirchengeschichte zeigt: Keiner von beiden ist verzichtbar, beide Haltungen sind wichtig und unersetzlich! Durch alle Jahrhunderte geht es um Bewahrung und Erneuerung. Überliefertes muss überprüft und übersetzt werden. Ohne Erneuerung wird die Tradition sinnleer und farblos, sie lockt niemanden mehr aus dem Boot und aufs Wasser, wenn sie zu mitgeschlepptem Ballast wird.

Heute brauchen wir die paulinische Fortschrittlichkeit so dringend wie vielleicht nie zuvor. Und auch seine Aussagen bedürfen der zeitgemäßen Veränderung. Könnten wir ihn selbst einfach per Skype sprechen, dann würde Paulus uns hoffentlich ausdrücklich darauf hinweisen, dass sein Frauenbild längst komplett danebenliegt und bitte dem 21. Jahrhundert der Inklusion und Gleichstellung anzupassen ist.

Trotz des dringenden und drückenden Erneuerungsbedarfs benötigen wir auch Petrus mit dem Schlüssel. Eigentlich könnte er sich den Schlüsselbund mit Paulus teilen. Denn beide Charaktere er-schließen uns die Sache Jesu. Ein Schlüssel ist dabei die Begeisterung, die beide haben. Ein weiterer ist die Treue, die Konsequenz, mit der sie für ihre Glaubensüberzeugung eintreten. Beide haben ihre Lektion gelernt und lebenslang weitergelernt.

Wir brauchen beide – und wir selbst werden ebenso gebraucht! Egal, welche Schwäche uns plagt und verunsichert – mit Gott im Nacken entwickeln wir uns! Wir sind die Richtigen! Gott arbeitet mit den Menschen, die da sind – andere gibt es nicht. Wir dürfen straucheln und fallen, uns irren und wieder neu orientieren – nur aufgeben und uns resigniert abwenden sollten wir uns nie!

Mit Petrus und Paulus haben wir zwei leuchtende Vorbilder, die uns nicht einschüchtern, sondern ermutigen wollen. Nehmen wir die Herausforderung an! Amen.

Gestaltungsidee:

Große Schlüssel aus Pappe vorbereiten oder im Internet Schlüsselsets zum Verschenken bestellen (z. B. ASANMU Vintage Schlüssel Gastgeschenk).

Nach dem Gottesdienst besteht die Gelegenheit, in Verbindung mit einem Kirchenkaffeetreff diese Schlüssel mit Begriffen zu beschriften, die das Himmelreich aufschließen. Gut geeignet auch für Kindergottesdienste.

Eine reiche Auswahl an Bilddarstellungen der Apostel findet sich im Internet, besonders geeignet ist zum Beispiel:

https://images.app.goo.gl/WuVWtN9uJkBfw5t76

6. August: Verklärung des Herrn

Stichworte: Leuchtspur in den Fußstapfen Jesu
Schriftwort: Mk 9, 2–10

Verklärung – das Wort gehört den alten Begriffen, die aus der Mode gekommen sind und deren Bedeutung sich im Laufe der Zeit verändert hat. Es fällt uns nicht immer auf, aber es passiert ständig – Worte werden anders, bekommen eine neue Färbung oder verblassen. Was vor zehn Jahren noch Gossensprache war, ist auf einmal salonfähig und in aller Munde. Umgekehrt gilt genauso: Ein gebräuchliches Wort, über dessen Sinn allgemeines Einvernehmen bestand, verschwindet unauffällig, taucht nur noch bei Theateraufführungen und Veranstaltungen auf, die mit der echten Welt nichts mehr zu tun haben, und wird zum »Sondergut«.

So ähnlich ist es wohl auch mit dem Hauptwort des heutigen Evangeliums geschehen: »Verklärung«.

Landläufig assoziiert man, das sei eine unrealistische Verherrlichung. Wir verwenden das Wort für Träumer, die **mit verklärtem Blick** durch die Gegend laufen und nur die schönen Dinge wahrnehmen. Verliebte neigen dazu, ihren neuen Partner zu **verklären**, seine negativen Seiten auszublenden und ihn oder sie durch die rosarote Brille zu sehen.

»Verklären« ist sinnverwandt mit »vergöttern«, in den Himmel heben, auf einen Sockel stellen und reimt sich auf »verehren«.

Dabei wird dem alten Wort unrecht getan. »Verklären« hat nichts mit der Verzerrung der Realität zu tun. Das Adjektiv »klar« ist darin enthalten, nicht nur in Buchstaben, sondern auch sinnhaft.

Erinnern Sie sich an winterlich zugefrorene oder durch sommerliche Mückenplagen verschmierte Autofenster, an beschlagene Spiegel und Brillen. Wenn mit dem richtigen Mittel die Sicht frei wird, sehen wir wieder klar und deutlich, was vor uns liegt und wo's langgeht.

Klarheit im übertragenen Sinne, bezogen auf Eigenschaften und Beziehungen, ist das Gegenteil von unrealistischer Träumerei.

Wenn wir in lichten Momenten im Leben klarsehen, kommen wir zu neuen Erkenntnissen und treffen die richtigen Entscheidungen. Im rechten Licht betrachtet, können wir uns erklären, was zuvor nur zu ahnen war und nebulös blieb.

Die Klarheit, zu der die Jünger Jesu auf dem Berg gekommen sind, feiern wir am heutigen Sonntag in einem eigenen »Fest der Verklärung des Herrn«.

Da sind sie zusammen ganz oben auf dem Gipfel. Erinnern wir uns an Gipfelerlebnisse – der anstrengende Aufstieg ist bewältigt, den Alltag haben wir hinter und unter uns gelassen. Was gewöhnlich Kopfzerbrechen bereitet oder die Energie bindet, liegt im Tal, am frühen Morgen noch völlig im Nebel verborgen. Hier oben beim Kreuz ist strahlende Sonne, leuchtend blauer Himmel mit vereinzelten Wattewölkchen, die gutes Wetter verheißen. Das ganze Leben leuchtet auf einmal wie ein Geschenk. Ist unser Blick in solchen Momenten verzerrt? Natürlich nicht – alles, was wir sehen und empfinden, ist Wirklichkeit – aus einer anderen Perspektive betrachtet. Losgelöst vom Gewöhnlichen spüren wir eine andere Seite der Realität, eine tiefere Bedeutung, eine höhere Berufung, ein erweitertes Panorama.

So geht es den Jüngern. Es ist plötzlich klar, wie alles zusammengehört, was sie in ihrer jüdischen Tradition und mit ihrem neuen Lehrer erlebt haben. Ihnen geht ein Licht auf, welchen Platz Jesus mit seiner froh machenden Botschaft vom Vater in der Ahnenreihe der religiösen Vorfahren einnimmt. Sie erkennen die Bedeutung dessen, was sie mit ihm erleben und nicht immer verstehen. Die Freundschaft mit ihm, die Freude über die Gemeinschaft verdichtet sich zu einem intensiven Glücksmoment, einem echten Gipfelerlebnis. Es ist so schön, dass sie sich wünschen, es möge immer so bleiben. Simon will drei Hütten bauen, damit das Glück dort einzieht und dauerhaft bei ihnen wohnt.

Wie wir alle machen auch die Jünger die Erfahrung, dass man vom Berg der Verklärung wieder hinabsteigen muss in den Alltag, der noch immer häufig grau ist. Aber sie tragen das Wissen darum in sich, dass über dem Grau immer und zuverlässig das Gold und Blau des Gipfels liegt. Wir sehen es nicht, weil die Verklärung nicht festzuhalten ist. Inwendig können wir diese Momente aufbewahren. Wir können uns darin üben, sie ab und zu zurückzuholen und zu betrachten. Sie sind der Vorrat für traurige und sinnlos scheinende Zeiten. Denn auch die Wahrnehmung von »Grau-in-grau« und »alles-egal« ist nur eine Perspektive und nicht die ganze Wahrheit. Es ist eine Art emotionaler Farbenblindheit, die uns manchmal packt, eine Erblindung für das Schöne.

Verklärung anstelle von Verblendung, eine Leuchtspur in den Fußstapfen Jesu auf dem Weg durch die Welt, das kann uns der heutige Feiertag bedeuten. Ich wünsche sie uns allen. Amen.

Impuls

Verblendung

Eine Foltermethode in der Antike
und im düsteren Mittelalter
das Zerstören der Sehkraft mit heißen Eisen
das Ausstechen des Augapfels mit scharfen Messern

Danach musste der Bestrafte weiterleben
unter schrecklichen Schmerzen
ohne Ersthelfer, Klinik, Christoffel-Blindenmission
und ohne die Chance, jemals das Augenlicht zurückzuerlangen

Aber auch heute noch gibt es diese Blender,
die uns täuschen, nur Fassade präsentieren, nichts dahinter
außer Lüge, Schwäche, Verführung, Abhängigkeit, leeren Versprechungen
und die ihnen blind ins Netz gehen, tappen dann im Dunkeln

Aber auch heute noch gibt es diesen Berg der Verklärung
du kannst ihn jeden Tag neu besteigen
mühsam zwar, aber wer es will, kann es schaffen, sogar mit Krücken
und oben bist du in guter Gesellschaft mit Jesus und den Ahnen

und du beginnst zu ahnen, was die ganze Wahrheit sein könnte
wenn deine Kurzsichtigkeit, Fehlsichtigkeit, dein Schielen geheilt ist
du den Bettlermantel abgeworfen hast und auf Jesus zugelaufen bist
der dich nur einfach fragt, ob du klarsehen willst wie er

Für die kommende Woche

Ich will meine guten Erfahrungen mit Dir, die lichten Momente im Glauben und Gipfelerlebnisse zusammensetzen zu einem Puzzle, zu einem Mosaik. Ich kann es mit mir tragen, es nimmt nicht viel Platz weg, passt in den Kopf und ins Herz. Ich kann es hervorholen in diesigen, nebligen Wetterlagen, dieses Bild der Verklärung, das mir klarmacht: Ich bin beschenkt!

Danke und Amen.

15. August: Mariä Aufnahme in den Himmel

Stichworte: Schönheit, Perfektion, Mutterliebe
Schriftwort: Lk 11, 27–28

Liebe Mitfeiernde,
in einem Video, das einige Zeit herumgeschickt wurde, hat man verschiedene Erwachsene gefragt, wie »die schönste Frau der Welt« für sie aussieht. Lange Haare, schöne Augen, dicke Lippen, ebenmäßige Gesichtszüge, große und schlank – sagten Frauen verschiedenen Alters.
»Wie offensiv dürfen wir denn antworten?«, fragten Männer der mittleren Generation. Es ging um Oberweite und Beinlänge, die Rundungen in der oberen und unteren Region: »90–60–90 als Traummaß brennt sich ja irgendwo ein.«
Dann wurden die ehrlichsten Menschen der Welt befragt, wie die Schönste von allen aussieht. Sie waren zwischen drei und dreizehn Jahre alt. Sie alle antworteten ohne Zögern mit einem Wort: »Mama!«

Wir kennen viele Lieder, die die Schönheit der Gottesmutter besingen. Bekannte Beispiele dafür finden sich im GL 531: »Sagt an, wer ist doch diese, die auf am Himmel geht ... es schmückt sie Mond und Sterne, die Braut von Nazaret«. GL 880 Regionalteil LM: »Wunderschön prächtige, hohe und mächtige, liebreich holdselige, himmlische Frau, Sonnenumglänzete, Sternenbekränzete, Leuchte und Trost auf der nächtlichen Fahrt«.
Solche romantischen Umschreibungen sind vielen modernen Menschen fremd. Sie finden sie kindlich und kitschig. Den Älteren unter uns sind diese Lieder mit ihren schönen Melodien dennoch ans Herz gewachsen, sie erinnern an duftenden Blumenschmuck zur Maiandacht, an Prozessionen und Wallfahrten, an Rosenkranzandachten und das zu Tränen rührende Ave Maria von Franz Schubert. Vielleicht resultiert die schwärmerische Verehrung der Gottesmutter auch daher, dass die Mütter voriger Generationen nicht viel Zeit und Aufmerksamkeit für ihre Kinder übrig hatten. Oft mussten sie neben dem Haushalt einer vielköpfigen Familie noch hart in der Landwirtschaft mitarbeiten. Warme Worte waren nicht so wichtig wie eine warme

Mahlzeit, für liebevolles Spiel und feinfühlige Beschäftigung mit den Kindern war kaum Raum. Die Mutter Jesu wurde zum Ideal unerfüllter Sehnsüchte und offen gebliebener Wünsche.

Auch in der Kunst hat die Marienverehrung viele Motive geschaffen, die uns heute fremd geworden sind. Immer geht es um Merkmale, die nach außen sichtbar machen wollen, wie schön und rein ihre Seele ist. Die Unbeflecktheit ihres Wesens wurde durch die Glaubenslehre von der ohne Erbsünde empfangenen Jungfrau bekräftigt.

Was würde Maria wohl sagen, wenn wir sie heute fragen könnten, wie sie selbst sich sah und gefühlt hat, damals nach der Verkündigung, als der Engel wieder weg war und die lästernden Nachbarinnen ihr zu nah kamen? Wie fühlte sie sich im Stall, auf der Flucht, im kleinen Dorf, als Mutter mit dem auffälligen Sohn, dem Aussteiger, dem Gotteslästerer, dem Verurteilten, dem Gekreuzigten, mit dem Toten im Schoß?

»Danke für die Blumen und die große Aufmerksamkeit, danke für euer Vertrauen!«, würde Maria uns vielleicht lächelnd sagen. »Aber ich war nie perfekt. Und das ist auch gar nicht nötig. Kinder brauchen keine perfekten, sondern liebende und treue Mütter. Und nicht nur Kinder brauchen solche Menschen, die an sie glauben, sie unterstützen und trösten, wenn sie mutlos werden. Jeder Mensch braucht so eine mütterliche Begleitung. Jeder Mensch gedeiht und besteht das Leben, wenn er einen Vorrat an unverbrüchlicher Liebe in sich trägt. Die Welt braucht mütterliche Menschen, egal welchen Geschlechts. Ich freue mich, eure Initiativen und Ideen dazu zu sehen! Ich grüße euch aus dem Himmel, der immer da seine Sonnenflecken auf die Erde wirft, wo die Liebe durchhält. Das ist eine Schönheit von Gott, ganz nach meinem Geschmack!«

Wir feiern heute die Aufnahme Marias in den Himmel. Sie ist in der Ganzheit ihrer Person bei Gott angekommen, nicht erst, als sie starb. Schon vorher hat sie sich ganz eingelassen und vertraut, auch in tiefen Tälern des Lebensweges und als sie die Welt nicht mehr verstanden hat. Darin ist sie ein leuchtendes Beispiel für die Menschen aller Zeiten nach ihr.

Es gibt ein wenig bekanntes Lied im Regionalteil des Bistums Limburg, das Maria als Glaubende, Hoffende und Liebende anspricht.

Jede Strophe enthält einen der wenigen von ihr in den Evangelien überlieferten Sätze:
»Großes hat er getan.« »Was er euch sagt, das tut!« »Mir geschehe dein Wort.« Hier wird die Schlichtheit und Größe ihres Lebens und Liebens ohne Verschnörkelungen deutlich. Diese Art von Vorbild können wir uns auch heute zu Herzen nehmen.

(Wenn es jemanden gibt, der das unbekannte Lied vortragen kann, soll es an dieser Stelle gesungen werden. Andernfalls kann es auch als Gebet mit der gesamten Gemeinde gesprochen oder durch Lektor*innen vorgetragen werden. Entsprechende Lied/Textblätter vorbereiten.)

Glauben können wie du: Das Leben bejahen wie Gott es mir gab, und hören mit fröhlichem Herzen sein Wort und singen mit dir: »Großes hat er getan.« So will ich glauben, Maria.

Hoffen können wie du: Den Frieden bereiten; das Mögliche tun und Jesus vertrauen, dem Freund, der mich kennt, und folgen dem Wort: »Was er euch sagt, das tut!« So will ich hoffen, Maria.

Lieben können wie du: Berühren mich lassen von Freude und Schmerz und sehen den Schöpfer in jedem Geschöpf und sagen wie du: »Mir geschehe dein Wort.« So will ich lieben, Maria.
Amen.

14. September: Kreuzerhöhung

Stichworte: Siegeszeichen, Ernstfall der Liebe
Schriftwort: Phil 2, 6–11. Joh 3, 13–17

Brüder und Schwestern im Glauben,

»Wer liebt, ist reich beschenkt. Aber es kommt ihn auch teuer zu stehen!«

Heute feiern wir das Kreuz, wir erhöhen es zum Siegeszeichen unseres Glaubens an die Liebe, die den Tod überwindet. Was kann uns ein eigener Feiertag für die Kreuzerhöhung sagen, der den Karfreitag ergänzt?

Karfreitag ist der dunkelste Tag im Kirchenjahr. Den evangelischen Mitchristen gilt der Karfreitag als höchster Feiertag, weil es der Tag ist, an dem Jesus das Werk der Erlösung vollbracht hat. Für Katholiken ist es kein gebotener Feiertag, aber ein Fasten- und Abstinenztag. Es ist ein stiller Tag des Mitgehens, der innigen Begleitung eines Sterbenden und seiner sehr bedeutsamen Grablegung. In dunklen Zeiten der Konfessions-Konkurrenz und der Zwietracht zwischen den beiden großen Kirchen haben die katholischen Bauern auf dem Land am Karfreitag mit Lärm ihren Mist auf den Acker gefahren, um die evangelischen Nachbarn zu ärgern, erzählen die Alten. Die Protestanten haben es ihnen an Fronleichnam heimgezahlt …

Ein Segen, dass diese Zeiten vorbei sind und Christinnen und Christen das Verbindende in den Blick nehmen, anstatt die Unterschiede zu betonen!

In allen Gottesdiensten des Karfreitags sind Menschen betroffen, fühlen mit und kommen in Kontakt mit der eigenen Vergänglichkeit. Es gibt kein Leben ohne Leiden und Sterben. Daran erinnert der Karfreitag in aller Deutlichkeit. Die Liebe Gottes wird gekreuzigt.

»Wer liebt, ist reich beschenkt. Aber es kommt ihn auch teuer zu stehen!«

Am Tag der Kreuzigung, des Leidens und Sterbens Jesu verehren wir das Kreuz in aller Stille, ähnlich wie bei einem Gang zum offenen Grab. Weil aber das Kreuz nicht das Todeszeichen, sondern an Ostern das Siegeszeichen unseres Glaubens geworden ist, haben wir einen eigenen Festtag, um es in Freude und Dankbarkeit, unbelastet von Sterben und Tod zu feiern. Dieser Tag ist heute.

Freudig und dankbar vom Kreuz zu sprechen, ist nicht einfach. Zu hart sind die Ereignisse, die wir mit dem Wort vom Kreuz verbinden: »Der hat ein schweres Kreuz zu tragen« und »es ist ein Kreuz mit dir!«

Auch von Jesus hören wir sperrige Worte, die uns quer liegen, unsere Vorstellung vom Himmelreich im wahrsten Sinne durch-kreuzen.

»Wer mein Jünger sein will, der verleugne sich selbst, nehme sein Kreuz auf sich und folge mir nach. Denn wer sein Leben retten will, wird es verlieren; wer aber sein Leben um meinetwillen verliert, wird es gewinnen.«

Das hören wir nicht gern. Es erschreckt uns, macht Angst und ist schwer zu verstehen. Warum sollen wir uns selbst verleugnen? Was ist unrecht daran, sein Leben retten zu wollen? Wieso sollen wir Jesus auf diesem schrecklichen Todesweg nachfolgen?

Für Jesus ist die Liebe zu Gott und Mensch das wichtigste und einzig ausschlaggebende Gebot. Das hat er gepredigt, das hat er konsequent gelebt, dafür steht sein Name. Wer aufrichtig lieben will, muss die eigenen Bedürfnisse und Wünsche immer wieder zurückstellen.

»Wer liebt, ist reich beschenkt. Aber es kommt ihn auch teuer zu stehen!«

Liebende versuchen, dem anderen das Leben schön zu machen, zu erleichtern und ihn zu unterstützen. Eltern bemühen sich in dieser Weise um ihre Kinder. Später wechseln die Rollen und die erwachsenen Kinder sorgen vermehrt für ihre alten Eltern. Liebe bedeutet Rücksichtnahme und Verzicht auf manches.

Wer liebt, muss sein Ego immer wieder hintenanstellen. Sich selbst nicht so wichtig nehmen, den anderen sehen und in seinem Sinne handeln – das meint Selbstverleugnung. Manchmal ist es schwer – in aufopfernder Pflege, die rund um die Uhr geleistet werden muss. In Stimmungsschwankungen und Launen der Heranwachsenden. Bei eigener Angegriffenheit und Überforderung.

Aber wer nicht liebt, ist arm dran. Dann ist alle Zeit der Welt für Schönheits-Maßnahmen und Hobbys, aber das Herz bleibt leer.

»Wer liebt, ist reich beschenkt. Aber es kommt ihn auch teuer zu stehen!«

Wer liebt, wird leiden. Es gibt keine Liebe ohne Leid. Liebende liefern sich aus, machen sich verwundbar. Das ist das Kreuz des Alltäglichen, das wir alle mitzutragen haben.

Wenn wir es ernst meinen mit der Liebe, dann werden wir sie nicht auf ein paar nächste Menschen begrenzen. Dann richten wir sie auch auf die Menschen im Wohnviertel und die Klassenkameraden der eigenen Kinder, die Verkäuferin bei Aldi und den Mann von der Müllabfuhr.

Wer liebt, sieht die Welt in einem anderen Licht. Menschen mit Lebenserfahrung wissen, dass alles schön ist, was man mit Liebe betrachtet. Ich wünsche uns allen am heutigen Tag diesen Blick der Liebe, der vor dem Leiden nicht haltmacht, sondern mutig hindurchgeht und den Preis zahlt, wenn das Leben ihn fordert.

Amen.

Allerheiligen

Stichworte: Armut und Reichtum vor Gott
Schriftwort: Mt 5, 1–12a

Liebe versammelte Heilige,
 auf Bergen geschieht Entscheidendes in der Konversation zwischen Gott und Mensch, Himmel und Erde!
 Das Evangelium zu Allerheiligen führt uns schon im ersten Satz auf einen Berg. Da sitzen wir dann im Kreis der Jüngerinnen und Jünger und hören die Seligpreisungen, diese Zumutungen der Berg-Predigt. Nicht gerade eine Steilvorlage – eher ein steiniger und steiler Weg zu unserer Selig-Werdung und gar Heilig-Sprechung!
 So kann es einem vorkommen, wenn einem die Worte in den Ohren klingen:
 arm, trauernd, gewaltlos, hungernd und dürstend, beschimpft, verfolgt und verleumdet … wer möchte das sein? Und mutet es nicht fast zynisch an, dass alle diese armen Gestalten, die einem unwillkürlich vor Augen sind, von Jesus »selig« gepriesen werden? Und zum krönenden Abschluss hören wir den Satz vom Lohn im Himmel, der die erwartet, die in all diesen negativen Verhältnissen ausgeharrt haben.
 Bei näherem Betrachten fällt auf, dass da noch etwas anderes mitschwingt, dass hinter den Begriffen etwas steckt, das es zu entdecken gilt.
 »Arm vor Gott« – das ist etwas anderes als nur besitzlos oder unvermögend. Erinnern wir uns an die Geschichte vom reichen Mann, der immer größere Scheunen gebaut hat, um seine reichen Ernten unterzubringen, und der das glückliche, sorglos auf Gott vertrauende Leben in all seinem Raffen und Schaffen immer verschoben hat, bis ihn das Ende unvorbereitet traf. Besitzlos – so stehen wir am Ende alle vor Gott, egal, was unser Kontostand zuletzt anzeigte. Dann bin ich nur noch einfach ich, nackt, ohne Verkleidungen und Accessoires, Titel und Auszeichnungen. Wir können zuletzt zu Gott nur das mitnehmen, was wir zu Lebzeiten ausgeteilt haben.

Wer nicht arm sein will in unserer Welt, für den ist es wichtig, sich gut zu verkaufen, erfolgreich zu präsentieren, etwas vorzuweisen, sich nicht unter Wert handeln zu lassen. Es gilt, am eigenen Profil zu arbeiten, aussagekräftige Bewerbungen auf dem Weg zu bringen, um den Traumjob, die beste Stellung, die meisten Aufträge zu bekommen. Bei Gott ist es anders. Da darf ich sein, wie ich bin, muss meine Schäbigkeiten nicht verbergen und darf wachsen, ohne dass mir die Bäume in den Himmel wachsen. Und in diesem Bewusstsein kann ich befreiter leben. Das ist eine seligmachende Zusage!

Arm sein vor Gott – das heißt auch, in dem Bewusstsein zu leben, dass wir Menschen mit engen Grenzen und eingeschränkter Wahrnehmung sind. Dass wir nicht selber Gott spielen sollen. Dass wir ihn brauchen, um ein gutes, für Schöpfung und Mitmenschen zuträgliches Leben zu führen. Auf einem Berg hat Mose dazu die Gebote von Jahwe empfangen. Auf einem Berg erinnert die Predigt Jesu daran. Selig sind Menschen, die Gott erkennen und lieben in allem, was ist – mit den Augen einfacher Menschen, mit dem Blick von Kindern, die sich überraschen lassen und absichtslos sind.

Die Trauernden, die nach Gerechtigkeit Hungernden und Dürstenden, sind Menschen, die über die Tiefendimensionen des Lebens nicht einfach hinwegschrappen wie auf einer Piste beim Wettlauf um den Pokal der größten Oberflächlichkeit. Es geht darum, das Schwere, das noch unverwirklichte Gute, im Blick zu behalten als Ziel, als Weg, der sich lohnt.

»Das Leben lässt sich nicht verlängern und verbreitern, es lässt sich nur vertiefen«, so drückt es Gorch Fock aus. Abseits der Äußerlichkeiten und Belanglosigkeiten, die so viel Zeit in Anspruch nehmen, wird das Leben intensiv und echt. Es hält verdichtete Momente bereit, die uns selig, überglücklich und reich machen. Die Jünger, die Jesus auf dem Berg der Verklärung begleiteten, sprechen davon. Es ist ein Reichtum, den Motten und Würmer nicht fressen, weil er auf der Leitwährung des Himmelreichs gründet.

Barmherzig und friedfertig ist etwas anderes als »zu gut für diese Welt« und ihren Tücken hilflos ausgeliefert. Die Barmherzigen und Friedfertigen setzen der Hackordnung im Hühnerhof des Alltags ein entschiedenes »So nicht!« entgegen. Sie beharren und pochen nicht auf ihr Recht, zahlen nicht mit gleicher Münze heim. Sie zahlen mit der Währung des Himmelreichs, gewähren Kredit, gehen in Vorleistung und verschenken den halben Mantel und das letzte Hemd – weil sie wissen, dass ihnen genug übrig bleibt, das ihnen niemand nehmen kann. Diese Haltung macht frei, macht innerlich reich und selig – aber sie hat ihren Preis. Jesus hat ihn auf einem Berg mit seinem Leben bezahlt. Manche der Heiligen, deren Legenden wir uns erzählen, haben ebenfalls die Größe bewiesen, lieber zu sterben, als vom Grundgesetz Jesu abzulassen.

Zum Glück leben wir in einem Land und in einer Zeit, in der wir nicht für unsere religiöse Überzeugung STERBEN müssen. Es ist ausreichend, wenn wir sie LEBEN! Die Seligkeit, das Glück der inneren Verbindung mit Gott, stellt sich ein, selbst wenn wir ein abschätziges Lächeln, eine spöttische Bemerkung hinnehmen müssen. »Das Leben ist ein Berg, kein Strand«, sagt ein Sprichwort. Gut, dass wir mit Jesus unterwegs sein dürfen. An seiner Seite sind wir trotz mancher Blessuren heil und können sein Licht weitergeben. Amen.

Gestaltungsidee:

Nach dem Gottesdienst werden süße Striezelgebäcke zu Kaffee und Tee angeboten. Dies knüpft an die Tradition des »Godi-Packs« an, dem Patengeschenk am Fest Allerheiligen in Zeiten der Armut und des Hungers.

Allerseelen: Wort-Gottes-Feier

Stichworte: Leben bei Gott, liebendes Gedenken
Schriftwort: 1 Thess 4, 13–18

Gedanken zum Allerseelenfest

Allerseelen ist ein Feiertag, der allmählich aus der Mode zu kommen scheint, weil die Lebensrealität sich stark verändert hat. Der Tod ist nicht mehr so präsent wie früher und Gräber sind heute nur noch in diesen romantisch anmutenden Dörfern ganz nah, wo der Friedhof sich rings um die kleine Kirche befindet und die Touristen gerne Fotos von alten Grabsteinen machen.

Die Älteren, die viel Zeit haben und an den lebenslang vertrauten Bräuchen festhalten, gehen an Allerseelen auf den Friedhof, schneiden die verwelkten Herbststauden zurück, decken die Gräber mit Tannengrün ab, stellen Dauerbrenner auf, gedenken ihrer Toten und der eigenen Vergänglichkeit.

Ein schwermütig stimmender Gedenktag ist das, wie ein Aschermittwoch im späten Herbst, gefolgt vom Buß- und Bettag, Volkstrauertag und Totensonntag, bis endlich dann – Advent, Advent – die erste Kerze brennt!

Andere Kulturen gehen unbekümmert mit der Grabesruhe um, die bei uns als heilig gilt. Auf Madagaskar holen viele Familien die mumifizierten Verwandten alle paar Jahre ans Licht, geben ein großes Fest für sie und erzählen ihnen alles, was sich familiär inzwischen getan hat, bevor sie sie zurücktragen und wieder in der Gruft ablegen.

Diese natürliche Art, den Toten einen Platz bei den Lebenden einzuräumen, kommt uns mehr als befremdlich vor. Aber auch andere Formen fröhlicher, den Tod überdauernder Verbundenheit liegen uns fern. Feiern statt Trauern? Vielleicht liegt es an der Mentalität der Deutschen oder am Nieselregen an nasskalten Novembertagen, dass niemand bei uns auf die Idee kommt, sich am Grab der lieben Verstorbenen zu versammeln und ihrer zu gedenken, indem man Erinnerungen austauscht, gemeinsam isst und auf sie anstößt!

Der Allerseelentag kann ein Anstoß sein, nicht nur ein Beet zu pflegen, sondern mit der Erinnerung an die Person auch den Glauben aufzufrischen, dass wir nicht nur auf Erden sind, um durchzuhalten und uns zu bewähren.

Wir wirbeln nicht nur Staub auf, um dann zum Staub zurückzukehren, sondern dürfen darauf hoffen, von Gott erwartet zu werden, wenn unser Weg zu Ende geht!

Es lohnt sich, neue Formen auszuprobieren, um den Tag mit Seniorenkreisen, innerhalb der Familie oder mit verwaisten Eltern zu gestalten.

Vorbereitung

Die Menschen, die in den vergangenen Jahren ihren Partner oder einen nahen Verwandten verloren haben, werden persönlich eingeladen (Besuchsdienst?). Sie werden gebeten, ein Foto zur Verfügung zu stellen, es kann z. B. beim Einladungsbesuch mit dem Smartphone abfotografiert und vergrößert ausgedruckt werden. Wenn es eine gerahmte Fotografie gibt, kann sie zum Gottesdienst mitgebracht werden.

Im Raum sind die Stühle im Halbkreis angeordnet, in der Mitte liegt ein großes braunes oder grünes Tuch. Blumen und (kleine Oster-)Kerzen sind bereitgestellt. Für das sich anschließende Essen sind schon im Hintergrund Tische gedeckt, später muss man nur den Stuhl dorthin mitnehmen.

Es bietet sich an, die Feier in einen Gemeinschaftsraum des Altenheims oder in den Pfarrsaal zu verlegen. Dort kann die Andacht ohne Raumwechsel in ein Kaffeetrinken übergeleitet werden.

Lied zum Eingang

»Herr du bist meine Zuversicht ...« GL 963, erste Strophe

Begrüßung und Einführung

Wir sind heute am Allerseelentag zusammengekommen, um an die Menschen zu denken, die in unserem Leben wichtig waren und schon gestorben sind. Während eines langen Lebens gibt es viele Begegnungen. Mit manchen Menschen gehen wir ein Stück unseres Lebensweges. Freunde, Nachbarn, Kollegen, Vereinskameraden gehören zu bestimmten Lebensphasen und Anlässen. Wem ein langes Leben gegönnt ist, der muss immer wieder Abschied nehmen, entsprechend der Phasen, durch die der Lebensweg führt.

Am schmerzlichsten trifft uns der Tod der wenigen besonderen Menschen, die unverbrüchlich zu uns gehört haben und mit denen wir ein ganzes Leben teilen wollten. Wenn der Schmerz über den Verlust im Laufe der Zeit nachlässt, treten die schönen Erinnerungen in den Vordergrund und wir dürfen erkennen, wie gut und bereichernd unser Zusammenleben war.

Heute wollen wir uns in Dankbarkeit und Freude mit den Menschen verbunden fühlen, mit denen wir wichtige Zeiten und Jahre verbringen durften und die nun schon gestorben und, wie wir glauben dürfen, am Ziel sind.

Die Anwesenden sind nun eingeladen, die Namen der Verstorbenen zu nennen, die in ihrem Leben einen wichtigen Platz eingenommen haben. Vorhandene Fotos werden auf der Fläche in der Mitte arrangiert. Bilder in festen Rahmen können den TN zugewandt aufgestellt werden. Falls keine Abbildung vorhanden ist, wird der Name des Toten auf ein herzförmig zugeschnittenes Tonpapier geschrieben und abgelegt.

Es soll Gelegenheit dazu sein, die Erinnerungen zu erzählen und zu teilen. Dabei ist die Moderation der GL wichtig, damit alle zu Wort kommen und niemand sich in allzu vielen Details verliert. Man muss damit rechnen, dass Tränen fließen. Falls möglich, können Angehörige der Senioren teilnehmen und auf starke Gefühle eingehen.

Gebet

Guter Gott,

von dir kommt unser Leben und zu dir kehrt es zurück. Wir danken dir für die wichtigsten Menschen, die unsere Wegbegleiter waren und uns in Gedanken und Erinnerungen bis heute begleiten. (Wir denken heute an … *Namen einfügen*).

Unser Leib ist der Vergänglichkeit preisgegeben, wir werden krank, gebrechlich und alt. Unsere Seele, unsere Persönlichkeit bleibt gegenwärtig. Die Gedanken, die Worte und Werke unserer vertrauten Menschen sind lebendig und erfreuen uns an vielen Tagen. Heute, am Fest

Allerseelen wollen wir feiern, dass wir sie gekannt haben und sie unauslöschlich bei dir zu Hause sind. Im Glauben dürfen wir hoffen, dass wir eines Tages für immer mit ihnen verbunden sind und kein Abschied uns mehr trennt.

Darauf freuen wir uns und daran wollen wir denken, wenn Traurigkeit und Lebensmüdigkeit uns überkommen. Erinnere uns immer wieder daran.

Amen.

Lesung: Jes 25, 6a.7–9

Impuls

Die eben gehörte Lesung ist schon viel älter als unsere Zeitrechnung; schon fast 800 Jahre vorher hat der Prophet ein solches Bild von Gott gezeichnet, das den Menschen Hoffnung und Trost gab. Kommt es Ihnen nicht auch manchmal so vor, als läge eine Hülle über Ihren kostbaren Erinnerungen, die Sie mit Ihren Verstorbenen verbinden? Wie hinter einer Milchglasscheibe verschwimmen die Bilder und Eindrücke immer mehr, wie auf einer verblassenden Fotografie wird es immer schwieriger, Einzelheiten zu erkennen. Der Tod zieht eine Grenze, über die wir Lebenden noch nicht gehen können. Unsere Fähigkeiten und Sinne reichen nicht aus, alles Wesentliche und Wichtige für immer lebendig zu bewahren. So sehr wir es uns wünschen – wir müssen im Leben immer wieder vom Liebgewonnenen Abschied nehmen und tapfer alleine weitermachen.

Aber bei Gott ist alles, was uns heilig und wertvoll ist, gut aufgehoben, versichert uns der Prophet Jesaja. Er wird die Hülle zerreißen, die uns trennt. Es wird vielleicht sein wie das Auspacken eines lang ersehnten und überwältigenden Geschenks am Geburtstag in Kindertagen – wir ahnten und hofften, ertasteten sogar schon durch die Hülle, dass es unser Seligkeitsding enthalten könnte. Ein Großer war behilflich beim Aufknüpfen der Schleifen und Bänder, beim behutsamen Ablösen der Klebestreifen, beim Auffalten der Verpackung – und dann war der große Augenblick gekommen! Dieser erste verzückte Blick auf das erhoffte, sehnsüchtig gewünschte Geschenk, das Begreifen – für mich und für immer! Erinnern Sie sich?

Gott wird die Hülle wegnehmen und die Tränen unserer Trauer abwischen. Dann werden wir unseren gebrechlichen Leib, unseren schwachen Willen und unsere kleine Kraft nicht mehr brauchen, um zu überleben. Eine neue Form des Daseins wartet auf uns, die uns so heil und froh sein lässt wie bei einem rauschenden Fest. Eines der Bilder für unsere Zukunft bei Gott ist das gemeinsame Festmahl, das Gastmahl, das Hochzeitsmahl.

An welche Feste mit Ihren liebsten Menschen denken Sie besonders gerne zurück?

(Gelegenheit zum Erzählen geben, in der Vorbereitung evtl. bereits Fotos oder Stichworte sammeln und hier einfließen lassen, gesprächsanregende Impulse setzen, mit mehreren Gottesdienst-Helferinnen den Erinnerungen der TN zuhören und einzelne Sätze nach etwa 5–10 Minuten des Austauschs ins Plenum einbringen.)

Danksagung

Die genannten oder vorbereiteten Stichworte zu Festanlässen im Lebensverlauf werden nun in Form von Danksätzen wiederholt und bei jedem Dankgebet wird eine Blume oder eine Kerze zu den Bildern der Verstorbenen gestellt, so dass ein Mosaik aus Blüten, Bildern, Namenszügen und Lichtern entsteht.

Beispiel:

»Frau M. erinnert sich an ihre Hochzeit 1945 nach Kriegsende. Man hatte nichts und blickte auf Trümmer – aber die junge Liebe und die Aussicht auf einen gemeinsamen Lebensweg in eine bessere Zukunft war wunderbar!

Guter Gott, du schenkst uns Menschen immer wieder einen neuen Anfang und begleitest uns dabei. Dafür danken wir dir mit Frau M. und denken mit ihr dankbar an ihren Ehemann, dessen Seele schon bei dir angekommen ist.«

»Herr K. denkt an seine Tochter, die er sehr geliebt hat und die nach schwerer Krankheit schon in jungen Jahren gestorben ist. Wie gerne hätte er sie heranwachsen sehen und sie unterstützt; sich mit ihr an bestandenen Prüfungen gefreut und sich über ihre erste Liebe gefreut – es sollte nicht sein. Du Gott hast ihm die Tochter nicht weggenommen, sondern sie bei dir aufgenommen, wo sie gut aufgehoben ist. Mit Herrn K. hoffen wir auf ein Wiedersehen bei deinem himmlischen Fest!« *(jeweils eine Blume oder Kerze aufstellen …)*

Die Dank-Sätze sollen positiv und persönlich formuliert sein, dabei so allgemein, dass andere TN mit ähnlichen Lebensgeschichten sich identifizieren und wiederfinden können. Manche »alte« Glaubensbotschaft, z. B. »Der Herr hat's gegeben, der Herr hat's genommen, der Name des Herrn sei gepriesen …« soll verwandelt werden, so dass kein Gottesbild der dunklen Zumutungen vermittelt wird, sondern konsequent das Bild des väterlichen Begleiters und Gastgebers, der die Arme erwartungsvoll ausbreitet.

Lied 963 Herr, du bist meine Zuversicht, Strophe 2 und 3

Glaubensbekenntnis

Vaterunser

Segensbitte

Der Gott unserer Väter und Mütter, der Gott unserer Kinder,
der ewige, von Anbeginn der Welt wirkende Schöpfer und Herr
segne und behüte uns,
schenke uns Zuversicht im Glauben,
Hoffnung in allen Schwierigkeiten und tiefen Tälern des Lebens,
er beheimate unsere lieben Verstorbenen in seiner ewigen Freude
und nehme uns, wenn die Zeit reif ist, auf in sein Reich.
Darum bitten wir durch Christus, unsern Bruder und Herrn.
So segne uns der liebende Gott,
der Vater, der Sohn und der Heilige Geist.
Amen.

Gemeinsames Kaffeetrinken in fröhlicher Runde, wenn möglich im gleichen Raum, so dass die Mitte mit den nun geschmückten Bildern der Verstorbenen weiterhin sichtbar ist.

Stichwortverzeichnis

Ablehnung / 14. Sonntag / 192
Abwesenheit Gottes / Aschermittwoch / 57
Achtsamkeit / 1. Adventssonntag / 13
Alleinsein / Christi Himmelfahrt / 130
alles geben / 32. Sonntag / 256
Anfänge / 2. Sonntag nach Weihnachten / 45
Arme und Reiche / 28. Sonntag / 240
Armut und Reichtum vor Gott / Allerheiligen / 294
Aufrichten / 5. Sonntag / 156
beharrlich beflügeln / 19. Sonntag / 211
Beistehen / 5. Sonntag / 156
Bereitschaft / Hochfest der Gottesmutter / 41
Berufung / 3. Sonntag / 149
beste Plätze / 29. Sonntag / 244
bewegende Berührungen / 13. Sonntag / 187
Blutsbruderschaft / 20. Sonntag / 214
Brief Christi / 8. Sonntag / 167
Brotbrechen / Ostermontag / 107
Brotvermehrung / 17. Sonntag / 205
Dämonen / 4. Sonntag / 152
Dämonen vertreiben / 5. Sonntag / 156
Dreiklang / Dreifaltigkeitssonntag / 269
Eigenverantwortung / 10. Sonntag / 174
Einheit in Vielfalt / Erscheinung des Herrn / 48
Einheit in Vielfalt / Pfingstmontag / 139
Empfänglichkeit / Hochfest der Gottesmutter / 41
Endzeit / 33. Sonntag / 259
Engelsworte / 4. Adventssonntag / 27
Entgegenkommen / 2. Adventssonntag / 17

Erkenntnis durch Beziehung / Ostermontag / 107
Ernstfall der Liebe / Kreuzerhöhung (14. September) / 291
Fehlerfreundlichkeit / Hochfest der Apostel Petrus und Paulus (29. Juni) / 280
Feigheit und Mut / Christkönigssonntag / 263
Feindesliebe / Heiligstes Herz Jesu / 277
Finger in die Wunde legen / 2. Sonntag der Osterzeit / 110
Freundschaft / 7. Sonntag / 164
Fürsorge / Weihnachten: In der heiligen Nacht / 32
gehorchen / 23. Sonntag / 224
gehören / 23. Sonntag / 224
Gehorsam und Widerstand / 2. Fastensonntag / 65
Geisteskraft / Palmsonntag / 83
Gerechtigkeit und Barmherzigkeit / 4. Fastensonntag / 73
Gewalt / 26. Sonntag / 234
Gewissen / 10. Sonntag / 174
Gewissen / 6. Sonntag / 159
Gewohnheiten / 3. Sonntag / 149
Gier / 1. Fastensonntag / 62
Gier / 3. Sonntag / 149
Glauben / 12. Sonntag / 184
Glauben / Fest der Heiligen Familie / 36
Gnade / Hochfest der Gottesmutter / 41
Gott in allem finden und lieben / 31. Sonntag / 252
Gott und das Leid / 2. Fastensonntag / 65
Gottesbild / 1. Fastensonntag / 62
Gottesgabe / Fest der Heiligen Familie / 36
Gotteskindschaft / 20. Sonntag / 214

göttliche Worte / 2. Sonntag nach Weihnachten / 45
Gottsuche / 6. Sonntag der Osterzeit / 126
Guter Hirte / 4. Sonntag der Osterzeit / 117
Handeln / 12. Sonntag / 184
Handlungsfähigkeit / 9. Sonntag / 170
Hartherzigkeit / 9. Sonntag / 170
heilende Sätze / 21. Sonntag / 217
heilende Verbindungen / 13. Sonntag / 187
heilige Zeichen / Taufe des Herrn / 51
Heilung / 7. Sonntag / 164
Herrschen und Dienen / 29. Sonntag / 244
Himmelreich / 28. Sonntag / 240
Himmelsbrot / 18. Sonntag / 208
Hören / 23. Sonntag / 224
in der Liebe bleiben / 7. Sonntag der Osterzeit / 133
Inklusion / Erscheinung des Herrn / 48
ins Gotteslob einstimmen / Dreifaltigkeitssonntag / 269
Jesu Beispiel / Gründonnerstag / 95
Jesus im Nächsten erkennen / 5. Fastensonntag / 76
Jesus zur Hand gehen / 9. Sonntag / 170
Kampf gegen böse Mächte / 7. Sonntag der Osterzeit / 133
Kinder in die Mitte / 25. Sonntag / 231
Kinderschutz / 26. Sonntag / 234
Kleines und Großes / 11. Sonntag / 179
Lamm / 4. Sonntag der Osterzeit / 117
Leben bei Gott / Allerseelen / 297
Leben nach dem Tod / 33. Sonntag / 259
Lebensweg / 3. Adventssonntag / 21
Lebensziel / 3. Adventssonntag / 21
Leib / Fronleichnam / 274
Leiblichkeit / 3. Fastensonntag / 69
Leibspeise / 20. Sonntag / 214
leichtes Gepäck / 15. Sonntag / 197

Leuchtspur in den Fußstapfen Jesu / Verklärung des Herrn (6. August) / 284
Liebe und Leid / Karfreitag / 99
liebendes Gedenken / Allerseelen / 297
menschliche Schwäche / Gründonnerstag / 95
Minderheitenschutz / 27. Sonntag / 237
Missbrauch / 26. Sonntag / 234
Mitgefühl und Selbstfürsorge / 16. Sonntag / 201
Mutterliebe / Mariä Aufnahme in den Himmel (15. August) / 288
Nachfolge / 5. Fastensonntag / 76
Nachfolge und Leidensbereitschaft / 24. Sonntag / 228
nachhaltig nähren / 19. Sonntag / 211
Nächstenliebe / 3. Adventssonntag / 21
Nähe durch Erinnern / 3. Sonntag der Osterzeit / 113
Neid / 14. Sonntag / 192
neuer Mantel / 30. Sonntag / 248
Opferschutz / 26. Sonntag / 234
Perfektion / Mariä Aufnahme in den Himmel (15. August) / 288
Perspektivwechsel / 32. Sonntag / 256
Reben / 5. Sonntag der Osterzeit / 122
Reinheit / 6. Sonntag / 159
Reinheit außen und innen / 22. Sonntag / 220
Reinigung / 4. Sonntag / 152
rettende Worte / 21. Sonntag / 217
Richten und Retten / 4. Fastensonntag / 73
Rückzug und Präsenz / 16. Sonntag / 201
Sakrament / Taufe des Herrn / 51
Samenkörner und Bäume / 11. Sonntag / 179
Schönheit / Mariä Aufnahme in den Himmel (15. August) / 288
Schuld / 10. Sonntag / 174
schwaches Fleisch / Palmsonntag / 83
Seelennahrung / 17. Sonntag / 205
sehend leben / 30. Sonntag / 248

Sehnsucht / Christi Himmelfahrt / 130
Sendung statt Sitzung / Pfingstsonntag / 136
sich einmischen / Karfreitag / 99
Siegeszeichen / Kreuzerhöhung (14. September) / 291
Sinnlichkeit / 3. Fastensonntag / 69
Sprache Gottes / Pfingstsonntag / 136
Staub von den Füßen schütteln / 15. Sonntag / 197
stellvertretend glauben / 7. Sonntag / 164
Stoff der Zukunft / 30. Sonntag / 248
tastender Glaube / 2. Sonntag der Osterzeit / 110
Teilen / Fronleichnam / 274
Tempel des Heiligen Geistes / 3. Fastensonntag / 69
Tradition und Innovation / Hochfest der Apostel Petrus und Paulus (29. Juni) / 280
Tun-Ergehens-Zusammenhang / Aschermittwoch / 57
Übergang / Pfingstmontag / 139
umgekehrte Proportionen / 25. Sonntag / 231
Umkehr zur Erkenntnis / Ostersonntag / 104
Urteil / 26. Sonntag / 234
Verbandsmaterial / Weihnachten: In der heiligen Nacht / 32
verbindende Botschaften / 8. Sonntag / 167
Verbundenheit / 3. Sonntag der Osterzeit / 113

Verhüllt und enthüllt / Ostersonntag / 104
Verkündigung / 4. Adventssonntag / 27
Verlassenheit / Christi Himmelfahrt / 130
Versöhnung / Heiligstes Herz Jesu / 277
Versuchung / 1. Fastensonntag / 62
Vertrauen / 12. Sonntag / 184
Vertrauen / Fest der Heiligen Familie / 36
Vorschriften / 6. Sonntag / 159
Vorschriften und Regeln / 22. Sonntag / 220
Wachsamkeit / 1. Adventssonntag / 13
Wandlung / Fronleichnam / 274
Wege ebnen / 2. Adventssonntag / 17
Weinstock / 5. Sonntag der Osterzeit / 122
Weltkirche / Erscheinung des Herrn / 48
Wert / 2. Sonntag / 145
Windeln / Weihnachten: In der heiligen Nacht / 32
Wohnen / 2. Sonntag / 145
Wollen und Vollbringen / 5. Sonntag der Osterzeit / 122
Wunder / 14. Sonntag / 192
Würde / 2. Sonntag / 145
Würde des Menschen / 27. Sonntag / 237
Zeichen der Zeit / 33. Sonntag / 259

Verzeichnis der Bibelstellen

Gen 3, 9–15 / 10. Sonntag
Gen 22, 1–2.9a.10–13.15–18, /
  2. Fastensonntag
Jes 40, 1–5.9–11 / 2. Adventssonntag
Joel 2,12–18 / Aschermittwoch
Jona 3, 1–5.10 / 3. Sonntag

Mt 28, 16–20 / Dreifaltigkeitssonntag

Mk 1, 12–15 / 1. Fastensonntag
Mk 1, 14–20 / 3. Sonntag
Mk 1, 21–28 / 4. Sonntag
Mk 1, 29–39 / 5. Sonntag
Mk 1, 40–45 / 6. Sonntag
Mk 1, 7–11 / Taufe des Herrn
Mk 2, 1–12 / 7. Sonntag
Mt 2, 1–12 / Erscheinung des Herrn
Mk 2, 23–3,6 / 9. Sonntag
Mk 3, 20–35 / 10. Sonntag
Mk 4, 26–34 / 11. Sonntag
Mk 4, 35–41 / 12. Sonntag
Mt 5, 1–12a / Allerheiligen
Mk 5, 21–43 / 13. Sonntag
Mk 6, 1b-6 / 14. Sonntag
Mk 6, 30–34 / 16. Sonntag
Mk 6, 7–13 / 15. Sonntag
Mk 7, 1–8. 14–15. 21–23 / 22. Sonntag
Mk 7, 31–37 / 23. Sonntag
Mk 8, 27–35 / 24. Sonntag
Mk 9, 2–10 / Verklärung des Herrn
  (6. August)
Mk 9, 30–37 / 25. Sonntag
Mk 9, 38–43. 45. 47–48 / 26. Sonntag
Mk 10, 17–30 / 28. Sonntag
Mk 10, 2–16 / 27. Sonntag
Mk 10, 35–45 / 29. Sonntag
Mk 10, 46–52 / 30. Sonntag
Mk 11, 1–10 / Palmsonntag
Mk 12, 28b-34 / 31. Sonntag
Mk 12, 38–44 / 32. Sonntag
Mk 13, 24–32 / 33. Sonntag

Mk 13, 24–37 / 1. Adventssonntag
Mk 14, 1–15,47 / Palmsonntag
Mk 16, 15–20 / Christi Himmelfahrt
Lk 1, 26–31, 38 / Zum Hochfest der
  Gottesmutter
Lk 1, 26–38 / 4. Adventssonntag
Lk 1, 35–38 / Fest der Heiligen Familie
Lk 2, 1–14 / Weihnachten: In der
  heiligen Nacht
Lk 10, 21–24 / Pfingstmontag
Lk 11, 27–28 / Mariä Aufnahme in
  den Himmel (15. August)
Lk 24, 13–35 / Ostermontag
Lk 24, 35–48 / 3. Sonntag der Osterzeit

Joh 1, 35–42 / 2. Sonntag
Joh 1,1–5.9–14 / 2. Sonntag nach
  Weihnachten
Joh 1, 6–8.19–28 / 3. Adventssonntag
Joh 2, 13–25 / 3. Fastensonntag
Joh 3, 14–21 / 4. Fastensonntag
Joh 3, 13–17 / Kreuzerhöhung
  (14. September)
Joh 6, 1–15 / 17. Sonntag
Joh 6, 24–35 / 18. Sonntag
Joh 6, 41–51 / 19. Sonntag
Joh 6, 51–58 / 20. Sonntag
Joh 6, 60–69 / 21. Sonntag
Joh 10, 11–18 / 4. Sonntag der
  Osterzeit
Joh 12,20–33 / 5. Fastensonntag
Joh 13, 1–15 / Gründonnerstag
Joh 15, 9–17 / 6. Sonntag der Osterzeit
Joh 15, 1–8 / 5. Sonntag der Osterzeit
Joh 17, 6a. 11b-19 / 7. Sonntag der
  Osterzeit
Joh 18, 1–19, 42 / Karfreitag
Joh 18, 33b-37 / Christkönigssonntag
Joh 19, 31–37 / Heiligstes Herz Jesu

Joh 20, 1–18 / Ostersonntag
Joh 20, 19–23 / Pfingstsonntag
Joh 20, 19–31 / 2. Sonntag der Osterzeit
Joh 21.1. 15–19 / Hochfest der Apostel Petrus und Paulus (29. Juni)

2 Kor 3, 1b-6 / 8. Sonntag
Gal 1, 11–20 / Hochfest der Apostel Petrus und Paulus (29. Juni)
1 Thess 4, 13–18 / Allerseelen
Phil 2, 6–11 / Kreuzerhöhung (14. September)

Übersicht der Sonn- und Feiertage

Advent und Weihnachten
1. Adventssonntag 13
2. Adventssonntag 17
3. Adventssonntag 21
4. Adventssonntag 27
Weihnachten: In der Heiligen Nacht 32
Fest der Heiligen Familie 36
Hochfest der Gottesmutter 41
2. Sonntag nach Weihnachten 45
Erscheinung des Herrn 48
Taufe des Herrn 51

Fastenzeit
Aschermittwoch 57
1. Fastensonntag 62
2. Fastensonntag 65
3. Fastensonntag 69
4. Fastensonntag 73
5. Fastensonntag 76
Palmsonntag 83
Gründonnerstag 95
Karfreitag 99

Osterzeit
Ostersonntag 104
Ostermontag 107
2. Sonntag der Osterzeit 110
3. Sonntag der Osterzeit 113
4. Sonntag der Osterzeit 117
5. Sonntag der Osterzeit 122
6. Sonntag der Osterzeit 126
Christi Himmelfahrt 130
7. Sonntag der Osterzeit 133

Pfingstsonntag 136
Pfingstmontag 139

Jahreskreis
2. Sonntag 145
3. Sonntag 149
4. Sonntag 152
5. Sonntag 156
6. Sonntag 159
7. Sonntag 164
8. Sonntag 167
9. Sonntag 170
10. Sonntag 174
11. Sonntag 179
12. Sonntag 184
13. Sonntag 187
14. Sonntag 192
15. Sonntag 197
16. Sonntag 201
17. Sonntag 205
18. Sonntag 208
19. Sonntag 211
20. Sonntag 214
21. Sonntag 217
22. Sonntag 220
23. Sonntag 224
24. Sonntag 228
25. Sonntag 231
26. Sonntag 234
27. Sonntag 237
28. Sonntag 240
29. Sonntag 244
30. Sonntag 248
31. Sonntag 252
32. Sonntag 256
33. Sonntag 259

Herrenfeste und Feste im Kirchenjahr
Christkönigssonntag 263
Dreifaltigkeitssonntag 269
Fronleichnam 274
Heiligstes Herz Jesu 277
Hochfest der Apostel Petrus und Paulus (29. Juni) 280
Verklärung des Herrn (6. August) 284
Mariä Aufnahme in den Himmel (15. August) 288
Kreuzerhöhung (14. September) 291
Allerheiligen 294
Allerseelen 297

Spirituelle Texte von Anselm Grün

**Das Anselm Grün
GOTTESDIENSTBUCH**
Impulse und Lesetexte
15,1 x 22,7 cm
208 Seiten | Gebunden
mit Leseband
ISBN 978-3-451-38788-3

Anselm Grün ist einer der bedeutendsten spirituellen Autoren unserer Zeit. Das vorliegende Buch bietet eine Sammlung seiner schönsten Texte, die sich wunderbar für den Einsatz im Gottesdienst eignen: Gebete, Meditationen, Predigten, Impulse und Segensgebete. Der Aufbau orientiert sich praxisnah am Kirchenjahr und den Sakramenten, sodass für jeden Anlass schnell die richtigen Texte gefunden werden können.

In jeder Buchhandlung!

HERDER   www.herder.de